■ 江苏省教育科学“十三五”规划课题重点资助项目（B-a/2016/03/31）
■ 扬州市社科联重大课题资助出版项目
■ 扬州市职业大学 2018 年校级中青年学术带头人项目

中华遗珠进高校

——非物质文化遗产传承教育在高校的实践与创新

ZHONGHUA YIZHU JIN GAOXIAO

姚干勤 著

H.P.H 哈尔滨出版社
HARBIN PUBLISHING HOUSE

图书在版编目（CIP）数据

中华遗珠进高校 / 姚干勤著. -- 哈尔滨 : 哈尔滨出版社, 2020.11
ISBN 978-7-5484-5676-6

Ⅰ. ①中… Ⅱ. ①姚… Ⅲ. ①高等学校－非物质文化遗产－教育研究－中国 Ⅳ. ①G122

中国版本图书馆 CIP 数据核字 (2020) 第 210826 号

书　　名：中华遗珠进高校
ZHONGHUA YIZHU JIN GAOXIAO

作　　者：姚干勤　著
责任编辑：韩金华
责任审校：李　战
封面设计：树上微出版

出版发行：哈尔滨出版社（Harbin Publishing House）
社　　址：哈尔滨市松北区世坤路 738 号 9 号楼　　**邮编：**150028
经　　销：全国新华书店
印　　刷：武汉市卓源印务有限公司
网　　址：www.hrbcbs.com　　www.mifengniao.com
E-mail：hrbcbs@yeah.net
编辑版权热线：（0451）87900271　87900272
销售热线：（0451）87900202　87900203

开　　本：710mm×1000mm　1/16　**印张：**16　**字数：**206 千字
版　　次：2020 年 11 月第 1 版
印　　次：2020 年 11 月第 1 次印刷
书　　号：ISBN 978-7-5484-5676-6
定　　价：68.00 元

目 录

CONTENTS

绪 论

当今的我们身处在一个物质如此丰富的时代，琳琅满目的物品数不胜数，却很难唤起我们的情感；城市日渐繁华，人们却更加怀念记忆中的家乡。或许，“非物质文化遗产”的概念，有着些许的陌生和遥远，然而，谁不曾听过动人的民间传说？谁不曾唱过家乡的民间小调？谁不曾体验过故乡特有的民俗？谁又没见过淳朴可爱的民间艺术品？它们经历了岁月的风风雨雨，记载了历史的源远流长，是孕育和承载民族文化的摇篮，更是民族文化的根基。然而，当我们搜索记忆时才发现，时间和现实竟是如此残酷，凭借口传心授而代代相传的传统民间艺术，是多么脆弱。她正徘徊在工业文明的边缘，有如灯火阑珊处的佳人，本色悠然地守望着知音。然而，不论是被尊奉在案台作为历史的见证而铜臭不染，还是流落在摊头任凭品头论足和讨价还价，她始终不卑不亢。因为非物质文化的精髓，不仅是技艺的精湛，不仅是艺术的非凡，更是对劳动的信仰和对品质的继承，是一种专注而精良的高尚劳动品格。因此手艺的价值在于人类灵性的超越，它既不被物质的贵贱左右，也不会随时代的变更而沉浮。

自然界的万物，无论奇珍草芥，经过智慧的双手，都被赋予了无尽的情感和生机，高堂广厦中的精雕细琢，市井胡同里的浑然质朴，每一件物品都凝聚着艺人们劳作中的匠心独具。民间工艺就像一条悠久的长河，从远古流到现在，从现在流向未来。中华民族五千年风雨烟尘的身影，就倒映在这条长河之中。它不仅昭示着祖先深沉的智慧和质朴的情感，更印刻着我们民族独特的文化记忆。江苏自古便是东南繁华胜地，经济的繁盛催生出手工艺的辉煌。但随着时间的流逝，民间工艺就像流星一样渐渐没有了往日的繁盛之景，手艺的失传，手工艺人的流散，使得许多民间工艺只能停留在书本的追忆中。2006 年 11 月，江苏省在全国率先制定并实施《江苏省非物质文化遗产保护条例》。目前，江苏已有联合国教科文组织“人类非物质文化遗产代表作”10 项，位列全国第一，国家级非物质文化遗产 108 项，省级非物质文化遗产 369 项，市级非物质文化遗产 1424 项，县级非物质文化遗产 2773 项。全省基本建立起国家、省、市、县四级非物质文化遗产名录体系，并建立各类非物质文化遗产展示馆（厅）和传习所（传承基地）513 个。截至 2014 年上半年，拥有非物质文化遗产项目资源达 2 万多项，非物质文化遗产 4675 项，省级以上非物质文化遗产代表性传承人 532 位，省命名的项目代表性传承人 2292 名。①

非物质文化遗产是指各种以非物质形态存在的，与群众生活密切相关、世代相承的传统文化表现形式。主要指人类以口头或动作方式相传，具有民族历史积淀和广泛、突出代表性的民间文化遗产，包括口头传统、传统表演艺术、民俗活动、礼仪节庆、传统手工艺技能、传统医药等。在全球化的背景下，非物质文化遗产的保护成为 21 世纪人们关心的热点问题之一。非物质文化遗产的教育传承问题实际是一个民族文化如何传承与发展的问题。对于一个民族而言，非物质文化遗产就是民族的精神和标志，是民族发展的动力和源泉。目前，我国正经历着历史上重要的转型期，几千年来口传身授的民族活态文化传统正面临着急剧的流变和消亡。自 2003 年起，文化部、财政部等有关单位启动了中国民族民间文

① 民盟江苏省委提案建言：让江苏非物质文化遗产活过来 . 凤凰网 .2015-06-03.

化保护工程，采取一系列保护措施，对具有重要价值且濒危的项目进行了抢救性的保护。并于 2004 年 8 月颁发了《文化部财政部关于实施中国民族民间文化保护工程的通知》，制定了《中国民族民间文化保护工程实施方案》。2011 年 2 月 25 日，经全国人大常委会会议三次审议，《中华人民共和国非物质文化遗产法》以 155 票赞成、2 票反对获表决通过，并于 2011 年 6 月 1 日起开始实施。这表示对于“非物质文化遗产”的保护、传承和发展已经到了有法可依、有法可行，有法必依、有法必行的政治高度。

高校“非遗”传承教育一直得到国家的重视，2002 年 10 月在北京召开的“中国高等院校首届非物质文化遗产教育教学研讨会”，是中华人民共和国成立以来第一次中国非物质文化遗产教育传承实施的动员大会，也是非物质文化遗产进入我国教育事业的开端，并且是一个势在必行的、需要长期进行下去的议题。目前大部分高校尚未展开“非遗”进校园的教学活动，将非物质文化遗产的传承设为课程的案例也是屈指可数。

世界上其他一些国家很早就开始了非物质文化遗产的保护工作，如日本在现代化发展的高潮时期——1950 年就颁布了《文化财保护法》，对日本的民间非物质文化遗产进行保护，由国家组织了民俗资料、民谣方面的紧急调查，开始了对人类非物质文化遗产保护的尝试。受日本对无形文化遗产保护和实践的影响，韩国在 1961 年颁布了“无形文化财”的保护法，以后逐渐得到菲律宾、泰国、美国和法国的响应。其中法国在文化遗产保护方面成就突出，进行了全国性的也是其文化史上最重要的一次文化遗产大普查，提出“大到教堂、小到汤匙”的普查理念，对文化遗产不分巨细地登记造册。这些行动无疑是对本土文化，尤其是乡土文化的保护抢救，是对民族文化之根的维护。

从联合国教科文组织“世界遗产”的发展历程中，我们可以看出人们对非物质文化遗产、对人类熟悉而又陌生的民间习俗生活的认识过程，同样经历了比较长的时间。1972 年联合国教科文组织通过了旨在保护世界文化遗产与自然遗产的《世界遗产公约》。在讨论世界自然与文化遗产名录的过程中，人们对无形文化遗产也给予了相应的关注。1989 年，在巴黎召开的联合国教科文组织第 25 届大会上，通过了《保护民间创作建议案》，这里的民间创作也可以表述为传统的民间文化。1998 年，联合国教科文组织执委会在第 155 次会议上通过了《宣布人类口头和非物质遗产代表作条例》，号召各国政府、非政府组织和地方社区采取行动对那些被认为是民间集体保管和记忆的口头及非物质遗产进行鉴别、保护和利用。对于人类口头和非物质遗产，强调特定文化空间，强调空间内自发传承的生活知识、艺能与技能，以及社区共享的文化传统。于是，到 2000 年，联合国教科文组织设立“人类口头和非物质遗产代表作”，于 2001 年 5 月 18 日，联合国教科文组织公布了首批“人类口头和非物质遗产代表作”，中国的昆曲入选。

对非物质文化遗产的保护，是一项艰难而明智的决策，尤其是发展中国家，在经济快速发展的初期，如何保护自己的活态文化传统，不走西方工业文明发展初期活态文化传统消亡的老路，这是一个值得慎重思考的问题。联合国教科文组织在《人类口头和非物质遗产代表作》的申报规定中指出：“列入《名录》作品必须是代表性的传统杰出工艺，有代表性的非文字形式的艺术、文学，突出代表民族文化认同，又因种种原因濒于失传或正在失传的文化表现形式。这些文化表现形式包括各类戏曲和相关的面具、服装制作工艺；舞蹈，如民族民间节日舞蹈、祭祀舞蹈、礼仪；音乐，如各类民族民间音乐以及乐器制作工艺；口传文学，如神话、传说、史诗、游戏和故事；各种精湛杰出的工艺、手工艺，比如针织、织染、刺绣、雕刻、竹藤编织、面人制作、玩具制作和剪纸等。”

2003 年 10 月，联合国教科文组织第 32 届大会通过了《保护非物质文化遗产公约》，对非物质文化遗产重新定义，认为非物质文化乃是“被各社区、群体，有时是个人，视为其文化遗产组成部分的各种社会实践、观念表述、表现形式、知识、技能以及相关的工具、实物、手工艺品和文化场所。这种非物质文化遗产世代相传，在各社区和群体适应周围环境以及与自然和历史的互动中，被不断地再创造，为这些社区和群体提供认同感和持续感，从而增强对文化多样性和人类创造力的尊重。这一概念不仅表明了非物质遗产的内涵，而且使其外延更具有科学性，注重非物质文化遗产中的文化信息、文化运行机制和文化创造力。

随着经济全球化趋势的加强和现代化进程的加速，中国的文化生态和文化主流发生了巨大变化，非物质文化遗产受到巨大挑战，那些靠口授和行为传承的、现已濒临消亡的、有重要历史和文化价值的非物质文化遗产，亟须进行保护与传承。在此情况下，我们党和政府对民族民间传统文化的保护十分重视，党的十六大报告明确指出：“要扶持对重要文化遗产和优秀民间艺术的保护工作。”近 10 年来，全国人大代表、全国政协委员以及许多有识之士通过各种途径强烈呼吁采取措施保护民间传统文化。2003 年，我国通过了《中华人民共和国民族民间传统文化保护法（草案）》，提出以保护非物质文化遗产为主，兼顾保护相关的物质文化遗产，建立了文化部门的行政主管部门，以分级保护为原则，实行以行政保护为主、以民事保护为辅的措施。随后，国务院下发《关于加强文化遗产保护的通知》（以下简称《通知》），要求进一步加强文化遗产保护，决定从 2006 年起，每年 6 月的第二个星期六为我国的“文化遗产日”。

自 2001 年中国昆曲被联合国教科文组织批准列入非物质文化遗产起，截至 2019 年中国加入联合国教科文组织《保护非物质文化遗产公约》，成为缔约国 15 周年，我国已入选人类非物质文化遗产代表作名录的项目有 32 个，入选急需保护的非物质文化遗产名录的项目有 7 个，总数位居世界第一。中国是历史悠久的文明古国，拥有丰富多彩的文化遗产，维系我们文化之根、民族之根的非物质文化遗产保护工作也获得了空前的重视。目前，我国建立了国家、省、市、县4级名录保护体系，并进行定期评估。我国政府这些强有力的有效措施使全民族文化认同感、凝聚力得到不断加强。

截至2019年已入选人类非物质文化遗产代表作名录的项目

序号	名称	类别	列入年份
1	昆曲	表演艺术	2001年
2	古琴艺术	表演艺术；传统手工艺	2003年
3	新疆维吾尔木卡姆艺术	表演艺术；口头传统和表现形式	2005年
4	蒙古族长调民歌	表演艺术；口头传统和表现形式	2005年
5	中国篆刻	传统手工艺	2009年
6	中国雕版印刷技艺	传统手工艺	2009年
7	中国书法	传统手工艺；社会实践	2009年
8	中国剪纸	传统手工艺；社会实践	2009年
9	中国传统木结构营造技艺	传统手工艺	2009年
10	南京云锦织造技艺	传统手工艺；社会实践	2009年
11	端午节	社会实践、仪式、节庆活动	2009年
12	中国朝鲜族农乐舞	表演艺术；社会实践	2009年
13	妈祖信俗	社会实践、仪式、节庆活动	2009年
14	呼麦	表演艺术；社会实践	2009年
15	南音	表演艺术	2009年
16	热贡艺术	传统手工艺	2009年
17	中国传统蚕桑丝织技艺	传统手工艺；社会实践	2009年

续表

序号	名称	类别	列入年份
18	龙泉青瓷传统烧制技艺	传统手工艺	2009 年
19	宣纸传统制作技艺	传统手工艺；社会实践	2009 年
20	西安鼓乐	表演艺术；社会实践	2009 年
21	粤剧	表演艺术	2009 年
22	花儿	表演艺术；口头传统和表现形式	2009 年
23	玛纳斯	口头传统和表现形式	2009 年
24	格萨（斯）尔	口头传统和表现形式；社会实践	2009 年
25	侗族大歌	表演艺术；口头传统和表现形式	2009 年
26	藏戏	表演艺术；口头传统和表现形式	2009 年
27	中国针灸	有关自然界和宇宙的知识和实践	2010 年
28	京剧	表演艺术	2010 年
29	中国皮影戏	表演艺术；口头传统和表现形式	2011 年
30	中国珠算	有关自然界和宇宙的知识和实践	2013 年
31	二十四节气	有关自然界和宇宙的知识和实践	2016 年
32	藏医药浴法	有关自然界和宇宙的知识和实践	2019 年

中国非物质文化遗产是中华民族精神文化的重要标志，是我国历史的见证和中华文化的重要载体，蕴含民族特有的思维方式、想象力和文化意识，承载着一个国家、一个民族或族群文化生命的密码。它是广大民众生命创造力的高度展现，也是一个国家文化身份和文化主权的基本依据。我国政府认为非物质文化遗产的保护是一个战略问题，它体现了全民的民族精神。但就目前情况而言，民间非物质文化的保护力度与非物质文化的消失之间仍然很不协调。乔晓光认为我国非物质文化遗产的现状不容乐观，虽然遗产比较丰富，但是消失得比较快，因为整个社会

对非物质文化遗产认识不够，缺乏法规措施，缺乏智能资源，缺乏抢救保护资金，缺乏对民族文化资源整体价值的评估，缺乏文化规划。①刘魁立认为："保护民族优秀文化传统不仅涉及民族命运的重要问题，同时是建设全人类文化，使人类文化得以多样性发展的基础。"②可以说，如果我国各民族的优秀传统文化在经济的发展中都成了牺牲品，那么我们的经济发展就谈不上有什么意义。或者说在经济发展过程中，我们没有了灵魂，没有了思想，没有了气质，我们的生活就没有什么价值。其实，我们提倡对民族民间非物质遗产的保护，其意义不仅在于保护国家经济发展的基础，而且在于保护每个民族的生存根基。

我们知道，对民族民间非物质文化遗产的保护是非常复杂的工作，任务十分繁重，与物质文化遗产相比，非物质文化遗产更具有"跨学科""跨文化""跨领域"的知识属性特点。因此，在非物质文化遗产的保护上将会更多地出现不同学科之间的交流和对话，打破学科壁垒和狭隘浅薄的门户之见，加强辩论和对话，实现方法、视野的互补和相互激荡，从而实现保护思想的提升和创造。由此可见，建立完善的非物质文化遗产保护人才培养机制，提高保护的水平和力度，意义重大。

联合国教科文组织充分注意到大学教育在文化遗产保护方面的重要作用，已于 2002 年 10 月在世界 5 个城市（包括北京）同时召开"大学教育与历史遗产主题会议"。中央美术学院于 2002 年 10 月 22 日—23 日举办了"中国高等院校首届非物质文化遗产教育教学研讨会"，是中华人民共和国成立以来首次将民间文化艺术作为人类文化遗产正式引入

①乔晓光．活态文化传统 我们的生存之根［J］．中国民族，2003（3）．

②刘魁立．关于非物质文化遗产保护的若干理论反思［J］．民间文化论坛，2004（3）．

高等教育的会议，具有重要的历史意义和深远的文化意义。会议交流、研讨了非物质文化遗产教育在我国高等教育中的意义、地位、现状和教学方法，推动社会对这一时代教育课题的关注，呼吁大学教育在中国社会大的转型期、许多优秀民间文化艺术遗产濒临消失的紧要时刻，真正发挥大学作为知识群体和青年群体对民族文化传承创造的历史作用。

随着我国对非物质文化遗产保护工作的重视，如何利用地缘优势、民族资源优势，发挥大学文化教育功能，更好地维护民族的文化命脉，成为民族民间文化的学习传承地，培养新一代的民间文化智者、文化领袖和文化传承者，更好地传承和保护民族本土资源，已成为区域性大学较为紧迫的重要课题。

第一章 文化与非物质文化遗产

一、文化与文明

在许多场合我们会提及“文化”与“文明”两个词语，“文化”一词的英文常用表达是culture，“文明”一词的英文常用表达是civilization。无论是中文还是英文，两个词语都是极为抽象但又经常使用的，在实际生活中有相当一部分人混淆了“文化”与“文明”的含义。两个词语有时候可以混用，有时又有严格的区分。现代社会以“文化”和“文明”为关键词的研究不计其数，但对于这两个概念及其内在联系却始终未能达成一种广泛的共识。[①]

文化的传承与推广是近年来社会生活中的热门话题。有统计表明，国内“文化”一词有140多种不同的表达方式，而英语中的文化有260多种定义。[②]国内著名学者、山东大学文艺学专业美学方向博士生导师陈炎教授在其著作《文明与文化》一书中指出：“文明是文化的内在价值，文化是文明的外在形式。文明是一元的，是以人类基本需求和全面发展的满足程度为共同尺度的；文化是多元的，是以不同民族、不同地域、不同时代的不同条件为依据的。”[③]

---

①陈炎．“文明”与“文化”——中国文明网（www.wenming.cn）．

②金元浦．定义大众文化［N］．北京：中华读书报，2001.

③陈炎．文明与文化［M］．济南：山东大学出版社，2006.

所谓“文明”，是指人类借助科学、技术等手段来改造客观世界，通过法律、道德等制度来协调群体关系，利用宗教、艺术等形式来调节自身情感，从而最大限度地满足基本需要，实现全面发展所达到的程度。人作为一种“类存在”，至少具有使用和制造工具（包括一切科技手段）、依赖和凭借社会关系（包括一切社会制度）、渴望和追求情感慰藉（包括一切精神享受）这些基本特征。唯其如此，人类才可能有对真的探索、对善的追求、对美的创造。反过来说，只有在对真、善、美的探索、追求、创造之中，人类才能最大限度地满足自身的基本需要，实现自身的全面发展。在这一点上，任何时代、任何地域、任何种族的人类群体概莫能外。从这一意义上讲，人类文明有着统一的价值标准。

换言之，人类要满足自身的基本需求，实现自身的全面发展，就必须进行真的探索、善的追求、美的创造。人类要进行真、善、美的探索、追求和创造，就必然会面临着人与自然、人与社会、人与自身之间的重重矛盾，而所谓文明，就是人类在克服这些矛盾的努力中所达到的历史进度。当我们说“资本主义时代的文明程度高于封建时代的文明程度”这句话时，既意味着资本主义时代的物质生产能力高于封建时代，也意味着资本主义时代的社会组织形式较之封建时代更能激发人类群体改造世界的总体能力，还意味着资本主义时代的精神产品及其享受形式比封建时代更加丰富多彩。从这一意义上讲，所谓文明的尺度，也正是马克思主义有关生产力和生产关系、经济基础和上层建筑的综合尺度。

人类传统的观念认为，文化是一种社会现象，它是由人类长期创造形成的产物，同时又是一种历史现象，是人类社会与历史的积淀物。确切地说，文化是凝结在物质之中又游离于物质之外的，能够被传承的国家或民族的历史、地理、风土人情、传统习俗、生活方式、文学艺术、行为规范、思维方式、价值观念等，它是人类相互之间进行交流的普遍认可的一种能够传承的意识形态，是对客观世界感性上的知识与经验的升华。

文化包括物质文化、制度文化和心理文化三个方面。物质文化是指人类创造的物质文明，包括交通工具、服饰、日常用品等，它是一种可见的显性文化；制度文化和心理文化分别指生活制度、家庭制度、社会制度以及思维方式、宗教信仰、审美情趣，它们属于不可见的隐性文化，包括文学、哲学、政治等方面的内容。

所谓“文化”是指人在改造客观世界、协调群体关系、调节自身情感的过程中所表现出来的时代特征、地域风格和民族样式。由于人类文明是由不同的民族在不同的时代和不同的地域中分别发展起来的，因而必然会表现出不同的特征、风格和样式。我们知道，考古学家对“文化”一词的经典使用方式，就是从不同地域的出土文物在建筑、工具、器皿的风格和样式上入手的。由于旧石器时代不同地域出土的器物尚无风格和样式上的差别，因而“文化”一词只有在新石器时代以后才被使用，像“仰韶文化”“龙山文化”，等等。例如龙山文化的发现是由一片黑陶引起的，这种黑陶器皿由于与仰韶文化的彩陶有着截然不同的风格和样式，从而引起了考古工作者的重视。不仅龙山的黑陶不同于仰韶的彩陶，良渚的玉器也不同于大汶口的石器，红山的陶俑不同于马家窑的人像……正是这种风格和样式的千差万别，才使得同一个新石器时代的华夏文明表现出五彩缤纷的文化形态。华夏文明如此，整个人类文明更是如此。设想一下，如果没有不同的时代特征、地域风格、民族样式，整个人类文明的历史进程将会显得多么单调乏味。

若就这些不同风格、样式、特征的文化产品在满足人类的基本需要、实现人类的全面发展方面的可能性及历史水准而言，这些文化产品所包含的文明价值是有高低之分的。但就这些风格、样式、特征及其所属的民族、地域、时代之间的关系而论，文化本身并无贵贱之别。譬如穿衣，我们穿的衣料能否取暖、是否舒适、可否满足人类自身的基本需要，其间有着一个文明的问题；至于是穿西服还是穿和服，是穿旗袍还是穿超短裙，其间又有着一个文化的问题。在前一种意义上，我们可以说衣衫褴褛是不文明的表现；在后一种意义上我们却不能说穿超短裙是没有文化的标志。再譬如吃饭，我们吃的食物能否果腹、有无营养、是否卫生，其间有着一个文明的问题；至于是吃西餐还是吃中餐，是吃法国大菜还是吃日本料理，其间又有着一个文化的问题。在前一种意义上，我们可以说茹毛饮血是不文明的表现；在后一种意义上，我们却不能说吃美国快餐是没有文化的标志。譬如工具，我们用的器皿会不会渗水、是不是坚固，其间有一个文明的问题；至于是用石器还是用玉器，是用彩陶还是用黑陶，其间又有一个文化问题。在前一种意义上，我们可以在石器时代、陶器时代、青铜器时代之间排列出一个文明的序列；在后一种意义上，我们却不能说色调单一而又质地细密的黑陶没有文化品位……

如此说来，文明与文化是两个既相联系又相区别的概念：文明是文化的内在价值，文化是文明的外在形式。文明的内在价值通过文化的外在形式得以实现，文化的外在形式借助文明的内在价值而有意义。一般来说，文明的内在价值总要通过文化的外在形式体现出来，而文化的外在形式之中又总会包含着文明的内在价值。如果说穿衣有着一种文明的内在价值，那么穿西服还是穿和服则是一种文化的外在形式，我们很难设想有一种不带民族、时代、地域特征的，没有任何风格和样式的抽象的服装；如果说吃饭有一种文明的内在价值，那么吃中餐还是吃西餐则是一种文化的外在形式，我们很难设想有一种不带民族、时代、地域特征的，没有任何风格和样式的抽象的饭菜；如果说使用器皿有一种文明的内在价值，那么用中式的陶瓷酒盅还是用西式的高脚玻璃杯则是一种文化的外在形式，我们很难设想一种不带民族、时代、地域特征的，没有任何风格和样式的抽象的容器……

文明是一元的，是以人类基本需求和全面发展的满足程度为共同尺度的；文化是多元的，是以不同民族、不同地域、不同时代的不同条件为依据的。如果我们只承认文明的一元论而不承认文化的多元论，便有可能得出“欧洲中心主义”之类的邪说；如果我们只承认文化的多元论而不承认文明的一元论，便有可能得出“文明相对主义”之类的谬论。前者企图将一种文化的模式强加给不同时代、不同地域和不同民族，并肆意贬低和蔑视其他民族的文化创造；后者则企图用文化模式的多样性来抵消文明内容的进步性，并以民族特色为借口而拒绝外来文明的影响和渗透。

文化没有高低之分，却有强弱之别。所谓“强势文化”就是指能力较强、效率较高，从而包含文明价值较多的文化系统。相反，所谓“弱势文化”则是指能力较弱、效率较低，从而包含文明价值较少的文化系统。譬如语言文字，这种因民族、地域的不同所形成的不同的符号系统本没有高低贵贱之分，但其作为人类的日常交际工具和信息传递手段却有着是否丰富、是否准确、是否容易掌握、是否便于处理等差别。从这一意义上，我们固然不能说云南纳西族人保存至今的东巴文字没有价值，但这种古老的象形文字系统在当今的信息时代却难以产生更大的影响。一种语言文字如此，那种以语言文字为子系统的大的文化母系统更是如此。怀特把文化看成是一个能获取能量的系统，认为在其他条件不变的情况下，文化随着每年每人利用能量的增加而演化，从而满足着人们物质和精神的各种需要。尽管从环境保护主义的立场上看，这种观点似乎是值得商榷的，但人类迄今为止的文明发展和文化创造却很难提出反面的例证。

文化的差异原本产生于时代、地域和民族的不同，但随着科技的进步、交通的改善、信息交流的加强，不同民族、不同地域之间以经济交往、文化交流、政治对话、军事征服等各种方式渐渐打破了固有的文化疆界。然而，在世界一体化（也就是时、空一体化）的过程中，不同文化系统之间的彼此影响和相互渗透并不总是自愿的，更不是等值的。在这一过程中，“强势文化”常常居于主导和支配的地位。这种影响和渗透自然有其好的一面，它使得居于劣势地位的“弱势文化”不得不改变其固有的状态，以提高其文明含量。因此可以说，这种全球化的历史过程，也正是人类文化不断提高其内在的文明总量的过程。但是，这种影响和渗透也有其坏的一面，它使得不同民族和地域之间的文化差别越来越小，文化面貌日渐趋同。因此可以说，这种全球化的历史进程，也正是人类文明不断减少其外在的文化差异的过程。

尽管文化有强弱之分，但不仅弱势文化要从强势文化那里学习很多东西，强势文化也要从弱势文化那里汲取必要的营养。美国学者罗伯特·路威曾随手抓了一张欧洲人的菜单进行研究。分析的结果使人吃惊，菜肴中的四分之三原料都是从外地引进的：在哥伦布出世以前，欧洲的厨师们根本就没有见过番茄、土豆、四季豆、玉米和波罗蜜。这些都是从美洲新大陆引进的。至于饮料，一千五百年前，欧洲人不知道什么叫作可可，什么叫作咖啡，什么叫作茶。前者是西班牙人从墨西哥带来的，中者最初只生长在非洲的埃塞俄比亚，至于后者嘛，熟悉鸦片战争的人都知道它是怎样从中国被运到欧洲去的。如此说来，如果没有对外的贸易或掠夺，没有文化的交流和渗透，欧洲人的餐桌上便只剩下三样东西：面包、白米布丁和牛奶。反过来，如果我们看一看中国人自己的餐桌，也会发现比两百年前丰富了许多，那上面不仅有烧饼、油条，也有面包、果酱，不仅有中国的老白干，也有德国的啤酒和法国的香槟。毫无疑问，这种你中有我、我中有你的双向交流无论对东方人还是对西方人来说都是一件好事，它纵然不能增加已有文化圈之间的差异并突出其特色，但却使我们原有的文化形态更加丰富，从而使享受的文明质量也随之提高。

在这一方面，或许日本的经验值得注意。在当今世界上，似乎没有哪个东方国家比日本的西化程度更高了，然而与此同时，恐怕也没有哪个东方民族比日本更善于保存传统文化了。一方面，日本人不遗余力地引进西方文化；另一方面，日本人又在十分顽固地维护着自己的民族传统。于是，在这个太平洋的岛国上，随处可以看到这样一种奇妙的文化景观：西式的摩天大厦与和式的木制建筑并存；西装、革履与和服、木屐，并行不悖；既可以发现握手的场面，也可以看到鞠躬的情景；既有地球上速度最快的电气火车，又有世界上节奏最慢的茶道仪式；既可以观赏到标准的芭蕾舞、西洋歌剧，又可以欣赏到传统的能乐、狂言；不仅旅馆、饭店，就连厕所也能够分出“西式”与“和式”两种。真可谓泾渭分明、并行不悖。说到底，文化只是文明的外在形式。因此，凡是具有文明价值的文化产品，无论东方还是西方，都可以兼收并蓄，为我所用。

尽管不同文化系统之间的交流和渗透是一种历史趋势，但是这种交流和渗透却并不总是自觉或成功的。其原因就在于我们对文化的要素与功能、文化的各结构与建构之间的复杂关系还缺乏深入的研究和理解。

总的来说，文明是文化的内在价值，文化是文明的外在形式。文明的内在价值通过文化的外在形式得以实现，文化的外在形式借助文明的内在价值而有意义。文明是一元的，是以人类基本需求和全面发展的满足程度为共同尺度的；文化是多元的，是以不同民族、不同地域、不同时代的不同条件为依据的。全球化的历史进程，正是人类文化不断提高其内在的文明总量的过程；这种全球化的历史进程，也正是人类文明不断减少其外在的文化差异的过程。因此，如何在增加人类“文明”总量的同时尽量保持“文化”的多样化，便成为当今人类的重要课题。这也正是非物质文化遗产传承与创新研究兴起的缘由之一。

二、文化与民族文化

文化作为一个自为体系，无一不具有该自为体系所特有的信息系统，自为体系的稳态延续都要受各自信息系统的节制。地球生命体系是地球上规模最大的自为体系，是节制地球生命体系中物质与能量制衡运行的信息系统，是随着地球上生命现象的出现而产生的生命信息系统。生命信息系统通过生物物种的繁衍和世代更替，在一切生物物种中传承，并在自然选择的诱导下不断丰富和创新。随着生命信息系统的变异，在地球上衍生出千差万别的生物物种来。物种的生命延续及并存物种间的互动竞争，又使地球生命体系的结构日趋复杂化，分化出众多的层次和子系统来。然而，无论地球生命体系发育得如何复杂，节制整个体系物质与能量有序运行的信息系统都是生命信息系统。由于生命信息系统是通过生物物种的遗传而得以传承及丰富发展的，故生物学家也将这一信息系统称为遗传信息。生物学家还找到了遗传信息的载体，即遗传基因。其总体可以称为“生命信息”。但本书从文化的自为体系出发，将节制文化生命现象制衡运行的信息系统通称为“文化信息”，以便与无机世界中物质与能量运行所伴生的信息区别开来；将无机世界中物质与能量运行所伴生的信息通称为“自然信息”。需要特别指出的是，地球生命体系的制衡运行，除了要受到生命信息节制外，还要凭借生命信息系统去接收和利用各种自然信息。换句话说，地球生命体系同时兼备利用生命信息和自然信息的禀赋。[①]

---

① 刘慧群．民间非物质文化的大学传承［M］．成都：西南交通大学出版社，2010.

民族文化是某一民族在长期共同生产生活实践中产生和创造出来的能够体现本民族特点的物质和精神财富总和。民族文化是各民族在其历史发展过程中创造和发展起来的具有本民族特点的文化，包括物质文化和精神文化。饮食、衣着、住宅、生产工具属于物质文化的内容；语言、文字、文学、科学、艺术、哲学、宗教、风俗、节日和传统等属于精神文化的内容。

各民族的文化最基础的人为信息系统与生命信息系统一样也能衍生出各种次生的信息系统来，语言、习俗、社会组织等文化事项都是从文化演化出来的次级信息系统，这些次级信息系统节制下的人类社会生活中物质与能量的运动与聚合是研究者可以观察到的文化事实，文化人类学的先驱正是通过此类文化的表征去定义文化的，泰勒就是如此。列维－施特劳斯想通过文化的表征去透视文化的本质结构，但他还没有追踪到人类的大脑，因为人脑内各种信息运行至今还是生命科学研究的盲区。列维－施特劳斯当然没有达到他预期的研究目标。注意到文化的本质是各民族特有的人为信息系统，仅是我们在索绪尔“内语言”研究基础上获得的一种感悟，从这样的感悟出发去研究人类面对的生态问题，可以起到更大的作用。但验证这种感悟的正确性超出了本书研究的范围，只能留待后人去完成。

这里之所以强调信息系统的人为性格，是因为世界上有很多信息，自然界也有它的信息，但是这个信息不是人造的，而是在自然的运行中产生的。文化则是人类本质活动的对象化，是人类积累的创造物，文化的内核是人特有的思维创造出来的。

人脑是文化的载体。信息系统的载体是数据库，通过对数据的处理输出有用的信息。当我们把信息的物质形态和传承形态的各个环节定义在文化中的时候，我们应该思考文化的载体问题。文化是人创造出来的，是人为的信息系统，而指挥人的思维、创造智慧的是人的大脑。因此，文化信息是以人脑为载体，去记忆、改写和思维。显然，它不同于其他的生物信息系统。这里有一点要说明，许多人研究文化往往停留在文化的表象或文化事实上，而忽略了大脑独具的思维功能。所以有的人以为服饰就是文化，而不去考虑人脑的思维作用，他们认为之所以这样穿着服饰，是气候、习惯、信仰等作用于大脑，然后人脑理性选择的结果。如游牧民族多居于高原，气候多变化，因此多以皮毛为服饰原料；赫哲族用鱼皮作服饰原料，因为他们主要以渔业经济为主，便于取材。这样了解之后，我们就把握了文化自身的逻辑关系。

既然文化是信息系统，那么文化的载体——人脑就应该有制造信息、接收信息、发送信息、改写信息、破译信息、反馈信息的能力。人为的信息是通过传播信息的渠道，在习得过程中实现改写、创新。这个能力可以全面地解释文化会发生演化，就像DNA在复制遗传基因时会发生变异是自然选择一样，人工选择后就会导致差异变极，会形成新的物种。而人为信息系统在接收和利用信息时，始终具有选择性。它不断创新，不断把这个体系扩大化，从而使文化在社会建构中越来越复杂，使社会运动也越来越有效。从人类发展史来看，人为的信息系统是贯穿于整个人类社会的，跨越了时空，以人脑为载体凭借习得延续与不断创新重构逐步定型的。不同民族所处的生境不同，其所构建出的文化事实也千差万别，从而形成了人类文化的多样性。这些多样性则又凭借人脑的指挥作用扩散、传播、相互交融、改写、创新，从而又使信息系统更趋完美，文化的自洽性更趋完善。

文化是一种准生命的存在态势。人作为生物有两重性，既是自然生物，也是社会生物。文化则偏重于它的社会层面。人类的活动是有序的，不管处在何种层次的人群，都无一例外同时兼备生物性和社会性。所以，按照生物学的定义，每个人体都包含了生物物质，有各种化学元素以能量的形式在运动，并按照需要进行调控、节制。因此，把文化定义为这套信息系统下所节制的物质和能量的有序运行，目标在于维系这个体系稳态延续并不断壮大。这是一种生命现象。

地球上生物体系的稳态延续有赖于生物多样性的合理并存，以及各种生物物种需要的相互制衡。与之相似，人类社会之所以得以稳态延续，通过文化聚合形成多样性的社群共存，有赖于多元文化的存在以及多元文化之间的制衡。以中国的汉文化为例，纵观中国历史，汉文化可以追溯到 7000 年前，从秦汉时算起，也延续了 2000 多年。历史上不少少数民族取得政权，进入汉文化的中心地带时，很快就接受了汉文化。因为他们认为汉文化有利于本族群文化的延续发展。因为文化有适应功能，能调整社会内的物质与能量有序运行。文化不断壮大的过程类似于生命发生与壮大的轨迹。这种既有稳态延续又有不断壮大趋势的物质能量集合体，我们称之为生命现象，文化就是一种准生命现象。之所以言其为“准生命”现象，是因为一方面它具有生命形态的很多特点，但另一方面又和生命形态不同，它不是死的基因，不是死的信息，而是能够传播、复制，不容易创新而又能促成创新的信息。其潜在的创新能力和速度是远远超过生命形态的。每一个民族都有这个趋势，都可以壮大。由于科技的发展，当下的文化具有综合利用生命信息和自然信息的能力，并使拥有该文化的社群获得有效的资源，从而使该社群得以生存并稳态延续。这样就可以把文化所有的内涵，以最简略的形式带到文化定义里面来。文化可以理解为是告知、训诫和指导人们如何进行社会博弈的信息体系，也就是说，文化是指导人类生存发展与延续的信息系统。

任何一个民族的文化都不是一潭死水，而是一个个具有自组织能力的准有机体。从文化自身的存在形式来说，它总是依靠人际间的互相交流与互相习得而不断壮大，同时又得凭借个人的世代更替与教习去传承和延续。从文化所处外部环境来看，不论是自然背景还是社会背景，都不是刚性的存在，而只是相对稳定的复杂体系。因此，任何民族文化都只有不断地调适，才能求得自身的延续与发展。文化传承的实质正在于不断地达成文化与周围环境的适应，以确保该文化的稳态延续与不断壮大。而支持与保护传统文化的实质正在于帮助该文化稳定其外部环境，确保其调适、取向一以贯之，同时激活该文化的相关适应机制，使之获得在新形势下的稳态延续与发展能力。

文化必然面对的外部环境，其时空规模极大，因此任何文化要保持稳态延续，既不需要，也不可能对一切环境要素都做出应对，并与之相适应。采取这样的做法去求得文化的稳态延续，所付代价不仅会大得无法承受，还会打乱文化自身的内在一致性，进而损害文化的整体性，最终会扼杀文化的生命力。如果到了这一步，不仅文化的传承不可能，就连文化的自身存在也失去了意义。任何民族的文化传承都不会按照这一办法去进行，而是采取另一种务实做法，对影响该文化稳态延续最大的外部冲击，做出针对性的反应，从而提高该种文化的综合生存能力。

文化的调适通常具有严格针对性和成果保留性。所谓“严格针对性”，是指一种文化在调适中并不会对所有文化要素都同步做出反应，而是仅对与外部冲击直接相关的几个有限要素加以改造，对传统的绝大多数要素则基本不予改动。所谓“成果保留性”，是指每一次调适所取得的成果，在外部冲击发生变化后，该成果的功能即使已经失去，但因适应新产生的要素并不会立即消失，而是以变形的方式残留在该文化体系内，长期作为该种文化的一个成分而存在下去。总之，当一种文化只有在其稳态延续遭受重大外部冲击，无法按照原样延续时，才会启动调适机制，对冲击做出反应，从而获得新的存活能力。一旦延续所受的阻碍缓和，调适就会自然中断。也就是说，文化的禀赋正在于能自发地维护自身的稳定延续，无论遭受多大的冲击，一种文化中一切与外部冲击不形成正面抵触的传统内容，都可以正常地传承下去。为了适应而做出的改变仅是极其有限的局部变动，对文化的整体而言，传统的基本延续始终占据着主导地位。

三、非物质文化遗产的概念

非物质文化是指那些非物质形态的、有艺术价值和历史价值的东西，是人类在社会历史实践过程中所创造的各种精神文化，如少林武术、文化习俗、中华刺绣等。大体上可分为三个部分：（1）与自然环境相配合和适应而产生的，如自然科学、宗教、艺术、哲学等；（2）与社会环境相配合和适应而产生的，如语言、文字、风俗、道德、法律等；（3）与物质文化相配合和适应而产生的，如使用器具、器械或仪器的方法等。

非物质文化遗产，是指各民族人民世代相承的、与群众生活密切相关的各种传统文化表现形式（如民俗活动、表演艺术、传统知识和技能，以及与之相关的器具、实物、手工制品等）和文化空间。非物质文化遗产的范围包括：在民间长期口耳相传的诗歌、神话、史诗、故事、传说、谣谚；传统的音乐、舞蹈、戏剧、曲艺、杂技、木偶、皮影等民间表演艺术；广大民众世代传承的人生礼仪、岁时活动、节日庆典、民间体育和竞技，以及有关生产、生活的其他习俗；有关自然界和宇宙的民间传统知识和实践；传统的手工艺技能；与上述文化表现形式相关的文化场所等。

文化包括物质文化和非物质文化。所谓物质文化，是指其中凝聚、体现、寄托着人的生存方式、生存状态、思想感情的物质过程和物质产品。所谓非物质文化就是指人们的精神家园。文化遗产包括物质文化遗产和非物质文化遗产。物质文化遗产主要是具有历史、艺术和科学价值的文物，包括可移动文物和不可移动文物。不可移动文物是指古文化遗址、古墓葬、古建筑、石窟寺、石刻、壁画、近现代重要史迹和代表性建筑。可移动文物是指历史上各时代重要实物、艺术品、文献、手稿、图书资料、代表性实物等，分为珍贵文物和一般文物；

珍贵文物分为一级文物、二级文物、三级文物。

联合国教科文组织是从保护遗产的现实需要，提出并不断修正非物质文化遗产概念的。1972 年，联合国教科文组织在巴黎通过《保护世界文化和自然遗产公约》（简称《世界遗产公约》），从保护物质类遗产的需要出发，提出了“世界遗产”的概念。后来，鉴于物质类世界遗产之外还有许多非物质类遗产需要保护，于是提出了非物质文化遗产的概念，这一概念先后有“民间文化”（1982 年联合国教科文组织下属的世界遗产委员会墨西哥会议文件）、“传统文化与民间创作”（1989 年联合国教科文组织《关于保护传统文化与民间创作的建议》）、“口头与非物质遗产”（1997 年联合国教科文组织《人类口头与非物质遗产杰作宣言》）等不同表述，最后才确定为“非物质文化遗产”概念。

2003 年，联合国教科文组织通过的《保护非物质文化遗产公约》（以下简称《公约》）对非物质文化遗产概念做了界定。2006 年，《公约》正式生效，“非物质文化遗产”正式成为一个法定概念。《公约》指出，非物质文化遗产是指被各群体、团体，有时为个人视为其文化遗产的各种实践、表演、表现形式，知识和技能及其有关的工具、实物、工艺品和文化场所。但各个群体和团体随着其所处自然环境，以及与自然界的相互关系的变化，特定民族的历史过程以及在特定历史过程中因族群关系的不同而导致的文化传播与文化吸纳等方面的客观事实，使得这种变化不断的“场景”在代代相传的非物质文化遗产中得到不同程度的创新，同时使它们在各自的创造中具有一种认同感和历史感，从而促进了文化多样性和人类的创造力的发展。

通过联合国教科文组织关于保护文化遗产的公约及其相关的文件，我们可以清晰地看到联合国教科文组织在保护文化遗产意图下建构人类文化遗产理论体系的过程，其意义是深刻的。它把来自不同政治、经济、文化背景的政府官员和专家学者召集在一起，通过对话与协商，就大家共同关心的与人类发展息息相关的文化遗产保护问题进行了探讨，制定了体现大家意志的国际公约，这对唤起民众自觉保护文化遗产的意识具有极大的促进作用。

然而，联合国教科文组织不可能也无法真正做到从纯科学的角度去看待文化遗产和建构文化遗产理论与保护体系。这样，它对非物质文化遗产理论的构建就不可避免地存在着缺陷和不足，我们在学术研究中也不必受《公约》定义的限制，这是我们必须清醒认识的。因此，我们在梳理非物质文化遗产概念的缺陷时，还应该对其进行修正和重构，以建构更加合理的非物质文化遗产概念，并在此基础上建构新的和更加合理的文化遗产概念体系。

我们认为，非物质文化遗产作为人类文化遗产中与物质文化遗产相对应的一个范畴，是指人类集体、群体或个人创造的以非物质形式被后代所认可与继承的文化财富。因而，将之与物质文化遗产相对比，更能把握这一概念的内核：第一，非物质文化遗产中的文化财富是活态的、不断发展和创新的；物质文化遗产是静态的、不变的。第二，非物质文化遗产的载体是特殊的物质，即具有能动性的人；物质文化遗产的载体是静态的、不具有能动性的物质。第三，非物质文化遗产的价值主要指传承人继承和不断创新的文化；而物质文化遗产的价值主要指传承物本身。第四，非物质文化遗产的传承是通过传承人的口述或口述表演、身体示范或表演、综合示范或表演等进行的，传承人既是遗产的接受者又是创造者；物质文化遗产则是通过物的传递进行。由此，在两种不同形态的文化遗产对比中，非物质文化遗产活态的精神财富的特点凸显了出来。这一概念体现了对文化遗产的存在和传承方式、价值和形态等的整体关注，它不仅开辟了一个新的遗产学领域，而且为传统学术研究提供了可资借鉴的新的思维方式，使传统学术研究在对象和方法上都将面临一场革新，也使得我们的学术研究肩负新的使命。[①]

联合国教科文组织刚启动的非物质文化遗产项目，对许多人来说是陌生的，但世界已开始把保护口传的民间文化遗产提到日程上来。非物质文化遗产又称无形文化遗产，主要是指非文字的、以人类口传方式为主的、具有民族历史积淀和广泛突出代表性的民间文化（艺术）遗产。中国作为一个古老的农耕文明之国，五千年的文化绵延不断，非物质文化遗产丰富。中华文明源远流长，首先反映在活态的民间文化传统上。实际上，在我们辽阔的疆土上，许多偏远的乡村仍然是靠着口头文化传统的维系生存着，这是一个熟悉而又令人陌生惊奇的现实。

非物质文化遗产对于进入 WTO 不久的中国来说，确实是一个陌生的课题，在大学的学生与教授中间同样是这样。一方面我们在告别古老的农耕传统，另一方面我们在迅速、开放地追赶着西方的科技与工业文明。在传统与现代之间，似乎形成了一种分离对立的思维定式。发展的欲望似乎并没有提供一个连接传统与现代的情感逻辑。

文化遗产传承着一个国家和民族的历史文化和价值观念，同时也关乎国家的前途和命运，这样说一点也不为过。联合国教科文组织之所以坚持《世界遗产公约》和《保护非物质文化遗产公约》的精神，也正是在强调文化尊重、人类共享、和平发展的价值观念。“非物质文化遗产”的“热”当然是一件好事，说明我们对民族历史和文化的重视，但笔者认为，更重要的一点是有关部门、学术界及媒体有责任向公众传达正确的信息，将非物质文化遗产的含义理解完整，把《公约》真正贯彻到位，以起到对真正的“非物质文化遗产”的保护作用，避免出现不论是否符合“非物质文化遗产”条件都一窝蜂申报，或者让“非物质文化遗产”与当地

①宋俊华．非物质文化遗产概念的诠释与重构［J］．学术研究，2006（9）．

经济利益挂钩的现象。由此，有两个基本的问题需要厘清。

其一，不是所有的民族民间文化传统都可称为非物质文化遗产。《保护非物质文化遗产公约》给“非物质文化遗产”所下的定义是：“被各社区、群体，有时是个人，视为其文化遗产组成部分的各种社会实践、观念表述、表现形式、知识、技能以及相关的工具、实物、手工艺品和文化场所。”它强调两个非常重要的条件：一是“这种非物质文化遗产世代相传，在各社区和群体适应周围环境以及与自然和历史的互动中，被不断地再创造，为这些社区和群体提供认同感和持续感，从而增强对文化多样性和人类创造力的尊重。”二是“在本公约中，只考虑符合现有的国际人权文件，各社区、群体和个人之间相互尊重的需要和顺应可持续发展的非物质文化遗产”。

这样，非物质文化遗产就被限定在一个正面的、健康的、剔除了糟粕的框架之中，我们不能将所有的文化传统冠以此名统而论之。当然，关于精华和糟粕的辨析，每个时代的价值判断标准亦不同。然而，《保护非物质文化遗产公约》贯穿下来的定义及范畴是非常明确的，可谓“有法可依”。在此前提下，遗产所包含的内容，不能违背当今文明时代的主体价值观，更不能与现代社会准则相抵触。由于传统文化尤其是社会风俗当中含有一些与现代社会准则不符的内容，如一些地方的文化中残留着对妇女不尊重的传统，这是绝对不可纳入非特质文化遗产范畴的。

非物质文化遗产保护本来就是以国际法为价值判断标准自上而下开展的，而非由民间点燃火种的自下而上的群众运动，因此，依照法定概念和法定原则进行非物质文化遗产的保护，才是正确的途径。

其二，非物质文化遗产及其扎根、生长、发展的人文环境和自然环境，才是其作为遗产的整体价值所在。虽然非物质文化遗产的表现形式包括若干方面：口头传说和表述，表演艺术，社会风俗、礼仪、节庆，有关自然界和宇宙的知识和实践，传统的手工艺技能等。但是，所有的形式都是与孕育它的民族、地域生长在一起的，构成文化综合体，并且这样的文化综合体不可拆解。

以我国的古琴艺术（广陵琴派）为例。作为非物质文化遗产，古琴艺术的价值不只在于古琴这种乐器本身，亦不限于古琴曲目或弹奏技术，最为重要的在于以古琴为聚合点而构建的传统美学特质及哲学意味，其贯穿于中华雅文化的发展当中。其中最显著的，我们可以称之为“知音文化”。“知音文化”的内核，其人文影响力与渗透力既深厚又久远，辐射至极其宽广的范畴。由于钟子期和俞伯牙高山流水的知音故事以古琴为支点，不仅深邃感人，而且历久弥新。可以说，知音意识和知音获得感是中国人认知生命价值的重要组成部分，是一个人求得认同的最高境界。作为雅士阶层的一种不可分割的人生内容，琴境与生命境界，乐品与诗品、文品，都是相通的。遵循“大音希声”的哲学原理，古琴艺术将儒家的中正平和、道家的清净淡远，融汇于乐曲中，追求美妙的境界。

每一项真正符合标准的非物质文化遗产都不可能以一个物质的符号（如古琴乐器本身）独立存在，称其为“非物质”，即意味着那些无形的环境，抽象的宇宙观、生命观更具价值。正如联合国教科文组织北京办事处原文化项目专员木卡拉在其《非物质文化遗产与我们的文化认同感》一文中所阐释的：非物质文化遗产是人类遗产非常重要的资源，就语言、民间音乐、舞蹈和民族服装来说，它们都能让我们从更深刻的角度了解它们背后的人和这些人的日常生活。通过语言途径传播的口头传统和哲学、价值观、道德尺度及思考方式构成了一个社会生活的基础。非物质文化遗产所涉及的范围非常广泛，每一个人与它都脱不开关系，因为在每个人身上都包含着他所在社会的传统。

目前，在国务院办公厅《关于加强我国非物质文化遗产保护工作的意见》的指导下，根据《国家级非物质文化遗产代表作申报评定暂行办法》规定，申报和公布国家级非物质文化遗产代表作每两年一次。联合国教科文组织非物质文化遗产代表作的评定亦为每两年举行一次，且每次一个国家只能独立申报一项。我国第一次进行国家级非物质文化遗产名录整理工作即有 518 项得以公示，这个数字着实使人吃惊。我们应当认真思量：每一项个体遗产的文化价值究竟有多丰厚？是否经得起论证？

总而言之，根据联合国教科文组织的界定及其与教育的本质关系，非物质文化既是一种面上静态的、隐形的历史回忆和民族精神，又是一种可以传承、发展的具有教育和社会价值的文化活动，是一种活态文化。其活态性不仅表现为其所属现实主体展现的灵动，还表现为其教育传承和发展的活力。它的主要特征在于：其一，注重以人为载体的知识技能的传承。其二，打破了大传统和小传统的人为屏障，消解了上层文化和下层文化的界线。其三，展示了人类现行文化知识体系学科分类的新轮廓。

四、原生态文化与非物质文化

原生态文化一词的出现，首先基于将文化从生态性角度进行理解，也就是说文化具有生态性。原生态的文化从本质来讲是某一种心理状态，某一种行为习惯，是一种原生态。原生态的文化涉及民族文化、民间文化、原始文化、地方文化；涉及民族学、民俗学、社会学、生态学。一切自然状况下生存下来的文化都属于原生态文化。“原生态”这个词是从自然科学借鉴而来的，生态是生物和环境之间相互影响的一种生存发展的状态，原生态是一切在自然状态下生存下来的东西。从人类学的视野来看，原生态文化是指文化相对论他者视角中的地方性知识。原始文化最早出现，就是基于人类学中最早的客位视角，即“他者视角”；“地方性知识”是原生态文化的内涵，它不仅涉及地域意义，也涉及知识生成和辩护中形成的特定情境。在研究“原生态文化”的同时，还要关注“原生态文化”表演与传承的那些人。原生态文化的生态性主要表现在从地理、环境、自然、地域的角度来看文化。这样一来，海洋、内陆、高山、平原、森林、草原、热带、寒带、温带、潮湿、干旱等都会产生迥然相异的文化，在人文地理视野中的文化就是多样性的文化。自然生态与文化生态密切相关，没有森林，狩猎文化就无所依托；草原沙化或消失，游牧文化就失去了游走的自由；河流干涸，渔人自然绝迹，渔歌无从唱响……文化的多样性依赖于自然与物种的多样性，依赖于原生态的自然环境。原生态文化是来自大自然的文化，是前工业时代的、自然的、野生的、乡村的、朴拙的、边远地区的、非城市化的、非市井的、非商业化的文化。

其次，“原生态文化”一词的出现，还与西方一种全新的文化保护行动相关。早在20世纪初，北欧国家就出现了一种保护乡土文化的“活态博物馆”运动。其宗旨是，以一个特色文化乡村为核心，将其视为一个活态的天然生态博物馆。在这个文化空间里，文化节日、集市贸易、婚丧嫁娶、民居民宅、表演游戏、歌舞弹唱、玩具器物等各种有形与无形文化、物质与非物质文化都是其文化的一部分，当地借以吸引外来游客，发展旅游经济。20世纪60年代以后，法国等国家又兴起了生态博物馆运动，将历史、文化、自然博物馆的静态保护理念推广到一个著名文化社区、古村落整体动静结合的保护中。生态博物馆运动20世纪末引入中国，贵州先后建立了若干苗族、布依族、汉族的生态博物馆。生态博物馆不同于一般意义上的博物馆，它以村落全部文化为保护对象，在保护中小心翼翼地开发、利用。这里的“生态”的意义，既是自然生态，也是人文生态。这里的文化，庶几近于“原生态文化”。

再次，“原生态文化”一词的出现还与20世纪末以来联合国教科文组织保护自然遗产、文化遗产、文化与自然双重遗产的“世界遗产”

名录及有关保护运动相关。从世界遗产保护的经验出发，21 世纪初，联合国教科文组织公布了人类口头和非物质文化遗产代表作名录，通过了《保护非物质文化遗产公约》，发布了文化多样性宣言。人类口头和非物质文化遗产代表作名录收入的大多是民俗文化、口头文学、节日、民间百乐舞蹈、传统与民间表演艺术、史诗、原始的宇宙知识、民间手工技艺，等等。这些文化大多来自少数民族、原始部族、乡土文化、民间文化，等等，是依赖一定生态环境和特定人群与历史的“生态文化”。非物质文化遗产视野下的“原生态文化”，获得了人类杰出的文化评价，成为人类宝贵的文化遗产。

在以上三种文化思潮的汇合下出现的“原生态文化”，其基本内涵包括：具有自然生态性，是民族民间的文化，是与民族的乡土环境、人文历史、民俗风习融为一体的，是非职业非专业、非城市化非商业化的文化。原生态文化是生活中的文化。它按历史传统、岁时节令和民间俗信演示，在特定的文化时间和空间中就地演出。所以，任何经过迁移、搬运、模仿、改变、移动、人为变化后的演示，都难说是真正的原生态文化。要欣赏真正的原生态文化只有到田野去，尊崇当地风习，在人生体验中体味这种天籁般的文化。

原生态文化应当是指在民族文化中，成功适应所处的自然与生态背景的文化要素及其结构和功能的总和。这是民族文化中最稳定、最具有持续能力的构成部分，在现代生活中又具有较大的应用潜力，因而需要作为一个特别的民族文化内容去展开广泛而深入的研究。“原生态文化” 研究的重点是民族文化与自然及生态系统的耦合运行，强调共时态的系统分析探讨。它虽然并不排除文化的溯源探索，也不排除文化传播的手段、前提、运行方式及后果探讨，但只是作为“原生态文化”研究的辅助手段去加以对待和展开必要的分析。“原生态文化”研究是一个文化人类学的新研究领域，主要是由生态人类学这一分支学科去承担，并联合文化人类学其他分支学科去共同完成。

民族文化中植根于所处生态系统中的文化要素及其结构，这一理论之所以值得深入研究，原因如下。

首先，今天我们所能观察到的各种生态系统，其稳定延续的周期肯定比任何一种民族文化都要长，这就注定了植根于生态系统的民族文化必然具有极强的可持续能力和超长时间的有效性。它不仅属于过去和现在，而且只要生态系统不发生实质性的改变，它就可以属于未来。因而认知这样的“原生态文化”，发掘相关的本土生态知识和技术技能，不仅可以造福于今天，还可以施惠于后世。

其次，生态系统是一切人类社会赖以生存的根基。根植于生态系统的民族文化标志着对所处生态系统的整体认识水平，因而是利用好这一生态系统一笔难得的财富，是我们今天从事生态建设可以借鉴的知识总汇。失去了这种不可替代的“非物质文化”，显然无法做好今天的生态建设。

再次，一切形式的科学技术，都仅仅体现为利用资源能力的提高，而不具备制造任何资源的禀赋。生态环境所提供的资源，都属于“可再生”资源，是人类生存和发展的根本性依赖。因而，根植于特定生态系统的文化本身就是科学技术的源头。要准确地理解、认识和运用现代的科学技术，确保这样的运用能够真正地做到因地制宜、与时俱进，显然得仰仗“原生态文化”去充当指南，没有各民族生态文化与现代科学技术的有效结合，现代科学技术的潜力就不可能得到充分的发挥。①

最后，人类肯定是生物性与社会性的“二元对立统一体”，而人

①杨庭硕．生态人类学导论［M］．北京：民族出版社，2007．

类的生物性显然比人类的社会性更具有稳定延续能力。因此，研究植根于所处生态系统的民族文化，对相关民族来说，更具有代表性和标识性，也是该民族文化的精华所在。忽略了“原生态文化”，那么对“非物质文化”的保护将会成为无源之水、无本之木。加强“原生态文化”的研究，不仅是时代的要求，也是民族文化的本质使然。

文化传播对文化变迁造成的影响在文化人类学历史上，早就引起了前辈们的关注。但直到斯图尔德才对影响的性质和特征做了精辟的归纳和总结，文化传播造成的影响必然具有“突发性”，影响的后果对被影响的民族而言又必然具有“不相协调性”，由此导致的文化变迁，其可持续能力往往与民族间的实力消长相关联。在此基础上，他重点讨论现代国际和国内各民族文化的影响，并因此提出了“国家整合模式”这一全新的概念。[①]按照他的理解，一个多民族国家要确保统一，就要引导各民族文化接受其“涵化”，但这样的“涵化”作用也遵循“最小改动”原则，国家仅仅要求各民族改变必须改变的那部分内容，而不必要求各民族必须放弃本民族所有的文化。就实质而论，他所理解的在国家权力范围内所发生的民族文化“涵化”，本身就是一种文化的适应。因而，他的这一理论创新一直影响着美国的民族学家，并在他的后继者中得到了很大的发展。即便是对他提出批评的内亭，批评意见的源头仍然来自国家权力如何影响民族文化的变迁，而不是否定对“涵化”的理解。但如果查阅我国古代哲学思想，我们还应当注意到，与斯图尔德上述命题相类似的思想，早在2000多年前的儒家经典中已

①黄淑娉，龚佩华．文化人类学理论方法研究［M］．广州：广东高等教育出版社，2004.

有论述。《礼记·王制》中的如下两句话“修其教，不易其俗，齐其政，不易其宜”，其思想实质和斯图尔德的“国家整合模式”就极为相似，但表述却比斯图尔德更精练更准确。这就难怪费孝通在上述理解的基础上，要更精辟地归纳出“中华民族多元一体格局”了。

文化传播是民族文化研究的一项极其重要的内容，但文化传播对“原生态文化”的影响却有其特异性。忽视这些特异性，往往会干扰我们对“原生态文化”的认识，并在无意中造成误判。在这些特异性中，最突出的有如下三个方面：其一，影响因素具有非稳定性，它往往以特定的政权和国际国内的政局变化为转移，但受到影响的民族文化却可以在影响因素消失后，按照文化的惯性稳定延续很长一段时间。其二，这样的影响除了受制于民族之间的格局外，还有很大的随机性因素存在。这样造成的文化变迁很难纳入逻辑分析的框架内去研究。因此文化的此类变迁，其原因与历史事件和历史人物的关系更为密切。其三，由此导致的后果不一定能够与“原生态文化”相兼容，既可能产生正面的影响，也可能产生副作用。而这最后一点则是研究“原生态文化”必须引起高度重视的难题。

综上所述，原生态文化研究的重点在于不同民族对所处生态系统做出文化适应的全部相关内容。由于民族文化是一个整体，因而这样的研究课题涉及文化的所有事项，需要研究的内容极其丰富，展开这一研究将极大地改变文化人类学一个多世纪以来仅重点关注文化自身的习惯性传统，从而开启重点研究在文化与自然、生态环境之间建构可持续和谐关系的新时代。各民族的特殊历史过程和文化传播引发的文化变迁当然也需要研究，但研究的目标和内容是服务于“原生态文化”的研究需要的。

五、非物质文化遗产的基本特征

“非物质文化遗产”，也有国家称“无形文化财产”，这只是翻译上的区别。它是人类在对文化遗产认识中提出的一个新概念，包含丰富复杂的内涵。为了准确揭示它的含义，联合国教科文组织曾广泛征询专家意见，反复修正。在新通过的《保护非物质文化遗产公约》中是这样表述的：非物质文化遗产，是被各社区、群体，有时是个人，视为其文化遗产组成部分的各种社会实践、观念表述、表现形式、知识、技能以及相关的工具、实物、手工艺品和文化场所；这种非物质文化遗产世代相传，在各社区和群体适应周围环境以及与自然和历史的互动中，被不断地再创造，为这些社区和群体提供认同感和持续感，从而增强对文化多样性和人类创造力的尊重。这一界定，在共时向度，涉及以下内容：①口头传统和表现形式，包括作为非物质文化遗产媒介的语言；②表演艺术；③社会实践、仪式、节庆活动；④有关自然界和宇宙的知识和实践；⑤传统手工艺。这些要素互相关联，有机地存活于共同的社区或群体之中，构成非物质文化遗产的生命环链。在历时向度，则包含其由生成、传承到创新演进的全部过程，标示出生生不息的深层生命运动和丰富久远的文化蕴含。应该说，这样的解释是比较全面、科学的。

非物质文化遗产是人类的特殊遗产，从内容到形式都有自己的特殊性，集中表现为传承性、社会性、无形性、多元性和活态性等特征。正确认识非物质文化遗产的这些特征，是科学认识和保护非物质文化遗产的前提。非物质文化遗产是人类的特殊遗产，它的特殊性既表现在其内在规定性上，又表现在其外部形态上。具体而言，非物质文化遗产具有传承性、社会性、无形性、多元性和活态性等特征。考察这些特征是科学认识和保护非物质文化遗产的前提。[①]也只有对非物质文化的基本特性进行充分研究并加以总结，在学术界与社会上取得共识后，对非物质文化的保护才有可能进入实质性阶段，我们认为人类非物质文化遗产具有以下五大基本特征：[②]

（1）活态性。所谓“活态性”是从非物质文化遗产的形态角度提出并且确立的，如“民间文化”“民间创作”“口头传统”“非物质遗产”“非物质文化遗产”等，它们虽然内涵不完全相同，但有一点是共同的，即都试图从生存和传承的具体形态来确立非物质文化遗产概念，“民间”“口头”“非物质”等术语所表示的其实就是：非物质文化遗产存在或传承的形态。另外，《公约》还用“在各社区和群体适应周围环境以及与自然和历史的互动中，被不断地再创造”的表述强调非物质文化遗产历史形态及其变化。这就展示了一种新的思维方式，即形态思维。形态思维是一种通过对对象形态还原来把握对象的思维方式，对于非物质文化遗产而言，就是要求我们用“是其所是”的方式去认识、研究、保护它，把非物质文化遗产置于其固有的活态环境中，研究其“活”的存在和传承方式。

与作为历史“残留物”的静止形态的物质文化遗产不同，非物质文化遗产只要还继续存在，就始终是生动鲜活的。这种“活”，本质上表现为它是有灵魂的。这个灵魂，就是创造并传承它的那个民族（社群）在自身长期奋斗和创造中凝聚成的、特有的民族精神和民族心理，集中体现为共同信仰和遵循的核心价值观。正是这些灵魂使它有吐故

①宋俊华．非物质文化遗产特征刍议［J］．江西社会科学，2006（1）．

②刘慧群．民间非物质文化的大学传承［M］．成都：西南交通大学出版社，2010．

纳新之功，有开合应变之力，因而有生命力。人们是靠文化在生活，一刻也离不开文化，具体而言，人们睡在文化中，吃在文化中，行在文化中，死在文化中，思在文化中，这一切都是以它的“活态”形态存在。“活态”性是非物质文化遗产的本然形态和生命线，也是非物质文化遗产的重要特征之一。

（2）民间性。所谓“民间性”是从非物质文化遗产的生成和传承动力来判断和界定的。非物质文化遗产是人类不同民族不同社群的民众在历史的长河中自己创造和传承的，它既非单个人的行为，也非政府指令的行为，而是一种民间自主的行为。只有“民间”的主人——广大民众才是其创造（传承）主体和生命的内驱力。如果限制或改变这种民间性，没有了民众的自主参与，它便会失去生命之源。

对于民众来说，非物质文化活动不是游离身外的“他者”，不需要外力的组织和注入，而是融于肌理须臾不可分离的生活的一部分。一方面，非物质文化承载着民众生活制度和行为规范的内涵，是这些“内涵”上下传承的基本载体，人们无时不生活于其中；另一方面，一个特定民族（社群）的非物质文化又总是凝铸着它的民族精神，体现着民族的性格，因而与那里的民众有着深深的情感纽结，密不可分。也就是说，非物质文化，是特定民族在其文化信息的指导下，为本民族谋求生存与发展以及延续过程中创造出来的特定文化事实。这样的文化事实乃是任何一个民族都不可或缺的宝贵财富。

民间性就是非物质文化遗产的社会性，是指非物质文化遗产的产生和发展都离不开人类社会，是人类创造能力、认知能力和群体认同力的集中体现，是人类社会活动的重要内容。这一特性是由“文化信息体系”所决定的。文化被人们如此广泛地运用以至于很难有统一的内涵，但有一点可以肯定，那就是文化是指导人类生活的信息体系，这样的信息体系要发挥作用，其必须作用于自然与社会，因而无论哪种“文化事实”

都是人类实践的产物，其发生与发展都离不开社会实践，也就是说，文化事实具有社会性。

非物质文化遗产与物质文化遗产不同，在社会性上有自己的特点：从文化遗产的生成和传承的过程来看，不同的文化遗产与人类实践结合的方式是不相同的。物质文化遗产是人类实践活动的结果，其生成和传承往往具有事后性，如故宫文化就是在人类修建、修缮等实践结束后得以生成和传承的。非物质文化遗产的生成和传承则直接表现在人类的具体实践过程中，如表演艺术通过表演实践得以存在和传承，节日、仪式通过节日和仪式实践得以存在和传承。所以，非物质文化遗产的社会性具有过程性特点，是人类实践过程的体现。

（3）传承性。“传承性”是指非物质文化遗产概念的提出不只是服务于对非物质文化遗产的认识，而且还服务于非物质文化遗产的传承、享用、教育和保护等一系列实践。把认识与实践如此密切地结合在一起，直接促使了人们对非物质文化遗产传承思维的重视。保护非物质文化遗产不仅仅是对遗产本身的保护，还涉及对传承人、传承环境、传承过程等的保护。

遗产是人类前代遗留下来且被后代享用或传承的财富，包括物质的和非物质的。非物质文化遗产的传承性，就是指其具有被人类集体、群体或个体一代接一代享用、继承或发展的性质，这是由遗产的本质所决定的。非物质文化遗产在传承上具有的特性表现在以下三个方面。

第一，非物质文化遗产具有可传性，即都有被人类集体、群体或个体认同的文化价值而被传承。当人类前代文化遗留因价值认同而被后代集体、群体或个体享用、保护和继承的时候，这个文化遗留就具有了可传性，如昆曲、古琴、侗族大歌、端午节等文化事实都是因为其杰出的文化价值被认同而被人们传承的。

第二，非物质文化遗产的传承是以物质为载体进行的。当然非物质文化遗产与物质文化遗产在存在形态上是有所区别的：物质文化遗产以具体有形的“物质”形态存在，如黄山风景区、故宫、长城等自然与人化物等；非物质文化遗产则以抽象无形的“非物质”形态存在，如民间仪式、生产工艺和表演艺术等。尽管如此，两者在传承时都是以物质为载体的。物质文化遗产的载体是自然或人化物，非物质文化遗产的载体则是特殊的“物质”—— 人。

第三，非物质文化遗产的传承在一定程度上保持了遗产的稳定性。它们都是在继承的基础上进行传承的，遗产的质的规定性并不随传承而被随意改变，即使是变化性较强的非物质文化遗产在传承过程中仍保持着质的稳定性。

（4）无形性。物质与非物质概念是从存在与思维关系的角度提出的。物质是一种不依赖于人的思维的客观存在，并通过各种具体的物质形态呈现出来，这些具体的物质严格来说都是有形的，只因为人感觉和知觉能力存在有限性，对一些物质形态无法感知，于是人们以无形来描述它们，如细菌、氧气等。非物质则是一种依赖于人的思维的存在，这种存在是无形的。有形和无形的概念主要是依据人能否直接感知到事物形象而得出的。物质本身都是有形的，但因为人的直接感知能力无法感知所有物体，便产生了有形物质和无形物质之分别；非物质是无形的，但有时需要有形的物质作为自己存在的载体。

物质文化遗产是具体的文化物质，即人化自然物或人工制造物，文化与物料是其中两个水乳交融的元素，离开文化的物料和离开物料的文化都不能称为物质文化遗产。所以，物质文化遗产与其他文化不同，就在于它的物质性；与其他物质不同，就在于它的文化性。文化性决定了物质文化遗产的价值性，物质性则决定了物质文化遗产的有形性。

非物质文化遗产是抽象的文化思维，它存在于人们的观念且随着人们观念的变化而变化，如知识、技能、表演技艺、信仰、习俗、仪式等。

从本质意义上讲，非物质文化遗产是无形的，一方面它不像物质文化遗产那样是有形可感的物质，另一方面它不像物质文化遗产那样具有稳定性。所以，非物质文化遗产在传承上就具有与物质文化遗产不同的特点，不是通过物本身而是通过人的活动来进行。

我们还应看到，非物质文化遗产本质的无形性并不排斥其在存在和传承时的有形性。比如，剪纸艺术是非物质文化遗产，是无形的，但它的表现和传承是通过工艺品和艺人等具体物、人或人的活动进行的，而这些物、人和人的活动却又是具体、有形的。再如，春节习俗是一种非物质文化遗产，它在一代又一代国人观念中存在，是无形的，但它又是通过特定时间特定人的活动来展示和传承的，因而又是有形的。尽管这些有形的物质并不是非物质文化遗产本身，但可以帮助人们理解无形的非物质文化遗产。总之，与物质文化遗产存在的有形性相比，非物质文化遗产是无形的，但从非物质文化遗产的表现和传承方式来看，它又是有形的。

（5）多元性。“多元性”是基于非物质文化的存在价值与生存机制、存在空间等的思考而确立起来的。非物质文化遗产概念的一个基本内容就是遗产价值。联合国教科文组织文件不仅强调遗产的价值性，而且特别指出非物质文化遗产价值具有多元性。《公约》指出，非物质文化遗产是“被各社区、群体，有时是个人，视为其文化遗产组成部分的各种社会实践、观念表述、表现形式、知识、技能及其相关的工具、实物、手工艺品和文化场所”“这种非物质文化遗产世代相传，在各社区和群体适应周围环境以及与自然和历史的互动中，被不断地再创造，为这些社区和群体提供认同感和持续感，从而增强对文化多样性和人类创造力的尊重”。“视为其文化遗产组成部分”“认同感和持续感”就是强调非物质文化遗产的价值性。同一遗产因社区、群体、个人等价值主体变化或因所在历史、现实与未来等时代变化而变化，从而呈现出一种历史多元特征。

《保护非物质文化遗产公约》对非物质文化遗产的定义表明非物质文化遗产具有多元性，即不同的非物质文化遗产和同一种非物质文化遗产在不同时期、不同地域，其表现出来的形态也都不相同。可见，任何文化都有多元性，但非物质文化遗产的多元性有自己的特殊性。它不仅表现在不同地区、种族、信仰的群体、个体的非物质文化遗产不同，而且表现在同一地区、种族、信仰的群体、个体在不同时期的非物质文化遗产也具有不同的形态。简言之，整个人类非物质文化遗产的形态是多元的。也正是这种非物质文化的多元性使得我们这个世界丰富多彩且具有无限生机。目前我们需要关注的是，人类对这样的文化事实的多样性的相互尊重与理解，从中总结出人类获得持续发展的生存智慧与准则。

因此，非物质文化遗产的最大的特点是不脱离民族特殊的生活生产方式，是民族个性、民族审美习惯的“活”的显现。它依托于人本身而存在，以声音、形象和技艺为表现手段，并以身口相传作为文化链而得以延续，是“活”的文化及其传统中最脆弱的部分。因此对于非物质文化遗产传承的过程来说，人的传承就显得尤为重要。

第二章　非物质文化的运行机制

对非物质文化发生机制的研究，仍然需要从对人类文化或民族文化的发生机制研究入手，一旦理解了人类文化或民族文化的发生机制，就可以对非物质文化的发生机制进行把握。我们要充分认识的是，文化的发生与民族的发生是同步的；民族是靠文化进行分类的，民族是文化的载体。因此，我们在讨论文化的发生时，首先需要对民族的发生展开探讨。

一、非物质文化的发生发展

文化是民族的重要特征，是民族凝聚力、生命力、创造力的重要源泉。我国是一个多民族、多元文化的国度，中华文化博大精深，多彩绚丽，每一个民族不论大小，都对中华文化的形成和发展做出了独特贡献，每一个民族的文化，都是中华民族的共有精神财富。中华文化是各民族文化的统一体，每一种民族文化都是对中华文化的补充，没有各民族文化也就没有中华文化。各民族文化是中华文化的组成部分。中华民族是多元的统一体，中华文化也是多元的统一体。中华各民族共同促进了中华文化的形成和发展。各民族文化的相互交流，始终贯穿中华文化的形成和发展的全过程。中华文化多样性的统一是中华文化的根本特性，也是中华文化生生不息的生命力所在。多样性统一的中华文化是各民族对统一的多民族国家认同的强大思想基础，也是各民族文化的依托和根基。中华文化的大发展大繁荣必然是各民族文化的大发展大繁荣，没有各民族文化的发展就没有整个中华民族文化的繁荣。新中国成立以来特别是改革开放以来，党和政府始终高度重视保护和弘扬少数民族文化，大力扶持少数民族文化的创新和发展，积极促进各民族之间的文化交流，使少数民族文化获得了前所未有的发展。在掀起社会主义文化建设新高潮的进程中，必须大力弘扬各民族优秀文化，以各民族文化的新发展铸就中华文化的新辉煌。

民族的发生包含两层含义：一是文化维系的人们共同体的出现；二是异文化的分别出现以及异文化人们共同体的并存。关于由文化所维系的人们共同体的出现问题，在文化人类学传统理论中曾有过严重分歧，主要原因出在古典进化论派和传播学派的理论出发点上。古典进化论认定民族是由低级到高级单线发展的不同阶段的人们共同体。假定人类存在过“无文化”或“前文化”时期，那么只有当人类进入了有文化的时代，文化维系的人们共同体才在地球上出现，也就是说才有了民族。这就使人类学“从一开始就以时间进化论的构想为基础，把共同体以外的‘非我’，事先放置在历史长河的‘原始’一端，以确立现代‘我类’一端的文明优势。其对‘非我’在时间上的排抗造成时间的空间化，使其整个研究的大前提表现为把‘他们’作为‘我们’人类的过去来研究，而不是关注‘他们’存在的现实意义。‘他们’的现实状况必然翻译成‘我们’的过去才能获得其存在的意义”。[①]而传播学派认为创造文化是十分艰难的，并非任何人都有创造文化的能力。如果说假定地球上存在或是普遍存在过没有文化的人们共同体，只有在文化传入之后才形成以文化维系的人们共同体这一命题成立的话，那么这一富于哲理性的命题很

①刘禾．理论与历史 东方与西方［J］．读书，1996（8）．

有可能使讨论陷入“先有蛋，还是先有鸡”的循环中。正是基于这种困惑，美国的文化相对主义和英国的结构功能主义的先辈只好搁置这一问题。新进化学派兴起之后，这个问题才被重新提到讨论日程上来。基于对文化本质的深入理解，以及对当代各后进民族的深入研究，解决这一问题的取向和深度均有所提高，从而摒弃了“无文化”“前文化”之类的含混命题。

文化以及文化维系的人们共同体的起源与人和动物的区别是极易相互混淆的两个例证。因此，我们只有先确定了人与动物的区别，才可能进而确定文化的起点。从生物本质来看，人类也是真正意义上的动物，是动物中的一类，属于灵长目人科动物。但人类之所以成为万物之灵，凭借的当然不是人类的生物特性，而是其他类动物不具备或不完全具备的特异性，这就是行为的意识能力，即人类具有以行为影响后果的本领以及发现自然现象相互联系的能力。在这种特异能力的作用下，人类进而具有经验认知、经验积累、经验传承的特有技能。通过这三种技能的作用，人类也才有可能创造出真正的文化以及由文化所维系起来的社会。社会出现之后，人类便告别了动物界，走上了自己独特的发展道路，并通过创造文化、完善和发展文化去实现人类自身的发展。为了弄清人类行为意识能力的特性，生物学家做了大量的工作。比如：教黑猩猩使用聋哑人手语，训练猩猩使用工具，观察野生的猴子是否可以学会“经验”等。这些工作都取得了让人惊讶的成绩。但所发现的结果仅可以证实的是动物的特有能力，但该能力无法与人类的行为意识能力相提并论。因为这些实验绝大部分是在人的伴随之下进行的，在实验过程中，只是由人向动物传授人的某种“文化”，而不是动物自己积累经验，更不是动物自己去总结出哪怕最简单的经验。

所有这些实验只能表明这些实验动物具有惊人的反射性应付能力，不能将它与行为意识混为一谈。人类与这些动物之间横亘着一条至今尚无法逾越的鸿沟。任何企图以当代动物行为去构想人类早期文化面貌的尝试都注定是无效的。

我们既然承认了进化论，那我们就得承认人是由无行为意识能力的动物进化而来的。不过这种承认并不意味着这种人类的祖先与人已经是一种相同的动物的说法是正确的，进化为人类前的人类祖先只能是异于人的动物。问题的症结在于经典进化派的专家们把人类的动物祖先与人类的原始时代相提并论，并把他们认定的原始人理解为不具备正常思维的混沌状态生物。于是，在文化人类学前辈的笔下，自然形成了“文化”与“前文化”，“正常思维”与“前逻辑思维”等概念，也自然产生了以灵长目动物的行为去推理原始民族行为的研究构想。

基于前面这些理由，这种构想引导出的结果显然完全无法说明民族文化起源。然而问题并不简单，由于这种把现代人与原始人两分式的研究法披着科学进化论的外衣，因而在文化人类学界影响深远，至今仍被某些学派视为当然的研究手段，比如，美国的经济人类学派就现代经济与原始经济是否有共通之处这一问题进行了激烈的论战。[①]其实，这种两分法的思想根源不是别的，正是欧美民族在近代一时强大的背景下，受民族本位偏见驱使，混淆进化历程中质变概念，从而蒸腾出了“自我想象”的进化观。

现在该是从经典进化论的歧途返回到问题的正道上的时候了，即应当追究真正的人类在地球上产生后，多久开始出现文化与文化维系的人们共同体。至于人类如何由无行为意识的动物祖先产生的问题，理应留给生物学家们去研究。从建构文化的生物性前提着眼，生存于

①施琳．经济人类学［M］．北京：中央民族大学出版社，2001．

距今 4 万至 1 万年前的智人，与现代人在智慧上已无质的差别，即作为构建文化的思维能力 —— 行为意识能力，在 4 万年前已经完全具备了。当代生物学的研究证明，人类在掌握最复杂的现代科技时，仅仅动用人脑全部智能中的一小部分，也就是说人类智能具有巨大的潜在可利用范围。因此，我们有理由认为比智人更早的尼安德特人（生存于 20 万至 4 万年前）和早期智人（生存于 70 万至 20 万年前），他们的智能虽低于现代人，但是在充分发挥其有限智能时，创造出文化也是可能的。加上早期文化适应范围小、专用性高，所需智能数量亦相应较小这一情况，在早期智人时代已有文化产生，并有文化维系的人们共同体产生，乃是十分可能的事情。

文化的产生早至早期智人时代，在文献中当然没有确凿的记载，只有考古学才能对文化早期面貌做出说明。据考古学材料可知，远至旧石器时代，人类已经有了经验归纳的实证。中国出土的“北京人”化石及伴存的旧石器，即为证据之一。“北京人”制作的石器已发现了数万件，这些石器虽然极其粗陋，但是制作已经有一定的章法，是选用一定的石料，沿相似的方向锤击取材，再做修整而来的。加工方法的定型化清楚地表明，“北京人”不是偶然地打出石器，而是凭借才智归纳出经验，去指导石器生产。人类具有经验积累能力的明证是石球飞索猎具和弓箭的发明，以及木材石头矢矛的发明。中国境内山西许家窑遗址出土的石球，时代在 4 万至 20 万年前。这种石球可以系上绳子，在抛掷中可以绊倒飞跑的大动物，效能很高。这种复合工具的发明标志着若干种单项经验的叠加和综合应用，因此是人类具备完善的经验积累技能的证明。

人类的经验传承技能单凭一件工具是无法证实的，但考古学中发现的大型文化遗址一般均能够连续供当时人类使用达数百年，可供数代人使用，而且在延续数代的生存中，工具制作、采食对象等遗物基本稳定在一定的范围之内，足见经验不因隔代而失去。这充分显示了当代的早期智人如“北京人”已有了完整的经验传承技能，并在社会中稳定下来。这一切有意识的行为完整地结合起来，则表明早期智人已经是一个在文化维系的人们共同体中生存的、有“文化”的人了。

二、非物质文化遗产在现代社会环境中的和谐运行

非物质文化遗产是积累、传承文化并加以创造发展的一种重要方式，是规范人们思想观念、行为方式的一种基本力量，有利于人与社会的和谐、全面、平衡发展，具有重要的社会和谐价值。联合国教科文组织在《保护非物质文化遗产公约》中指出，“非物质文化遗产是密切人与人之间的关系以及他们之间进行交流和了解的要素”，强调了非物质文化遗产具有的社会和谐价值与作用。通过对非物质文化遗产的保护、传承、研究和发展，可以促进人与自我、人与他人、人与社会、人与自然，以及族群与族群、国家与国家、地区与地区的和谐，调整个体的精神世界，协调人际关系、家庭关系、族群关系、国家关系、地区关系，以及人与社会、人与自然的关系等，从而实现社会的安定、团结、和谐。①

从历史上来看，中华民族是与人为善的民族，自古以来就有关于和谐的丰富思想传统。“和”字常用来指家庭、国家、天下等社会单位内部井然有序、协调一致的状态；“谐”字则更加强调相宜、融洽

①程惠哲. 非物质文化遗产的和谐价值 [J]. 中国非物质文化遗产保护论坛论文集，2006.

的含义。儒家思想中对此论述颇多，如孔子提出“和为贵”“和而不同”，孟子认为“天时不如地利，地利不如人和”，荀子主张“和则一，一则多力”；他们还提出了“大同”的和谐社会的美好理想。从哲学上来讲，和谐是事物存在和发展的一种共同生存、相互协作的亲和状态，虽有对立，但更强调统一性。从社会学上来说，和谐是一个过程，是事物发展运动的善与美的理想存在状态及其表现。一个和谐的社会应是自由、公正、诚信、友爱、富有生机、安定有序、环境美好的社会，是一个人与心灵、他人、社会、自然和平共处的社会。和谐社会的核心是人与社会的和谐，主要是人对社会的价值认同，而非物质文化遗产就有通过推动价值认同而促进人与社会和谐的巨大优势和重要作用。下面就具体分析非物质文化遗产能够促进社会和谐的原因，以及非物质文化遗产所具有的社会和谐价值。

1. 非物质文化遗产促进社会和谐的基本原因

第一，非物质文化遗产含有大量传统伦理道德资源，有助于促进社会和谐。历史已经证明，一个民族的文化积淀和文化向善程度，决定了这个民族的伦理道德和社会文明程度。因为伦理道德为人类社会的平稳运行提供基本的秩序和保证，是协调个体关系、化解社会矛盾的基本调节方式和手段，是促进个体与社会和谐相处的平衡机制。《全球伦理宣言》强调了伦理道德的这种促进社会和谐安定的价值和作用，明确指出“对人的行为，已经有一些古老的准则……它们是一种可以延续的世界秩序的条件”。因此在保护、传承非物质文化遗产的过程中，撷取、展示、宣扬其中的与人为善、尊老爱幼、明礼诚信、天人合一等美好向善的伦理道德资源和内容，就会极大地助益于我们当今的和谐社会建设。

群体认同、民族认同、社会认同是和谐社会建设的核心和目标，而文化认同则是实现社会和谐的重要基础。每一个社会、族群都有其与众不同的特定文化，这些文化成了使他们拥有共同情感经验、共同生活习俗、共同伦理准则的重要内容。非物质文化遗产是这些文化中重要的、鲜活的、发挥重大影响的主要部分、重要成分，因而在促进社会认同、族群凝聚方面具有重要作用，有很强的社会和谐价值。

第二，非物质文化遗产能使个体顺利完成社会化过程，有助于实现社会和谐。社会就是基于共同生产活动的人类共同体，是人们交互作用的产物和表现。人类是群居的社会化动物，个体都有一个适应集体、融入社会的过程。而社会或族群也要求每一个成员都变成它的合格个体，标准和方法就是使所有社会成员都掌握这个社会或族群的文化。这决定了“个人生活史的主轴是对社会遗留下来的传统模式和准则的顺应。每一个人，从他诞生的那刻起，他所面临的那些风俗便塑造了他的经验和行为。到了孩子能说话的时候，他已成了他所从属的那种文化的小小创造物了。待孩子长大成人，能参与各种活动时，该社会的习惯就成了他的习惯，该社会的信仰就成了他的信仰，该社会的禁忌就成了他的禁忌”。因此，个体的社会化过程其实也就是个体学习族群独特文化，接受、适应并在这种文化中成长发展的过程。在这一过程中，个体接受了族群的独特文化，也就是对这个社会进行了价值认同，通过个体有效地融入社会促进社会和谐。因而非物质文化遗产作为鲜活的、多样丰富的文化资源就有重要的社会认同、社会和谐的价值和作用。因此，人的社会化过程就是社会价值认同过程、社会和谐实现过程，就是该族群的独特文化代代相传、儿孙相继的过程。在人的社会化过程亦即人的社会价值认同过程中，个体一方面要接受社会环境的影响，如家庭、学校、单位、社区等；另一方面又要将社会的价值标准、行为规范潜移默化地变成自己的价值观和行为准则，才能最终实现社会化，完成社会价值认同，促进社会和谐。因而非物质文化遗产作为社会文化资源中的重要部分，具有极其重要的社会认同作用、社会和谐价值。

个体社会化过程中所关注、所认同的行为文化、伦理文化、风俗文化等，大多属于非物质文化遗产的范围，也正是个体在谋求社会认同中所要学会和遵守的。这再次说明非物质文化遗产具有重要的和谐价值。

随着经济发展进程的加快，全球经济一体化愈来愈突出，给世界文化多样性带来的压力越来越大，不同国家、民族也越来越认识到了保持自身固有文化特性的重要性，因为这涉及该国家、民族文化的继续存在和确立，牵涉到他们的文化主权的确立、文化价值的认可以及在世界上众多民族、国家中独特文化地位的存在和尊严。作为民族文化的主要载体乃至标志的非物质文化遗产，是民族情感、精神的源泉，是民族日常生活不可或缺的内容。因此，在现代工业文明和消费文化的强势冲击下，如何保护民族文化资源、维系民族凝聚力、保持社会的安定和谐，就成为一个紧迫而重要的普遍性问题。这就要求我们充分认识并发挥非物质文化遗产在维系民族认同、延续文化传承方面的重要社会和谐价值与作用。因此，保护、传承非物质文化遗产，充分发挥其社会认同作用、社会和谐价值，就有助于保持不同民族、国家的文化特性、文化尊严，有助于这些国家、民族中人民的文化认同、价值认同，有助于保持并维护社会的和谐安定。

第三，非物质文化遗产作为民族传统历史文化的重要组成部分，能形成民族凝聚力与亲和力，有助于促进社会和谐。每一个民族特有的文化形态和文化个性都会在其非物质文化遗产中有所保留和表现.非物质文化遗产中的某些传统文化内容，规范着民族的群体生活方式、思想价值取向，是维系民族团结、巩固社会和谐的黏合剂，是民族凝聚力、社会价值认同的重要载体，是社会和谐的重要源泉。

每个国家、民族都有其独特的文化传统，它们是维护民族独立、尊严，促使民族崛起、振兴的强大精神支柱，具有强大的民族凝聚力、向心力。非物质文化遗产是民族文化的精华，是民族精神、民族性格的鲜活体现，是民族情感、民族心理的寄托；不同民族所创造、拥有的非物质文化遗产，都是渗透在这些民族广大民众的骨肉血脉之中，融化到他们日常衣食住行之中的民族共有共享文化。非物质文化遗产中大量的民族文化传统，反映和表现了民族的共同思维习惯、生活风习，能产生强大的民族凝聚力，促进民族共识、社会认同。因此，可以说非物质文化遗产作为传统文化、民族精神的载体和象征．具有重要的社会和谐价值，对民族文化认同、社会和谐起着十分重要的作用。

2. 非物质文化遗产社会和谐价值的主要体现

非物质文化遗产具有重要的社会和谐价值，不仅能促进人与内心、人与他人、人与社会、人与自然的和谐，还能促进族群与族群、国家与国家、地区与地区的和谐。

第一，就个体的人的层面而言，非物质文化遗产既能促进自我与内心的和谐，也能促进自我与他人的和谐，这是社会和谐价值中的人与内心、人与他人的和谐。

例如非物质文化遗产中的许多口头传说和故事的内容，主要突出的就是善有善报、恶有恶报的主旨，倡导安分守己、恪守礼法而不是逾礼违规、违反伦常，知足常乐、安贫乐道而不是贪得无厌、利欲熏心，明礼诚信、乐于助人而不是背信弃义、刻薄寡恩等思想，尽管有些说教在实际中会带来一些诸如为了息事宁人而不辨是非等的负面影响，但总的来说，非物质文化遗产中这些方面的内容在促进人内心的平和、人际关系的和谐方面还是产生了明显效果的。由于这方面的传说和故事不胜枚举，在此就不予列举。

第二，就个体的人与集体、社会的层面而言，非物质文化遗产能促进人与社会的和谐。

第三，就人的集体与集体的层面而言，非物质文化遗产能促进族群与族群、国家与国家、地区与地区的和谐。

族群与族群的和谐方面，例如在青海省同仁市就出现了土族、藏族人民共同参加“六月会”的景象，这对土族、藏族人民在当地的和谐相处无疑具有重要的保护和推动作用。

国家与国家、地区与地区的和谐方面，有些非物质文化遗产具有国际性、共享性的特点，例如蒙古长调、马头琴是我国和蒙古国，木卡姆是我国和哈萨克斯坦等国，柯尔克孜族口传史诗《玛纳斯》是我国和吉尔吉斯斯坦、阿富汗等国共同拥有的非物质文化遗产。因此，对这样的非物质文化遗产要顺应并利用它们的这种共生共有共享的特点和优势，开展并促进不同民族、国家、地区间的文化合作与交流，充分发挥其民族团结和国际交流的黏合剂、催化剂的作用，使跨民族、跨国家、跨地区的非物质文化遗产的保护、传承、发展成为共创、共有、共享这些文化财富的所有民族、国家、地区的共同责任与义务，使这些民族、国家、地区之间形成良好的交往合作关系。例如在2005年末公布的第三批“人类口头和非物质遗产代表作”中，我国和蒙古国联合申报的“蒙古族长调民歌”入选，在这一过程及今后的共同保护中，已经并将继续发展两国在这方面的友好合作，从而加强两国的密切联系，促进两国关系的和谐稳定发展，促进两国的和谐与繁荣。因此，非物质文化遗产可以成为国家间文化交流的桥梁，民族间联系沟通的黏合剂。在大力保护传承非物质文化遗产的同时．积极开展非物质文化遗产方面的对外文化交流，让独具特色的非物质文化遗产走出国门，走向世界，弘扬、展现光辉灿烂、魅力独特的民族文化，既有利于同世界各国人民之间的交往和了解，增进友谊，培养感情，又能增强民族自豪感、自信心、凝聚力。

通过保护非物质文化遗产来促进地区和谐稳定、推动国际交往与合作，是有可靠的现实基础和条件的，因为不同民族、不同国家可能拥有相同或相近的非物质文化遗产，例如长调、木卡姆等。有些非物质文化遗产甚至具有人类意识，可以成为一个国家、民族联系世界的纽带，因此通过在保护非物质文化遗产过程中开展国际交往与合作，可以拓宽国际交往的渠道，促进国际交往的发展，维护世界和谐稳定。例如通过保护非物质文化遗产，可以建立合作和互助的国际技术、财务机制，动员国际社会履行共同的义务。此外，重视并利用非物质文化遗产的社会和谐价值，对我们正确处理民族性与世界性的关系具有重要的意义，对我们在国际化语境中进行民族民间文化的继承、保护、开发具有重要的作用。在非物质文化遗产的保护传承中进行国际交流合作，还有助于尊重人类发展中实际存在的文化普遍性，帮助弱势群体和族群防止文化破坏，这些是非物质文化遗产的社会和谐价值在国际交往中的体现。

第四，就人的个体、集体以及社会与自然的关系而言，非物质文化遗产能促进人与自然的和谐。例如禁忌文化是藏族人民非物质文化遗产的一部分，藏族禁忌文化中有许多禁忌就是为了防止人们肆意破坏自然，保护青藏高原脆弱的自然生态环境，从而达到人与自然的和谐相处。藏族关于善待自然的禁忌主要有：不许在神山上乱砍滥伐乱挖乱猎，这可以防止山体滑坡、水土流失、山地生态系统失衡；不许随便在神湖中游泳、捕捞，这可以防止污染水源、水域生态系统失衡；不许随意在草原上放牧搬迁、挖土取土、猎杀鸟兽，这可以防止水土流失、草场遭受破坏、草原生态系统失衡等。正是由于对自然的敬畏，才有了人与自然的和谐相处，才有了青藏高原这一方净土。

其他民族非物质文化遗产丰富的社会和谐价值中．也有许多促进人与自然和谐相处的内容。例如白族的“绕三灵”，就是在每年的特定时间里，白族人民踏苍山游洱海，融入大自然，激发起对自然的热爱和善待之心。壮族人民的非物质文化遗产中则有丰富的自然崇拜文化，他们崇拜日月星辰等天体，崇拜风火雨雷等自然现象，崇拜蛙鸟花树等动植物。正是基于万物有灵观念的发自内心的自然崇拜，使壮族人民把自然视为人类的好伙伴而不是对手和敌手，从而使得壮族地区较好地做到了天人合一、生态平衡、人与自然和谐相处。

中国共产党十六届四中全会要求：“坚持最广泛、最充分地调动一切积极因素，不断提高构建社会主义和谐社会的能力。”关于社会主义和谐社会，胡锦涛同志指出：“社会主义和谐社会，应该是民主法治、公平正义、诚信友爱、充满活力、安定有序、人与自然和谐相处的社会。”其中涵盖了人与内心的和谐、人与他人的和谐、人与社会的和谐、人与自然的和谐以及族群与族群的和谐。正如前边分析的，非物质文化遗产具有丰富的社会和谐价值，能有力地促进人与内心的和谐、人与他人的和谐、人与社会的和谐、人与自然的和谐以及族群与族群、国家与国家、地区与地区的和谐。因此，为了培养人格健全、心理坚强、善待他人、善待社会、善待自然的人，为了维护民族团结、社会安定，为了促进国际和平、地区安宁，我们要切实重视并发挥非物质文化遗产的社会和谐价值与作用，切实推进社会主义和谐社会建设。

和谐社会，是人类追求的共同目标，也是人类社会可持续发展的保证。和谐社会的构建必须与和谐文化建设相一致。和谐文化离不开传统文化，人类优秀的非物质文化遗产是我们建设和谐文化与和谐社会的基础。因此，我们首先要充分认识民间非物质文化与其所处环境和谐运行的价值，这一价值主要表现在如下几个方面。

（1）特定民族的非物质文化是其身份认同的客观标准。任何个体、群体或集体都是独特的，且由其独特的文化所标志。独特文化是个体、群体或集体的存在之所以被他人确认的标志，也是自我认同、确认的文化身份标志。和谐社会建设是针对群体或集体的人而言，只有群体或集体才会遇到人与人之间的关系及其和谐问题，纯粹的个人是不需要讨论和谐问题的。群体或集体要建立和谐关系，关键是找出群体或集体得以存在的基础，即群体或集体的文化身份。

联合国教科文组织的《保护非物质文化遗产公约》十分明确地指出，文化认同是确立和保护非物质文化遗产的一个关键。个体、群体或团体之所以把某种文化视作自己的遗产加以传承与保护，最根本的出发点就是它能满足身份确认的需求。如某个民族、地域人对自己民族的、地域的语言，剪纸艺人对剪纸艺术等的情感，不仅仅是因为对其实际功能的认识，而且是对其能够体现的自我文化身份意义的把握。在非物质文化遗产的调查和保护工作中，我们经常可以感受到非物质文化遗产对其拥有者或传承者所具有的这种本体意义。所以，非物质文化遗产为我们建设和谐社会提供了一个非常重要的启示，那就是我们要关注群体或集体所具有的文化身份，从文化身份认同中去把握和谐文化的本质，建设和谐文化。

从非物质文化遗产文化身份基因的视角，考虑和谐文化与和谐社会建设的问题，我们会发现和谐文化是建立在共同的文化身份基础上的。挖掘国家、民族、地域的非物质文化遗产所包含的文化身份基因，不仅是提高文化认同感，建设和谐文化、和谐社会的基础，而且是开展对外文化交流的基本要求。

（2）人类非物质文化扎根于乡土，是以人为本的核心文化。非物质文化遗产的生存和传承关键在人，人是非物质文化遗产的核心。这是我们保护非物质文化遗产的出发点，也是对我们建设和谐社会的另一个重要启示。

我们知道，遗产是人类前代遗留下来且被后代享用或传承的财富，包括物质的和非物质的。非物质文化遗产的传承性就是指其具有被人类集体、群体或个体一代接一代享用、继承或发展的性质，这是由遗产的本质所决定的。从本质上来说，遗产是人类前代遗留下来的被后代认为具有价值而享用或延续的财富。

非物质文化遗产与物质文化遗产一样，都具有传承性，而且在可传性、载体性、稳定性等方面有一定的共性，但非物质文化遗产在传承方式、方法、过程和结果等方面则具有无形性、多元性、专门性和变化性特点。这些特点体现了非物质文化遗产传承中以人为本的特质，人是非物质文化遗产传承与发展的根本。建设和谐文化、和谐社会也要以人为本，人是和谐文化、和谐社会的真正创造者、传承者。

（3）人类非物质文化是特定民族应对自然与社会的产物，在人类生存的地球上是多元共存的。《保护非物质文化遗产公约》指出：非物质文化遗产是“指被各社区、群体，有时是个人，视为其文化遗产组成部分的各种社会实践、观念表述、表现形式、知识、技能以及相关的工具、实物、手工艺品和文化场所”。也就是说，非物质文化遗产包括口头传说和表述，表演艺术，社会风俗、礼仪、节庆，有关自然界和宇宙的知识和实践，传统的手工艺技能等形态。这表明非物质文化遗产具有多元性，即不同的非物质文化遗产和同一种非物质文化遗产在不同时期、不同地域，其表现出来的形态也都不相同。

任何文化都有多元性，但非物质文化的多元性有自己的特殊性。它不仅表现在不同地区、种族、信仰的群体、个体的非物质文化遗产不同，而且表现在同一地区、种族、信仰的群体、个体在不同时期的非物质文化遗产也具有不同的形态。整个人类非物质文化遗产的形态是多元的。此外，不同风格、素养的非物质文化遗产传承人也会导致非物质文化遗产的多元性与多样性，如不同派别中具有代表性的表演艺术家又常常以他个人的气质、修养和独到的艺术创造而丰富了本派艺术的风格，使之得以发扬光大，传承后世。显然，多元性是非物质文化的本质表现。建设和谐文化、和谐社会就不能不考虑这种文化多样性的要求。“只要某个文明利用自然和历史的馈赠，对其他文明进行政治、精神和道德上的压迫，人类就没有和平可言；否定人类文化差异就是否定人类的尊严”“文化多样性带给人类的福祉正如生物多样性一样。文化多样性注意到人类以往所有经验、智慧和实践的精华。只要一种文化清楚本身的特质，它就能够从其他文化的比较中获益良多”。从某种意义上说，我们维护了人类文化的多元并存，也就维护了我们的生存根基。否则，我们将落入纷争与冲突之中，而最终使得人类自毁其文明成果。

在现代化的发展过程中，这些关系都处于不断调整变化之中。当人口结构及人类群体的地位发生某些变化时，人们便倾向于用传统中保留下来的文化区分论来抵御来自外部的威胁，这就导致了围绕这个群体身份而发生的“种族政治”。如果各种族的权力和财富基本相同，当其中一个或几个种族感到他们的地位下滑时，关系便开始紧张起来。这种紧张关系便导致了争夺土地、教育、语言使用、政治地位、宗教自由和种族自治的斗争。虽然世界上只有 190 多个国家，但大部分国家都是多民族的。

当代“标准化”的发展模式只承认了阶级与职业的不同，根本没有注意到文化与种族的差别。从实践来看，许多国家经济发展的失败，都源于对这种文化与种族差异复杂性的认识不够，我们从尼日利亚、卢旺达和布隆迪的内战以及巴基斯坦的分裂中可以清楚地看到这一点。语言、种族和宗教信仰的不同使人们成为对手，种族区别便是这些冲突的本质。一个种族占有了权力，其他的种族便被剥夺了权力。“如果一个政府对种族、宗教不同的团体要么偏爱要么歧视，这种政策便会导致文化的政治化，以及不同种族之间的争权夺利，互不相让。一个团体开始以文化身份的区别争权夺利，其他种族也会跟着这么做，如此便形成恶性循环。”

总之，多元性是非物质文化遗产的重要特征，联合国教科文组织制定《保护非物质文化遗产公约》的宗旨就是建立在非物质文化遗产具有多元性的基础之上的。保护不同国家、民族、地区文化遗产的多元性共存，是人类文化可持续发展的源泉，是建立和谐社会的基本出发点。

（4）人类的非物质文化是当代人类的生存智慧与依托，它仍然是在活态发展之中。如前所述，非物质文化遗产的多元性、变化性，说明它是一种“活态”文化。

非物质文化遗产的活态性，体现在非物质文化遗产在传承、传播过程中的变异、创新，这种变异、创新的内在动力是由非物质文化遗产的性质决定的，是内在、必然的，不同传承者、享用者参与创造，以展示出他们个体智慧、能力的创造性；外在原因则是当这种文化遗产进入异时、异域、异族时，不变异、不创新就无法传承，为发展需要而发生的必须的变异、创新。

可见，“活态”性是非物质文化遗产的本然形态和生命线，也是非物质文化遗产的重要特征之一。这种活态文化启发我们建设和谐文化、和谐社会也要用活态思维，即把和谐文化、和谐社会的建设放在活态发展的过程中，即和谐文化、和谐社会是发展的、变化的和谐，不是一成不变的和谐。建设和谐文化、和谐社会与保护非物质文化遗产都是我国现阶段的重要任务，二者之间有内在的联系。挖掘我国非物质文化遗产的和谐基因，在保护和传承优秀非物质文化遗产的基础上建设和谐文化与和谐社会，是非物质文化遗产保护带给我们的重要启示。

三、传承人是非物质文化的创造者和传承者

人总是生活在一定的社会群体当中，文化和谐是密切社会联系的黏合剂。文化又可以被划分为物质文化与非物质文化。而非物质文化是指无须以物质形式而是以口头讲述及亲身行为等动态方式来表现的传统的各种文化形态或形式，包括各种口头表述、庆典活动和民间工艺等。在此我们需要理解的是这些文化事实的创造者在其中的地位与作用，以及保护非物质文化传承人的重要意义。

非物质文化遗产是人类在社会长期演进的过程中形成的具有相对稳定形态的精神文化与传统技艺，这些文化传统长期服务于它的创造主体，成为人类文化的重要遗产。2003 年 10 月联合国教科文组织第 32 届大会通过了《保护非物质文化遗产公约》，给非物质文化遗产下了严格的定义："指被各社区、群体，有时是个人，视为其文化遗产组成部分的各种社会实践、观念表述、表现形式、知识、技能以及相关的工具、实物、手工艺品和文化场所。这种非物质文化遗产世代相传，在各社区和群体适应周围环境以及与自然和历史的互动中，被不断地再创造，为这些社区和群体提供认同感和持续感，从而增强对文化多样性和人类创造力的尊重。"

非物质文化的本质特征就是其表现和传承的动态性或活态性。非物质文化属于民族文化、民间文化、传统文化和农耕文化，而不属于主流文化、上层文化、精英文化和官方文化，它具有自娱自乐性质，是凝聚人心的纽带，是沟通思想感情的桥梁，是展现不同地域不同民族居民内心世界的重要窗口，是认读民族历史、传承民族文化的重要途径。这也正是民间性、民族性、地域性、传统性特征的表现。

1. 非物质文化遗产传承人保护之忧[①]

在非物质文化遗产保护工作中，我们不仅经常发现一些盲区，而且还经常进入一些误区。而那些错误的概念往往让我们好心办坏事。比如，在非物质文化遗产传承和保护过程中，在确定政府、民间、学界的定位和功能问题上就常常出现错位。

在进行非物质文化遗产保护工作之前，我们必须弄清两个概念。在非物质文化遗产保护工作中，实际上存在着两个主体：一个是非物质文化遗产的传承主体，一个是非物质文化遗产的保护主体。前者就是我们所说的传承人，如中医技术的传承、表演艺术的传承、传统工艺技术的传承等，主要靠他们来进行；而后者，主要是指处于外围状态的那些社会群体，如各级政府、学术界、新闻媒体、社会团体以及商界人士。这一庞大的社会群体即便在历史上也不曾参与过非物质文化遗产的传承，但以其所具有的强大的行政资源、经济实力、话语权和相当专业的保护技术，他们完全有可能为身处风雨飘摇中的非物质文化遗产搭建起一座牢固的、足以抵御外来文化冲击的防护大堤。国外数十年非物质文化遗产保护的实践告诉我们，在非物质文化遗产保护工作中，他们的贡献不容低估。但有一点他们必须清楚：即使政府的权力再大，商界的资金再多，学界的水平再高，新闻媒体的影响再大，他们也不可能成为非物质文化遗产的传承主体。政府、学界、商界、新闻媒体的责任不是传承，而是利用自己的行政优势、学术优势、资金优势以及舆论优势，在政策、法律、学术以及资金等各个层面，对本辖区内的非物质文化遗产传承给予积极扶持、热情鼓励和真心推动。如果政府、学界、商界、新闻媒体反客为主，

①苑利．非物质文化遗产传承人保护之忧［J］．探索与争鸣，2007（7）．

越俎代庖，甚至取代了民间艺人的传承地位，则其结果必然会是因外行领导内行而造成对非物质文化遗产的保护性破坏，后果相当严重。我们首先必须旗帜鲜明地认定，非物质文化遗产真正的传承主体不是政府、学界、商界以及各类新闻媒体，而是那些深深根植于民间社会的文化遗产传承人。他们才是非物质文化遗产的真正主人。如果我们无视这一点，并以自己的强势地位取代民间文化传承人的地位，非物质文化遗产就很可能会因外行的过度介入而变色、走味，非物质文化遗产的好日子也就走到了尽头。

那么，什么是非物质文化遗产的传承人？所谓“非物质文化遗产传承人”，是指在非物质文化遗产传承过程中直接参与制作、表演等文化活动，并愿意将自己的高超技艺或技能传授给政府指定人群的自然人或相关群体。那些在非物质文化遗产传承或弘扬过程中确实发挥过重要组织、领导及协调作用的，那些热心学习传统文化但本身与传统艺人或匠人不具有正式师承关系的，乃至水平尚无法达到非物质文化遗产传承人标准的自然人或群体，都无法获得非物质文化遗产传承人的称号。

在传统社会中，民间艺人、匠人及巫师等在传统文化遗产的传承过程中发挥了重要作用，是非物质文化遗产保护工作的主要力量。由于各种非物质文化遗产制作、表演难易程度不同，各项非物质文化遗产制作或表演时所需要的传承人的数量也会有所区别。有些遗产的传承只需要一个人，而有些遗产的传承则需要许多人的配合。因此，在申报国家级非物质文化遗产代表作时，既可以以个体名义申报，也可以以团体名义申报。但即使以团体名义申报，也必须指定出一名具体责任人。

传承人是非物质文化遗产活态载体，能否选拔出合格的非物质文化遗产传承人，将直接关系到这类中华文明活遗产能否得到传承的问题。苑利分析和提出了非物质文化遗产传承人认定的五大标准，指出被认定人所传非物质文化遗产必须是祖先所创造的、必须亲自参与活态传承、必须原汁原味地传承、必须自觉传授给后人，并且具有一定的代表性、权威性与影响力，只有具备这些条件才有资格被认定为非物质文化遗产传承人。

那么，什么样的人才有资格成为非物质文化遗产传承人呢？

第一，被认定人所传必须是祖先所创非物质文化遗产。非物质文化遗产传承人的认定，重点不在传承人姓甚名谁，而在于他所传的是不是非物质文化遗产。那么，什么是非物质文化遗产呢？我们提出这样几条标准：

①从传承时限看，被认定人所传文化事项必须具有百年以上的历史。时限不足百年者，不能申报非物质文化遗产。

②从传承形态看，被认定人所传文化事项必须以活态形式传承至今。那些在历史上产生，但因种种缘故，并未能以活态形式传承至今者，是不能申报非物质文化遗产的。

③从原生程度看，被认定人所传文化事项，必须以原汁原味的形式传承至今。那些在传承过程中，已经被改编改造了的传统文化事项，是不能认定为非物质文化遗产的。

④从传承品质看，被认定人所传文化事项必须具有重要价值。有人认为，所谓“非物质文化遗产”就是我们通常所说的“传统文化”。其实，这种认识不够准确。非物质文化遗产至少具有百年以上的历史，从这个角度来说，它肯定是“传统文化”；但并不等于说所有的“传统文化”都是非物质文化遗产。“传统文化”与“非物质文化遗产”的最大区别在于，“非物质文化遗产”是经过价值衡量之后的“传统文化”。在传统文化中，凡是具有重要历史认识价值、艺术价值、社会价值、科学价值和借鉴价值的，便是非物质文化遗产；凡不具有上述价值，或是上述价值不是那么突出的，便不是非物质文化遗产。也就是说，我们所说的“非物质文化遗产”，一定是具有重要价值的；

不具有重要价值者，是不能评其为非物质文化遗产的。

⑤从传承范围看，并不是所有的传统文化事项都能评为非物质文化遗产。从属性看，非物质文化遗产只存在于表演艺术、工艺技术、节日仪式三大领域，除此之外，都不能认定为非物质文化遗产。

第二，被认定人必须亲自参与非物质文化遗产的活态传承。非物质文化遗产传承人必须亲自参与非物质文化遗产的活态传承，它的所指主要包括两方面内容。一是指只有真正工作在生产第一线上的，懂传统技艺，具有实操经验的优秀匠人或艺人，才有资格申报非物质文化遗产传承人；二是指尽管已经不再亲自动手，但仍能深入一线，凭借自己长年积累起来的经验，去指导业内后人的那些杰出的、深受同行和晚辈尊敬的老艺人或老匠人，才有资格申报非物质文化遗产传承人。相反，那些在非物质文化遗产保护工作中，确实做出过重要贡献的组织者、协调者、研究者以及热情参与者，尽管他们确实为非物质文化遗产保护付出过艰辛努力，但由于并未直接参与非物质文化遗产各种手艺的活态传承，并不能熟练掌握非物质文化遗产的各种专业知识与技艺，故不能申报非物质文化遗产传承人。

从国外经验看，非物质文化遗产传承人的认定年龄，通常被限定在50 岁左右。在我们看来，这个年龄段的传承人，尽管由于年龄、体力、手劲、眼力等诸多因素的限制，他们在手艺上开始走“下坡路”，但这一年龄段的传承人所传“绝活”是最多的，所懂技艺是最多的，所知相关传统也是最多的；因此，作为师傅，以传承人的身份带徒授业，这一年龄段显然是最好的。与亲自传承相比，我们更看重的是他们能将自己长期以来积累起来的相关知识、技能与经验分享给他们的继承者。

相反，50 岁以下或是更年轻的传承人，他们所传技艺在纯正度上往往会存在许多问题。如他们所唱民歌多半会夹杂某些美声唱法的影子，他们所剪剪纸多半会融有西方绘画的影子，他们所雕作品多半会带有西方雕塑艺术的影子。也就是说，最纯正的民间唱法、民间剪法或是民间做法，在他们身上并没有被原汁原味地继承下来。这种承载有太多“转基因”成分的“传承人”，一旦进入传承人队伍，很容易导致所传项目迅速异化。当然，凡事都有例外。在田野调查中，我们也确实发现过一定数量的保持了中国传统的相对年轻的后继人才。他们代表了中国非物质文化遗产的未来，需重点关注。

第三，被认定人必须原汁原味地传承非物质文化遗产。在非物质文化遗产保护原则中，又有一个非常重要的原则，这便是“本真性保护原则”或“原真性保护原则”。该原则来源于物质文化遗产保护原则中的“真实性保护原则”。在文物保护者看来，保护物质文化遗产的第一步，就是首先应该对文物本身的真实性做出明确的判断——这个文物到底是不是真的？如果不是真的，我们当然没有必要对其实施科学保护。

我们在认定与文化遗产相关问题时，首先画出的第一个问号，就是它到底是不是真东西。在非物质文化遗产保护上，我们同样应该遵循真实性原则，用它来判断我们所传项目的真伪。当然，这只是遗产保护工作的第一步。接下来，为确保所传项目的真实性，我们还应在传承过程中，避免任何形式的改动。

实践告诉我们：只要不改，便有价值——“钻木取火”不改，我们便可知道早在一万多年前人类是如何获取火种的。“客家山歌”不改，我们便可知道一千多年前中原人山歌的唱法。如果我们将钻木取火改成了打火机，把客家山歌改造成了西洋唱法，我们保护的非物质文化遗产还有什么历史认识价值？

非物质文化遗产是我们与祖先沟通的重要窗口。如果这里失守，我们将会失去一个与祖先沟通的渠道，祖先的智慧就会因我们的改动而彻底消失，我们失去的不是在某些人看来土里土气的民歌、舞蹈或是土得掉渣的传统工艺技术，而是一笔所剩不多的、独特而重要的文化战略资源。失去它的直接后果，便是新时代的文学、艺术、科学、技术，都会因上述文化战略资源的不足而停滞不前。这就需要我们在非物质文化遗产保护过程中，及早建立起“文物”保护意识，把非物质文化遗产作为一种所剩不多的、包含众多祖先智慧与经验的“活化石”保护起来。

从表面看，物质文化遗产与非物质文化遗产，确实是完全不同的两码事；但在本质上，两者却是完全一致的——它们都是历史的一部分，它们的最大价值都是历史认识价值。也就是说，我们所谓的“非物质文化遗产”，尽管不是“秦砖汉瓦”，但它是秦砖汉瓦的烧制技术；尽管不是“故宫长城”，但它是故宫长城的建筑技术。作为一国文明的活态载体，非物质文化遗产的有无，往往比物质文化遗产来得更加重要，因为它直接关涉到一国文明能否延续、一国文明是否断流的大问题。为确保中华文明永不断流，传承人要做好以下两项工作：一是将祖先所传遗产原汁原味地继承下来；二是将祖先所传遗产原汁原味地传承下去。

说到“原汁原味”，很多人会心生误解。认为原汁原味太难。其实，我们坚守的“原汁原味”说起来不难，做起来也不难——昨天怎么做，今天还怎么做；师傅怎么做，徒弟还怎么做。难道这会很难吗？当然，我们所说的“原汁原味”，并非像某些人理解的那样一点儿都不能变，而是说最能代表该遗产的决定性基因一点儿都不能变。这些决定性基因包括该遗产的传统表现内容、传统表现形式以及所用的传统材料，这些因素最好一点儿都不要变。至于那些不影响原有基因的小的改变，我们没有必要管得太多。“一遍拆洗一遍新”，是非物质文化遗产活态传承的普遍规律；管得太多，反倒会影响非物质文化遗产活态传承的随意性。

第四，被认定人必须愿意将自己的所学传授给后人。除具备足够的专业知识与高超技能外，在传承人的认定中，人们还非常看重传承人是否愿意将自己所掌握的全部知识与技能，毫不保留地传授给后人。否则，即便才高八斗，也不能认定为非物质文化遗产传承人。

我们对传承人的考核，大致分为两个部分进行：一是看他是否已经将前人的技艺或技能原汁原味地继承了下来；二是看他是否愿意将前人的技艺或技能原汁原味地传承下去。前者强调的是传承人是否得到了“真传”，后者强调的是他的徒弟们能否在他那里得到“真传”。作为中华文明的“二传手”，传承人肩上的这两副担子一副都不能少。一般情况看，传承人在评定之时，我们已经对他是否得到“真传”进行了初步的评估，故在这个层面上不会有大的问题；所以，我们在考察传承人的传承能力时，需要重点考察的是后者——他是否愿意将前人的技艺或技能原汁原味地传承给他的后人。

在非物质文化遗产传承过程中，由于传承项目类型的不同，传承方式与路径也会有很大的差异。譬如，具有相当技术含量、可以养家糊口的非遗项目，多半是通过血缘传承（家族传承）的方式加以传承的，其缘由无外乎“肥水不流外人田”。那些技术含量不高，基本上凭体力吃饭的非遗项目，多半是通过业缘传承的方式加以传承的，其传承动力无外乎凭体力养家糊口。而那些作为公共文化存在的非遗项目，多半是通过地缘传承的方式加以传承的，其传承动力无非是通过自娱自乐的方式宣泄情感，愉悦身心，教化世风，交流情感。事实上，传承人在传承方式、传承对象的选择上，都会因传承项目类别的不同而有所区别。在考察传承人的传承能力时，也应将上述因素考虑进去。

第五，被认定人必须具有一定的代表性、权威性与影响力。非物质文化遗产的传承人，是一个民族传统文化的“二传手”，这个民族传统表演艺术、传统工艺技术、传统节日仪式，特别是其中的核心技艺，能否原汁原味地继承下来并传承下去，传承人发挥着重要作用。因此，传承人的选拔是一项非常严肃的工作，来不得半点儿马虎。非物质文化遗产传承人，至少在以下三个方面是出类拔萃的：

①代表性。非物质文化遗产，从类型学角度来说，会分为传统表演艺术、传统工艺技术和传统节日仪式三个大类；从地理学角度来说，也会因自然环境与人文环境的不同而有所区别。如甘肃的皮影与乐亭的皮影、福建的皮影与广东的皮影，都会因环境的不同，在用料、刀法、造型、工艺等方面有很大的不同。我们遴选的传承人，没有一个能包打天下，敢说自己是某类遗产的集大成者。他们至多只能成为某一门派，或是某一地域流派的代表。于是乎，能否代表这一门派或是这一地域流派的艺术特色、文化特色、工艺特色，便成了我们考察非物质文化遗产传承人的重要标准。

②权威性。非物质文化遗产传承人是否具有权威性，是由多种因素决定的。权威性的形成包括以下因素：

首先，非物质文化遗产传承人的权威性，有时是由传承人正宗的传承谱系决定的。譬如，对于某些家族传承型非物质文化遗产项目来说，其核心技术通常掌握在嫡长子手中，在进行非物质文化遗产传承人申报时，嫡长子显然具有明显的优先申报权，这是由家族传承这种特殊的传承方式决定的；对于某些业缘传承型非物质文化遗产项目来说，其核心技艺通常掌握在大徒弟手中，在进行非物质文化遗产传承人申报时，大徒弟显然具有更为明显的优先申报权，这是由业缘传承这种特殊的传承方式决定的。非物质文化遗产申报的权威性，通常是由非物质文化遗产传承规律决定的。找到了规律，我们就会事半功倍，就会不犯或是少犯错误，并将真正的非物质文化遗产传承人钩沉出来。

其次，非物质文化遗产传承人的权威性，有时是由传承人高超的传承技艺决定的。“实践是检验真理的唯一标准”，考察一个传承人是否具有权威性，最重要的指标，就是看他做得如何，是否掌握着这个行业的“独门绝技”。在行业内部，并不是所有匠人都能掌握“独门绝技”的。只要我们找到了“独门绝技”的所有者，自然也就找到了我们要找的传承人。

再次，非物质文化遗产传承人的权威性，有时还要看他的技艺保有量。譬如，某国家级布袋戏项目传承单位只能演出 20 余个折子戏，而当地并未进入遗产名录的草台班子竟然能演出 200—300 个折子戏，谁更权威当一目了然。

③影响力。非物质文化遗产传承人的认定，通常都是系统的，要考虑到方方面面。但综合到一起，该认定标准便是该传承人是否具有广泛的影响力，是不是某行业或某领域的标志性人物。因此，是否具有很高的知名度与很强的号召力，也应该成为我们衡量、选拔非物质文化遗产传承人的重要尺度。认定机构也会根据传承人影响维度的大小，将其评为县级、市级、省级乃至国家级非物质文化遗产传承人。

总之，我们所说的“非物质文化遗产传承人”是指那些不但能将祖先所传技艺原汁原味继承下来，同时也愿意将祖先技艺原汁原味传承下去，且在这个过程中取得过公认成就，具有一定代表性、权威性和影响力的自然人和社会群体。[①]

2. 非物质文化遗产传承人的保护措施

非物质文化遗产传承人一旦认定，就应该有系统周全的措施以保护传承人，让传承人有传承非物质文化遗产的物质保障与精神动力。笔者觉得要将非物质文化遗产传承人的保护工作落到实处，必须做到如下三

---

①苑利．非物质文化遗产传承人认定标准研究［J］．原生态民族文化学刊，2019（11）．

大方面：

一是经济生活要有保障。经济保障对于非物质文化遗产传承人来说至关重要。依据当代中国经济社会状况，许多非物质文化遗产传承人的生活处境不佳，为了改善传承人的生存状态，经济保障是首先必须解决的问题。具体方式如下：

首先，传承人应该享有政府提供的定期生活补助。一旦确定了文化传承人的身份，就得解决传承人的基本生活问题，定期的生活补助对多数传承人来说十分必要。我们看到许多非物质文化遗产传承人，他们在艺能、技能上有超人的聪明才智，但往往疏于对日常生活的打理，或者缺乏这方面的谋生手段。所以在现实生活中，他们往往是物质生活的匮乏者。这些情况特别多地出现在民间口头创作的传承人身上，他们能口吐莲花，能博得大众的欢笑，但这种精神劳动并不大能改善他们的生活处境。对于确定为非物质文化遗产传承人的对象来说，由于他们有为民族国家传承文化的重要责任，政府应该解决他们的基本生活问题，保证传承人有较充裕的时间与精力用在非物质文化遗产传承工作上。为非物质文化遗产传承人提供定期生活补助，对于中央与各地政府来说财源不是问题，关键是对这项工作重视的程度。新疆地区向传唱史诗的艺人定期发放生活补贴，这种做法就取得了良好效果。

其次，授予传承人荣誉称号，为其获取生活资源创造有利条件。对于拥有手工技艺的非物质文化遗产传承人来说，提供生活补贴并不能根本解决他们的困境，他们需要有一套奖励政策，给他们定出身价，如给杰出的民间工艺传承人以“民间工艺大师”之类的名号，这不仅是对才艺的肯定，更重要的是，在当前世界文化多样化发展的境况下，他们的精心制作就会成为收藏市场的宠儿，成为他们的衣食之源，以及传承技艺的经济保障。

二是社会声望有评价与社会福利有保障。社会保障是对非物质文化遗产传承人社会地位的肯定和对他们传承行为的保障。

首先，提升传承人的社会声望与社会地位，提供传承空间与传承条件。非物质文化遗产传承人在传统社会是民间大众的一员，甚至是传统精英文化主导下民间社会的边缘角色。在当代社会，由于文化环境的整体改变，他们已成为非物质文化遗产的保有者，对于他们的社会评价应该体现新的时代高度。非物质文化遗产是以人为主的、流动的文化遗产，对于非物质文化遗产的传承人，我们应该从传承民族文化的高度，认识他们的文化贡献，在某些政策待遇上，将他们与当代社会生产者、劳动者中的优秀人物同等对待，给他们类似的社会保障。同时给传承人以免费的社会表达的机会，给他们一个扩大社会影响、传承文化遗产的社会空间。比如，可定期给他们提供专门面向公众的讲述与表演机会，在大型公益文化服务活动中邀请传承人参与，将他们视为地方文化的代表人物等。我们在给予这些文化传承人以积极的社会地位肯定与社会声望评价的时候，也就突显了我们对非物质文化遗产抢救和保护的舆论导向，这样可以形成有利于非物质文化遗产传承的社会氛围，有利于对非物质文化遗产传承人的保护。

其次，我们还要充分重视传承人的生命健康问题。对于传承人，应该健全医疗保障制度，给他们购买医疗保险，让他们没有后顾之忧。主管部门还应该督促安排他们定期做身体检查，保证传承人良好的身体传承条件，以控制、降低因为生命健康问题给文化传承带来的风险。有时候，非物质文化遗产的抢救保护与对传承人生命的抢救保护是同步的，丝毫不能马虎，人亡艺绝的惨痛教训并不鲜见。因此，对传承境况危急的特别传承对象，我们更应该重点关注。

三是精神上要关怀与鼓励。非物质文化遗产与普通文化遗产的区别在于，它是人的精神文化的动态体现，传承人的心态与精神面貌直接影响着非物质文化传承的质量。因此，在对传承人进行生活保障之外，我们应该高度重视对传承人的精神关怀与鼓励。

首先，尊重他们的人格，了解他们的想法，嘘寒问暖。非物质文化遗产传承人不同于普通人，他们具有良好的专业素养，可以说是身怀绝技之人，他们主要从事的是精神文化活动，对精神的追求往往超过对物质的追求。只有对传承人从事的文化传承事业充分理解，我们才能对传承人产生发自心底的特别尊重，也才能对于有些传承人的特殊想法与行为方式给予极大的宽容与包涵。政府相关部门工作人员要及时掌握传承人的生活状况，力所能及地解决他们的困难，对于暂时不能解决或本部门难以解决的问题也应该及时跟传承人有耐心地解释与说明。只有这样，我们才能赢得传承人的信任，才能跟传承人建立密切友好的合作关系，让传承人全神贯注地从事非物质文化遗产的传承工作。

其次，重视与传承人的思想交流，让非物质文化遗产传承人有延续中华文化根脉的自觉。非物质文化遗产的抢救保护工作是全民性的工作，是每一个社会成员的义务。对于被认定为非物质文化遗产传承人的公民来说，他的使命与义务更显突出。我们应该重视与传承人的思想交流，让他们充分认识到自己工作意义的重大，他们不是为了物质生存而劳作，他们的精神劳动不是“游手好闲者”的余事，而是在新的时代为传承中华文明、为世界文化的多样性发展做贡献。这种精神的启发与鼓励对于传承人树立文化自信、形成文化自觉意识有着重要作用。有了文化自信与文化自觉，传承人的精神面貌就会为之一新，他们的工作将会更有成效。

最后，定期表彰奖励。对于传承人来说，体现精神关怀的另一措施是定期表彰与奖励。传承人一般都有注重社会评价的一面，他们在行业内也会有公开或隐性的竞争。为调动传承人保护非物质文化遗产的积极性，政府相关部门或社会团体可定期举行表彰奖励活动。具有权威性的表彰奖励在精神激励方面有时比物质奖励更能取得积极效果。在这方面，美国的经验也许值得借鉴。美国一年一度的“国家遗产奖”是国会出面主持的国家大奖，颁奖仪式在美国首都的国会山或者白宫举行，美国总统要亲笔致信祝贺获奖者。这样的荣誉对于获奖人来说，是人生的重要收获，有助于提升他们的社会声望。总之，我们对被认定为非物质文化遗产传承人的对象应该充分重视，从经济补助、社会保障与精神关怀三方面落实具体的保护措施，让我们的传承人有一个传承保护非物质文化遗产的宽松环境，让他们有传承文化的自觉意愿，这是我们文化保护工作的重中之重。

3. 非物质文化遗产传承人的责任与义务

当然，对于非物质文化遗产传承人来说，他们作为国家公民，具有传承祖国文化的责任与义务，在尊重本人意愿的基础上，一旦被认定为文化遗产传承人，就要承担具体文化遗产项目传承的责任，履行相关文化传承的义务。

首先，其有传承自觉、公开宣传本遗产项目的义务。传承人应该有文化传承的自觉，对本人承担的文化遗产项目（除特殊工艺涉及行业秘密外）有公开宣传的义务，让社会大众都能享受传统文化的成果。日本在这方面有严格要求，日本《文化财保护法》规定，政府应督促重要无形文化财的传承人在无形文化财名单公布后三个月内公开自己的技艺，以便社会保存、传承与活用。韩国将是否愿意将技能或艺能传授给他人，作为是否授予其“重要文化财持有者”荣誉称号的基本条件。按照韩国《文化财保护法》规定，某人即使具有很卓越的技能与艺能，如果拒绝技艺外传，也不可能获得“重要文化财持有者”这一荣誉称号。

其次，注意培养传承人，传承人应该充分重视培养本文化遗产项目的接班人，这对于一些处于高危状态的非物质文化遗产项目尤其重要。培养新人是非物质文化遗产传承人的首要工作。艺因人传，接班人的选择既要慎重，也要给予信任。如果不愿意传授技艺，就会造成非物质文化遗产的流失与传承的中断。韩国政府为了传习传统文化，特设奖学金资助年轻人学习无形文化遗产。《文化财保护法实施规则》规定要选取有一定文化基础与素质的年轻人作为学艺奖励的对象，学习时间一般为5年。

再次，注重传统的同时有积极的演化，但防止迎合市场的滥改。对于传承非物质文化遗产的传承人来说，主要是沿袭传统，将过去留下来的文化财富传承下去，这是传承人的根本义务。同时，笔者个人觉得传承人也应该根据时代的变化（包括工作条件与民众心理需求），在尊重传统文化根本价值与意义的基础上，沿着传统文化的路径进行积极的演化，以体现非物质文化遗产的精神活力及其在现代社会延展的生命力量。这符合联合国保护非物质文化遗产公约的根本精神，我们任何的文化遗产保护都是为了保护人类的创造力，保证我们人类能够享受人类积极的文明成果。我们的保护是动态的文化环境中的保护，是现代与历史、群体与环境的互动与对话，因此对非物质文化遗产来说，一成不变的保护只是一种理想，既不切实际，也不符合文化演化的规律。当然，我们在目前的工作条件下，首要工作是坚决反对与制止对非物质文化遗产的滥用与盲目改造。对于传承人来说，坚守传统是第一位的，同时也可进行符合逻辑的、渐进式演化的尝试。

最后，有为国家社会服务的责任感与情怀。传承人作为政府指定的非物质文化遗产传承对象，得到政府与社会提供的经济社会保障，则传承人应该以自己传承的非物质文化遗产成果回报社会，并具有为国家社会服务的责任感与情怀。对于非物质文化遗产传承人的认定、保护、监管应该制度化，对于传承人要定期考核、检查，定期认定、变更、撤销，有退出机制。如果传承人不承担为国家社会传承技能的责任，不为国家社会提供必要的服务，就应该取消他的称号。如果出现自然死亡，就应该变更该项文化遗产的传承人。只有这样，我们对非物质文化遗产传承人的保护工作才能真正落实，非物质文化遗产在民族文化建设中的效用也才能得到充分体现。

作为传统文化的保护者，我们必须清醒地意识到，“保护”本身也是一种外来影响。这种影响如果力度过大，同样会对非物质文化遗产及其传承人带来某种负面的影响甚至伤害。这就是我们所说的“保护性破坏”。

在非物质文化遗产保护过程中，政府的作用至关重要。实践已经证明，没有政府的引导和管理，非物质文化遗产及其传承人就很难得到有效保护。但是，如果政府越俎代庖，反客为主，取代非物质文化遗产传承人，不但会影响到传承人传承非物质文化遗产的积极性，而且会影响到非物质文化遗产的原生态性、民间性与真实性，从而使民俗变成“官俗”。我们这样说并非危言耸听，将“三月三谈情说爱的歌墟”变成舞台上的歌星表演，将鲜活的苗族姊妹节变成政府领导的万人大会，此类保护性破坏现象在现实生活中屡见不鲜。

因此，在非物质文化遗产保护问题上，笔者认为，“民间事由民间办”的优良传统值得借鉴。在中国传统农业社会中，历来存在着两套组织系统：一套是以村长为代表的民事管理系统，即传统村落的行政管理系统。这套系统主要负责村落的行政管理。另一套是以社长或社首为代表的村落神事管理系统。这套系统主要负责村落神事活动，祭神、娱神、迎神、赛会等都是由这套系统来完成的。通常，这两套管理系统各行其是，虽彼此配合，但从不相互干预。就民间神事活动而言，这种行政干预最小化原则的出现，最大限度地调动了民间社会的积极性，不但节省了政府部门的行政开支，同时也在民间文化传承过程中，最大限度地保护住了文化遗产的原有本色。通观中国民间文化发展史就会发现，历史上，无论是陕北秧歌、安塞腰鼓，还是乐亭皮影、凤阳花鼓，基本上都是通过民间的力量自主传承的。

“民间事由民间办”并不是说政府和学界在非物质文化遗产传承中无足轻重，只能袖手旁观，无所作为。相反，在当前信息化、全球化的猛烈冲击下，经济的一体化加剧了文化的一体化，许多民间文化面临着灭顶之灾。如果没有政府扶持、学界呼吁和各界的参与，许多民间文化的传承仅靠民间的力量实际上将难以为继。在20世纪末全球化思潮及经济大潮的强烈冲击下，中国非物质文化遗产所处的风雨飘摇的窘境已经说明了这一点。事实上，任何一个国家，非物质文化遗产保护工程的启动，几乎都与外来文化的冲击有关，中国如此，英、法、美、德、意、日等非物质文化遗产保护先进国亦莫不如此。

国外经验已经证明，政府、学术界、商界、新闻媒体以及各级社团组织对于非物质文化遗产保护工作的积极参与不但可行，而且十分必要。当前国家在非物质文化遗产保护上的最大问题，恐怕还不是无人参与，而是在参与过程中，弄乱了非物质文化遗产传承主体与保护主体之间的关系，将保护主体变成了传承主体，从而走上了以政府取代民间的歧路。

对于著名非物质文化遗产传承人给予必要的补贴，笔者是举双手赞成的。因为在民间，特别是“老、少、边、穷”地区，许多非物质文化遗产传承人的生活还十分艰苦。如果没有经济的支撑，让他们安下心来一心一意地传承非物质文化遗产显然不现实。特别是对于那些年老体弱者来说，更需要政府的扶持与帮助。但补贴并不是万能的。随着经济因素的介入，这些外力的作用有时还会给非物质文化遗产及其传承人的认定工作带来许多麻烦。搞得不好，申报过程中难免会因为利益的诱惑而出现以假乱真、以次充好的情况。何况以群体传承为主要传承方式的民间社会中，十取其一的补贴模式势必会影响到传承群体的原有和谐，从而使非物质文化遗产传承变得更加困难。因此，在群体传承的非物质文化遗产项目中，政府最好能以群体资助的方式支持当地的非物质文化遗产传承工作，而且应将资助经费直接发放到传承人或传承群体手中。目前，日本在民间的非物质文化遗产保护工作中，主要使用这种补贴模式。五十年来，这种补贴模式并没有给日本的非物质文化遗产传承带来明显的负面影响，这种经验值得借鉴。

当然，补贴的发放是件很困难的工作，“一刀切”很容易生发出一系列问题。在审批过程中，既要考虑城乡差别、地区差别，还要考虑到不同非物质文化遗产间的差别以及传承人年龄的差别、身体状况的差别等一系列因素。在中国这样一个社会福利事业尚不十分发达的国家，依靠补贴不可能从根本上解决问题。真正利用经济杠杆来调动非物质文化遗产传承人积极性的最佳方式，恐怕还是变“输血”为“造血”，通过表彰、命名等方式，充分调动起非物质文化遗产传承人的内在积极性，使他们在市场竞争中占据更多优势，从而使非物质文化遗产获得有效传承。

在现代文化和民族文化、外来文化和本土文化不断撞击的严酷现实下，民间文化的发展和传承正面临着巨大挑战。弄清文化传承的实质，进而厘清传统延续与市场壮大之间的关系后，立足于当前需要的传统文化维护与发展任务，也就不难加以具体化了。大致而言，有如下四项传统文化维护任务。

首先，需要动用各种方法稳定各民族的外部社会环境，确保各民族传统文化的正确取向，那么民族传统的正常的新陈代谢就有了充分的保证。在这一前提下，各民族自然会处理好本民族传统文化各要素的存废问题。

其次，应对我国各民族的传统文化进行系统调查，全面整理，并做出科学的评估。任何一种传统都是相关文化适应于特定需要的调适结果。只有弄清传统成因，我们才能正确地评估该项传统的价值，也才能开展有针对性的积极维护。

再次，应该引导各民族群众分析与判断自己所面对的外部各种冲击，把握这些冲击的性质、力度、作用方式及其与本民族传统的关系等，特别要把握外部冲击的可持续能力，对那些没有长期存在可能的冲击，完全可以不加理会。

最后，需要清醒地意识到，任何民族的文化调适都具有经验性，即使有现代科学做指导，也无法彻底避免适应过程中的曲折。因此，应该大力加强传统文化资料的收集与整理，为我国各民族保存尽可能丰富的传统文化标本，以备各民族调适失误时，可以方便而准确地找到矫正调适取向的参考依据。

民族民间的非物质文化遗产保护需要“文化自觉”。“文化自觉”这一概念，是费孝通先生提出来的。笔者以为，其中一个重要的内涵，应该是指拥有和传承着一种文化的民族、社区或者个人，一定要对自己的文化有一种自觉的意识，能冷静地看到自己文化的利弊，懂得自己的文化，认识到自己文化的真正价值，建立起文化的自尊与自信；热爱它，又积极学习异文化的长处，宽容其他文化。如果没有这种文化自觉，认为自己民族的文化落后于其他民族文化或西方文化，那么民族文化的传承发展就面临着非常危险的境地。

文化自觉也是一种文化心态，它以文化自信为前提，在广采博纳其他优秀文化的基础上，提高对本民族优秀文化的自识、自重、自尊意识。特别是今天，在现代化的场域之下，各种文化间相互影响、渗透、融合，面对强大的“文化潜移”，更需要用“文化自觉”的态度去传承发展民族文化，也只有这样，民族文化才能在世界这个大花园中开得灿烂。例如，从我国侗族大歌的传承困境看，经济浪潮中的文化主体价值观念变化，其中一个重要原因，就是缺乏文化自觉。所以，保护与传承的首要途径，应为提倡民众的“文化自觉”。

总之，维护传统的依靠力量是各民族群众，维护的办法是靠文化自身的运行，历史上如此，今天依然是这样。市场经济的发展尽管迅猛，但是它始终只能是各民族外部环境中极其有限的一个组成部分，市场带来的冲击，各民族都能够与之适应，因而市场壮大绝不可能摧毁各民族的传统，各民族的优秀传统将一直稳态延续下去，在不断的新陈代谢中永葆青春。

四、非物质文化遗产传承人的培养是大学教育的责任和使命

联合国教科文组织亚太地区文化遗产专员理查德•恩格哈特说："非物质文化遗产是祖先智慧的资源。我们必须学习祖先的智慧，创建一个更加美丽的可持续发展的未来。"人类在这漫长的历史发展过程中，创造了多姿多彩、丰富、神奇而又伟大的文化，构成了人类历史长河的记忆链条，在地球亘古至今的时空演变中形成了千变万化、各具神韵的自然遗产，大自然这个母体孕育了人类文明；人类的自然遗产和文化遗产造就了人类丰富多样的生存方式与状态，构成了人类文明精神的完整性。然而，近代工业化的迅速发展、全球经济一体化的冲击、自然灾害，战争等人为因素使这些遗产在世界许多地区遭受了不同程度的危害，人们遭受打击之后开始反省，并逐渐认识到：如果不能以人类共同遗产的观念去继承和保护不同地区的、"具有突出普遍价值"的文化与自然遗产，而任其毁坏、消亡，这对人类将是永远无法挽回、无法弥补的重大损失，人类不能成为一个丧失记忆的族群。对于许多民族来说，非物质文化遗产乃是本民族的基本识别标记，是维系民族、社区存在的命脉与生命线，是民族发展的源泉。为此，关注人类共同遗产的保护与传承，成为各国有识之士、专家学者的心声与共识。中国的大学，应当担负起中国非物质文化遗产的保护和传承的历史责任。

由于现代化经济方式的广泛侵蚀，现代主义、经济主义等强势话语对民众思想、生产生活方式和价值观念的很大的影响，越来越多的传统文化形式被消减、弱化，甚至消失。当人们意识到自己正在丧失历史、埋葬“祖先”的时候，很多珍贵的文化艺术已经淡出了人们的记忆。许许多多的绝活、绝技、独具特色的风俗习惯和仪式只保存在少数老艺人、老把式的口头上或记忆中。他们掌握并传承着古老的民间文化知识和民族技艺的精髓，成为非物质文化遗产活动的宝库和代代相传的代表性人物。我们必须通过唤起“保护的意识”，采取有效措施来保护犹如动物基因一样重要的文化遗产，否则掌握这些非物质文化遗产的人一旦去世，这些文化就会像生物物种丧失遗传基因一样永远消失。因此，保护非物质文化遗产的传承人显得尤其重要。对于通过何种传承方式才能有效地保护好非物质文化遗产及其传承人，世界各国从自己的实际出发都在积极探索和实践。如日本和韩国对非物质文化遗产传承人的保护采取以下措施：①政府每年都要从国库中拨一定数量的经费用以补贴那些杰出的非物质文化遗产传承人，保证他们衣食无忧。②通过国家命名的方式吸引传承人。如日本国家级非物质非物质文化遗产遗产传承人通常被授予“人间国宝”称号。③以带徒授业的方式留住传承人。[①]我国也在传承人保护方面制定了相应的制度，采取政府行为的方式对非物质文化遗产传承人实施保护。如国务院办公厅《关于加强我国非物质文化遗产保护工作的意见》在关于“逐步形成有中国特色的非物质文化遗产保护制度”的条款中，特别强调：“建立科学有效的非物质文化遗产传承机制。对列入各级名录的非物质文化遗产代表作，可采取命名、授予称号、表彰

---

①苑利．《名录》时代的非物质文化遗产保护问题［J］．江西社会科学，2006（3）．

奖励、资助扶持等方式，鼓励代表作传承人（团体）进行传习活动。通过社会教育和学校教育，使非物质文化遗产代表作的传承后继有人。”一些研究非物质文化的学者也深入探讨了非物质文化遗产传承的民间方式，如刘锡诚教授认为，传统上，我国非物质文化遗产有四种传承方式：群体传承、家庭（或家族）传承、社会传承、神授传承。①

在现代化、全球化的今天，政府行为与民间行为在非物质文化保护与传承中都将发挥不可替代的作用。然而，无论采取哪种传承方式，我们认为最关键的一点是，非物质文化遗产传承既需要传承人（传统文化的持有者），也需要一大批愿意学习和传承传统文化的传习人（非物质文化的学徒）。唯有如此，方能实现非物质文化“后继有人”。基于这样的思考，笔者认为，在当今大学教育日益普及化的时代背景下，大学教育应该成为非物质文化传承的重要方式。教育最基本的职能就是培养人，实现人的“社会化”。从文化视野中的高等教育来看，“教育的本质是通过文化过程使文化得以社会遗传和再生，因此，教育是文化的社会遗传和再生的机制，是文化化人的过程……高等教育应该具有文化传承的功能、文化适应的功能和文化创造的功能”。作为社会知识精英的大学教授、学者，如果对人类文化遗产抱有强烈责任感的话，就必须有个“向下”学习的革命，一是应该走向下层，向那些老艺人、老把式虚心学习；一是请进来，把那些掌握非物质文化遗产的老人请到大学来，通过各种授课形式，向年轻的大学生传授非物质文化遗产相关知识和技艺。非物质文化遗产的传承只有从民间走向大学的象牙塔，让这些未来社会精英了解、喜欢甚至传习民族民间的非物质文化，传统文化的现代价值才能真正为世人所认识，并将进一步发扬光大。

①刘锡诚．传承与传承人论［J］．河南教育学院学报，2006（5）．

第三章　非物质文化的调适与传承

一、文化有适应变迁的能力

在全球化背景下，人类文明与多元文化的猛烈冲击，使民族传统文化以前所未有的速度变迁，面临严峻的挑战。当前，对传统的维护与传承正在进行一场大论战，争论的焦点在于市场化的推进对传统文化将产生何种深远的影响，特别是“经济全球化”格局一旦形成，是否意味着传统文化失去了存在的价值。这一命题的提出有其特定的思想根源，因为当今的市场活动对人类社会的影响，规模空前，并且渗入社会生活的各个方面，以至于历史上传承下来的一切传统都无法抵御市场化的潮流。但与此同时，我们也不能忘记，人类的一切经济活动总是在具体文化的规范和制约下展开的，市场活动也不例外。正因为是文化塑造了市场，而不是市场凌驾于文化之上，所以市场的发育与壮大可以对传统构成冲击，但却不会彻底破坏传统。事实上，相关民族的传统一旦受到损害，稳定的市场规范就无法建立起来，最先被窒息的将是市场，而不是各民族的传统。

从文化自身的结构看，文化是一个极其复杂的体系，经济生活仅是该复杂体系中若干并存的子系统之一，而市场活动又是经济生活的一个十分有限的组成部分。有限部分的发展变化，根本不可能动摇整个复杂体系，因而该体系运行中发育起来的传统，自然不会简单地接受市场的左右。那种认为市场壮大会摧毁传统的观点，确实是杞人忧天。当代西欧和北美一些国家，其市场已经高度健全，但他们相互间的经济活动并不雷同，各民族的传统依然泾渭分明。众所周知，市场的价值正在于互通有无，如果相关各民族的传统完全趋同，经济活动也相互一致，那还需要市场去互通有无吗？市场运行的原则是追求利益的最大化，试问如果各民族传统整齐划一，各民族的生产办法一致，市场价格没有波动，也没有反差，哪里会有利润可言呢？因此，市场壮大并不会窒息传统，更不是传统的对立物。相反，市场的发展与健全恰好需要多元文化来支撑，需要不同的传统并行延续，这样才能为市场造就多样化的产品、多样化的价格，以满足多样化的需求，市场也才有进一步壮大的可能。

市场的发展与壮大对特定民族而言，仅仅意味着新增了一个外部环境因素，并不意味着外部环境的彻底改观。因此，一场对民族传统的冲击，并不如原先估计的那样大，相关民族只需要做出针对性的局部调适，就可以在基本保持传统的情况下，达成与外部市场的适应。对此，我们必须保持始终清醒的认识，市场可以很容易地改变一个民族的物质供求状况，但绝对无法改变一个民族所面对的自然环境，也改变不了一个民族所面对的全部社会背景，当然更无法改变一个民族的历史记忆。因此，对市场的冲击应该有一个恰如其分的评估，对任何民族的传统而言，来自市场的冲击将主要作用于日常的物质生活，各民族与此相关的传统肯定需要重新调整。与此同时，各民族传统中的其他内容所受的冲击十分有限。比如，各民族适应于所处自然环境的传统，就不会受到重大的冲击，因为市场从来不具备改变自然背景的能力，所以如何应对自然还得仰仗各民族的传统文化具有无限的适应能力，它会能动地变其该变，守其该守。我们应该清醒地认识到如下五项有关文化传统的根本事实：

（1）任何民族的文化传统都是一个庞大的复杂体系，传统中发生局部的适应性变化，不足为怪。今天如此，未来亦然。然而，类似的适应绝不至于损害传统的完整性与稳态延续能力。必须承认文化传统具有无比顽强的存活与延续能力，它绝不是经受不住风吹雨打的纸房子。因此，在一般性的外部冲击面前，传统文化既无特意保护的必要，也不存在全面施加保护的可能。

（2）文化传统面对的外部环境尽管错综复杂，但就广泛的空间而言，足以对传统构成损害的外在冲击毕竟极为有限。只要这种外部冲击具有持续能力，文化的调适就会自行启动，并按照稳定的取向运行下去，直到与该项冲击相适应。需要强调指出的是，并非一切外部冲击都会损害传统文化，只有同时具备如下几项特征的外部冲击，才可能导致文化做出局部的适应性改变。首先，外部冲击必须具有可长期稳定的持续能力。其次，这样的冲击还必须与该文化的某项传统内容正面冲突。再次，这样的冲击还必须是某种文化以往不曾有过的内容。最后，这样的外部冲击还需要具有足够的作用。若不具备这四项特征，外来冲击就无法激活该文化的调适机制，也就不可能导致传统的变异了。

（3）任何文化的调适都是缓慢的新陈代谢过程，在这个过程中，有的传统要素会消失，有的会改变，可更多的则是被暂时搁置起来，这些被搁置的要素会成为该文化的隐性要素长期保存下来。一旦有客观需要，隐性要素就会复活。因此，传统并不会简单地消失，而是存在复活的可能，因此，我们决不能因为没有直接观察到某些传统内容，就轻易断言传统已经荡然无存，因为我们无法预测未来。暂时搁置的某些传统，随着时间的推移，完全有再次复活的可能。当然传统的再现，并非简单的再现，而总是变形后的复活。

（4）面对外部冲击，任何传统都会引进新的要素，同时也会按已有的传统改造引进的要素，因此接受外来要素并不是传统的丧失，而是传统的创新。多年来，我们引进的东西多得不胜枚举，可是没有一样是原样照搬过来的。引进决不会破坏传统，只会更加丰富传统。正因为我们有海纳百川的气度，才成就了中华传统的博大精深，也才会有中华传统的千姿百态。仅仅依据有外来文化要素就断言传统丧失，是一种片面的结论。事实上，当今世界的一切民族传统都不会纯而又纯，而且越是有生命力的传统，引进的外来文化要素越多。

（5）文化传统总是一个有始无终的无限延续过程。延续过程中发生局部的变异，本是理所当然的事情，单凭传统中出现了新内容，就断言传统丧失，其实是一种不负责任的臆说。19 世纪末到 20 世纪初，不少西方人一直在呼吁亚洲人保持自己的传统，似乎我们的传统已经丧失了一样。然而这是一种假象，这些西方人的呼吁另有居心。诚如鲁迅所指出的那样，他们哪里是珍视东方传统，要我们保持传统，无非是为了方便他们到中国看“辫子”，到日本看“木屐”罢了。

有鉴于此，对待传统的变异绝不能感情用事，必须立足于该民族的生存与发展需要去做出评估。至于外人的说长道短则可以姑妄听之，只要我们自己有主见就行了。然而，在这里隐含着一个无法回避的难题，文化的调适总是立足于当前的紧迫需要，既不能通观全局，权衡得失再启动适应机制，也不能预知未来，预先做出有利的传统存废安排。因此，文化的适应通常是凭借经验做出反应，出了问题后再做新的调适，在调适的过程中出现偏颇与失误是文化传统传承中常见的事实，不足为怪。及时发现问题，及时调整适应办法，才更有利于传统的维护与创新。

而今，世人的观念已经迥异于当年。这不应当归咎于任何个人，因为这是文化适应的通常情况，是难以避免的适应取向偏颇。也正因为如此，维护传统与发扬传统的任务，应当是及时发现文化适应的偏颇之处，调整文化适应的取向，促成传统的健康传承。

总而言之，维护任何民族的传统的办法，既不是将它送进博物馆，也不是抱残守缺，而是把它当作一个活的有机体去对待，让它在正常的自然与社会环境中生生不息，变其该变，守其该守，与时俱进，永葆其青春。要做好这一工作，需要同时兼顾四个方面：一是该文化自身的特点；二是外界环境的变动因素及其内容；三是传统中正在遭受冲击的具体内容；四是冲击力的内容、性质、量级和它的持续能力。只有弄清上述情况后，有效的传统维护对策才能形成。

经济全球化是当前的热门话题，可是对其内涵的理解却千差万别。不少人误以为它是一股席卷全球、摧毁传统、顺应全人类趋势的大潮流。从这一理解出发，任何民族的传统当然都得屈从于经济全球化大潮。然而这是一种十分片面的看法。经济全球化决不表明全球经济生活的整齐划一，因为经济生活的划一，将会导致市场自身价值的丧失，然而普遍市场化恰好是经济全球化提出的初衷，经济全球化同样不意味着全球物质生活的一体化，因为那样一来，商品交流、市场利润、投资报偿等都会随之而萎缩，失去了跨国市场的支撑，经济全球化只能是一个空架子。因此，经济全球化只是局部地改变各民族传统的外部环境，而不是各民族传统的克星。即使真正实现经济全球化，我们看到的依然是一个多元文化并存的世界，各民族的传统照样并行存在，各自分别稳态延续。

美国著名的人类学家斯图尔德于 20 世纪 60 年代提出了文化生态学的基本概念，他在名著《文化变迁论》中对传统文化的保护与传承的阐释具有指导价值。（1）任何一个民族所处的生态环境并非纯客观的自然空间，而是经由该民族加工改造的结果。每一个民族要生存，就必须凭借其自成体系的文化，向这个有机组合体索取生存物质，寻求精神寄托，以换取自己的生存延续和发展。在这个过程中，人类用文化的手段满足他们的基本需要。（2）这样的生存空间既是社会的需要，又是文化的产物，它已经与社会文化紧密结合，成为该民族社会的一个有机组成部分。这样一来，民族文化就与它所处的生态环境建立了一种耦合的关系。任何一种文化都有其生存的土壤，这一土壤就是该文化的民族生境。民族生境不仅包括了该文化所处的自然环境，而且还包括文化所处的社会环境，这二者的统一体才构成特定文化的民族生境。在这二者当中，随着历史进程的加快，其社会环境日益重要，尤其在统一的多民族国家内部，国家主导下的、各层次的跨文化社会整合在历史过程中的文化交往，给特定文化的民族生境的改善带来了诸多的机会，同时也带来诸多的挑战。文化之所以能迎接这些挑战就在于文化本身具有社会适应性。

文化的社会适应性，是指作为维系社会存在的人为信息体系，调适于一定时代及其历史积淀下来的社会背景而获得的延续能力。在此延续能力的形成过程中，其自身始终与社会的客观生态存在相互作用，相互影响，相互依赖，波动式互动的形式说明社会适应性可在一定范围内偏离社会生态，但其偏离信息不能无限叠加，否则就会造成人为生态灾变。之所以会如此，主要是因为文化自身具有超强的延续能力。因此，破解文化社会适应性的超强延续能力是避免发生人为生态灾变的有效方法。

人类社会建构与维持文化运行，必然具有如下四个特点：其一，文化的建构与文化对环境的适应都是一个不能间断的持续过程，它们与生物物种延续的基础有所不同。生物物种延续所凭借的行为信息体系是随着该物种的形成就一次建构完成的，世代更替不会导致该物种行为信息体系的改变。文化则不然，由于文化这种人为信息体系是靠习得而延续，在世代更替过程中总会不断增添新的内容，淘汰旧的内容。因此，特定民族文化的生命延续性仅仅意味着该种文化建构的基本特征不变，而具体的内容则具有一定的可变幅度。其二，生物物种的适应能力来源于它的遗传性，当代观察到的生物物种的适应能力是在漫长历史岁月中自然选择积累的结果，因而地球生命史记录到了无数的生物物种灭绝。文化就不是这样，这种靠习得传承的人为信息体系，可以不中断地延续，在不产生新文化的稳态延续过程中靠积累和渐变获得新的适应能力。因此，文化的可持续能力比生物物种的可持续能力更强。其三，生物物种获得新的适应能力必然意味着对旧适应能力的放弃，因而生命进化的历程肯定是一个不可重复的过程。而文化的适应能力则可以新旧并存，即使暂时失去了应用价值的文化要素也可以在文化中继续存在，仅保持其象征意义。一旦环境需要，还可以重新被激活，因而文化的适应能力肯定大大地超过了特定生物物种的适应能力。其四，文化靠习得而延续还会导致并存的多元文化之间的文化要素可以相互渗透、相互借鉴，从而使民族文化获得更强的延续能力和适应能力。这正是人类社会自产生以后，地球生命体系中许多生物物种已经灭绝、新的物种不断产生，但人类社会的特有产物——文化延续至今并不断壮大的原因。

文化的这种超强延续能力对任何研究者来说都是一个严峻的挑战。研究者个人的生命是有限的，以有限个体生命的调查无法洞悉远远超过个体生命期限范畴的不断延伸的文化整体。事实上，无论任何形式的田野调查与分析，所能触及的仅是文化的一个横切面或某段横切面，凭借对这一横切面或某段横切面的感知去描述文化的全貌，肯定会捉襟见肘。专门从事文化生态研究的斯图尔德、萨林斯和内亭尽管已经注意到了文化的历史积淀对生态行为的影响，但始终未能揭示社会适应性的内在规律。只能笼统地认为那些偏离生态适应需要的文化特征是历史积淀的结果。然而，为了揭示文化适应对生态系统的背离，我们必须将这种背离的细节具体化，并在该民族的历史过程中找到它形成的依据，这样才能得出有助于矫正文化适应偏差的对策。因此，从文化的超强延续能力中探析出研究文化社会适应性的可行办法来，就成了文化生态学诠释体系能否站得住脚的关键举措。

社会适应性研究的难题之一：文化的社会性适应与生物性适应所依托和凭借的背景是不同的。生物性适应依托的是客观存在的自然生态系统，除了生态结构较为脆弱的地带外，就总体而言，地球生命体系中客观存在的各种自然生态系统，其稳定延续的周期十分漫长，通常要长于特定文化的延续过程。生物性适应在共时态的研究中容易获得证明。相比之下，文化的社会性适应其特殊环境却具有很大的可变性和可塑性。为适应特定时期、特定社会环境而做出的社会性适应在相关的民族文化中也会留下踪迹，但它所适应的那个族际社会环境早就在社会现实生活中消失了。毫无疑问，文化与生态偏离的度的问题必须得到重视，当生态与生态偏离突破一定的度时，就会发生人为生态灾变。也就是说，文化可以适当偏离生态，但不能不断叠加而扩大化，不能突破生态灾变的防线。

社会适应性研究的难题之二：任何形式的社会性适应在启动之初都是针对特定社会环境及时代需要而采取的举措，一旦这种适应取得了成功，适应的成果在文化的建构中就会牵连并影响到传统文化中其他文化要素的调整，从而造成传统文化要素与新文化要素的并存。共时性调查获得的文化事实资料很难直接区分哪些是历史上社会性适应导致的结果，哪些是该民族生物性适应的内容。

社会适应性研究的难题之三：社会性适应并非针对某一民族而言，而是同时与众多的民族发生关系，致使社会性适应所造成的文化事实很难简化，以得出明确的因果结论。在历史上，纳西族在不同时代曾经深受彝族、藏族、蒙古族、汉族的交错影响，致使当代纳西族的生态行为极其错综复杂，其间既包含有游牧文化的特征，又有农耕文化的特征。这些特征又交织在一起，要具体剥离一种文化事项是适应哪一个异文化的结果，具有很大的难度。解决这一难题，不仅需要同时熟悉相关各民族的传统文化，还要熟悉不同民族间互动的具体过程，更加困难的还在于，这样的过程在文献记载中往往是残缺的，文献记载的不完整性决定了此问题研究的艰难性。

鉴于上述三种困难，目前要普遍地展开对某一民族所有社会性适应的系统讨论，在客观上很难办到。较为可行的办法只能是将我们的研究迁就于文献记载的实情，选取那些文献记载相对完整周详的实例，展开系统的社会性适应研究，作为整个研究工作的突破口，再考虑拓展研究的广度和深度。按照这一研究思路，我们往往是选取那些文献记载完整、相关民族文化互动的内容持续期相当长、相互作用的细节又较为明晰的社会事实作为研究的对象。这些社会事实虽然表现形式各不相同，但总是曲折地与数百年来的族际背景相关。有了这样的认识，探讨这些民族历史上曾经发生过的社会适应性，也就有了分析研究的客观依据。复杂的社会适应性也就可以顺利地纳入文化生态学分析的范畴。

原则上说，文化的社会适应性通常会导致该文化与所处生态系统的背离，这正是我们需要严格分辨社会适应性的动机。然而，文化运行过程中，对所有的适应都会自动地使之条理化、系统化，使社会适应性的成果成为该种文化的组成部分。于是，对具体文化做观察分析时，来自社会的适应和来自生物的适应总是交织在一起，很难区分。其中，适应背景已经消失的社会适应性与生态适应性中对环境风险的适应内容在该种文化中都会被虚化、信仰化、礼仪化。在直觉观察中，象征意义突出而实用价值隐而不现，分辨起来更加艰难。总的来说，文化为了与生态环境相适应，相关文化要素与其他文化要素的关联性较紧密，并且容易在生态环境的波动中找到解释，而社会适应性的结果，不管它虚化的程度如何，与其他文化要素的关联性都会相对松弛。加之文化与生态环境的周期性波动无关，以上方法便成为区别两种适应的可行办法。沿着这一研究思路，社会适应性的内容尽管存在着诸多的困难，但最终可以被分离出来进行分析研究。

二、非物质文化遗产“原生性”的实质——教育传承和发展

民俗学探求本真性的传统主要包括探讨媒介化民俗的真实性以及探讨民俗文化本身的真实性两个方面。在全球化、现代化进程中，探求本真性的传统主要集中在后者。民俗学浪漫主义传统是尚古主义、浪漫主义和民族主义的结合，在当代社会中则主要表现为挖掘独特的地方文化，通过与现代都市文化相比较产生文化反差，运用具有巨大差异性的文化元素刺激人们对地方文化的消费欲望，地方则建构了自我的文化身份认同。现实生活中并不存在作为“活化石”的民俗，只有当人们抛弃了原生态的幻象，以传承、变化、发展的眼光看待民俗的时候，成为非物质文化遗产的民俗才具有生生不息的活力。由于与政府主导的文化行政紧密相关，非物质文化遗产概念的学理性一直为学者所质疑。

其实，这一概念背后潜藏着深厚的学术渊源。非物质文化遗产包括非文字的、口传心授的文化，保护非物质文化遗产的旨意在于倡导文化平等，强调文化多样性，强调全球化背景下地方文化的认同价值，其学术理论、学术追求以及文化政治意义，与现代民俗学关注具有地方性的民俗文化、人类学关注处于遥远时空的他者文化一脉相承。因此，当下的非物质文化保护理论与实践不可避免地受到了现代民俗学、人类学学术理念的影响。与以文字、物质材料为载体传承的文化不同，非物质文化遗产是口传心授的活态文化。这一传承方式决定了非物质文化遗产具有变异的特点，即使是同一类习俗，也会因为地方文化以及传承人的个体差异而呈现出无限丰富的多样形态。所谓“十里不同风，百里不同俗”，无论是文字还是现代多媒体技术记录的非物质文化遗产，都只能是某一

特定时空背景下的描述，而无法完整呈现具有地方性的、活态的、处于不断变化发展中的非物质文化。

随着文化生态的变化，某些非物质文化遗产确实处于濒危状态，为了保护濒危的非物质文化遗产，学者、媒体、政府以及商界共同制造了一个非物质文化遗产的“原生态”神话。这种在非物质文化遗产保护过程中出现的“原生态”现象，实际上与学术界对于民俗现象长期以来的本真性探求（In Search of Authenticity）有密切的关联，也关涉民俗学的知识传统、全球化现代化过程中地方文化资源所蕴含的文化政治意义等复杂的历史与现实问题。

1. 原生态是非物质文化遗产语境下的本真性诉求

何谓本真性？在民俗学领域，按照德国民俗学家瑞吉娜·本迪克斯的说法，民俗学的本真性隐含着对真实性的探求，由于这种探求具有多义性和不易把握的本质，学界和社会均难以达成共识。这说明，非物质文化的本真性是一个无法加以明确的特性。然而，在当下非物质文化保护的实践中，本真性诉求越来越成为主流话语。主要表现在两个方面：一方面强调作为历史文化传统的非物质文化遗产具有其独特的地方性，并且每一种非物质文化遗产都有一个真实的本原，真实的、本原的非物质文化遗产往往处于濒危状态，需要保护的正是这些原生态的非物质文化遗产。这一类声音一开始往往表现为学者、知识分子的诉求，随后由于媒体的介入而逐渐娱乐化，最具代表性的话语是“保护”“原生态”。另一方面主要表现为地方政府、学者、媒体以及以商业资本为主导的社会力量共同参与的行为，试图将具有悠久历史传统、依然鲜活地存在于日常生活的民俗文化“遗产化”，将其从日常生活的语境中抽离出来，塑造成为超越地方的文化遗产，代表着地方的文化形象。由于非物质文化遗产保护是一项复杂的系统工程，并且潜藏着巨大的社会、经济效益，非物质文化遗产成为推动地方社会政治、经济、文化发展的传统资源。在某种意义上，这一诉求往往成为非物质文化遗产保护过程中的主流声音，其最具代表性的话语是“开发”“利用”。

在很多情况下，上述两个方面往往相互纠缠。一方面，挖掘、保护原生态的目的是服务于地方文化形象的塑造，作为日常生活的民俗文化被塑造成为地方文化的形象代表，脱离了其生活的语境，因而成为具有公共意义的非物质文化遗产，成为被展示、被欣赏、被塑造的对象；另一方面，地方政府、学者、媒体以及商业资本不断地强化非物质文化遗产的真实的、本原的文化要素，经过一系列复杂的文化生产的符号化过程，逐渐使之定型、固化，从而建构出非物质文化遗产的“本真性”。在全球化时代，当民俗文化的地方性、多样性意义被挖掘出来的时候，民俗被转换成为非物质文化遗产，也凸显了它的文化政治意义。民俗学学术传统中关于本真性的学术论辩，在非物质文化遗产保护的文化行政中，逐渐转化成如何真实地展示地方文化。因为民俗已经不再是边缘族群或下层民众传承的落后的、非理性的、荒诞不经的文化，而是地方、民族和国家的遗产，具有不可估量的政治、经济、文化价值。挖掘、展示真实的、独特的、唯一的民俗文化，将其转化成为非物质文化遗产，成为地方政府、学者不遗余力地追求的目标。正是在这一背景下，“原生态”一词因为媒体的介入而逐渐深入人心，成为大众想象的、本真的非物质文化遗产的代名词。由于非物质文化的遗产价值，非物质文化衍生出了文化政治的意义，在全球化背景下的非物质文化遗产保护运动中，民俗学起源时期的、浪漫的民族主义（Romantic Nationalism）观念又得以发扬光大。问题的关键不在于非物质文化遗产价值的挖掘、展示、弘扬，因为这本身就是一个想象、建构的过程，被展示的非物质文化是否就是原生态？这究竟是什么样的原生态——是日常生活意义上的原生态，还是学者连同其他力量合谋臆想、建构出来的原生态？在一个全球化、现代化的时代，是否还存在着未受任何外界因素影响的原生态文化？从全球化、现代化的宏观视野进行考察可以发现，想象传承民俗文化的主体依然处于前现代社会，与全球化、现代化相互割裂，是“原生态”概念之所以能够被发明出来的主要观念。在这种观念的影响下，“原生态”一词很容易使人们将传承非物质文化遗产的传承主体想象为与外界割裂的、没有历史的、落后的、依然处于传统社会的人。

人类学的研究成果已经否定了这种成见。美国人类学家萨林斯以非西方文化与西方文化的遭遇为例，指出把非西方土著人描述为“没有历史的人民”这一观点的错误性。萨林斯进而指出，非西方民族为了创造自己的现代性文化而展开的斗争，摧毁了在西方人当中业已被广泛接受的传统与变迁对立、习俗与理性对立的观念，尤其明显的是，摧毁了 20 世纪著名的传统与发展对立的观念。土著并没有在外来的现代化力量面前丧失自己的文化或者彻底死亡，土著有自己的历史意识，有自己创造历史的力量，这就是现代性的本土化。因此，从全球化、现代化过程的宏观视野考察文化遭遇的时候，相互遭遇的任何一方，无论其表面看起来是一种强势还是弱势的文化，都不可能无能为力，毫无历史能动性。从这种意义上来说，原生态与其说是一种非物质文化存在的本真样貌，不如说是学者与不同社会力量共同想象建构的产物。

从“原生态”一词由发明到流行，乃至成为大众想象的本真的非物质文化代名词这一生产过程可以发现，原生态实际上是一个大众文化的符号，是大众文化制造出来的神话。长期以来，人们逐渐遗忘或者抛弃民俗文化，因为它们是作为现代化的对立面出现的，是“落后的”文化，当民俗以非物质文化遗产的名义重新进入大众视野时，人们却发现，当初被称为民俗的东西，居然具有政治、经济、文化价值。

大众文化的生产机器正是在这一背景下借助非物质文化，试图将已经“祛魅”的大众文化重新“还魅”，蒙上一层原始的、本真的、未知的、来自正在远去的家园的逐渐被遗忘的神秘面纱。因此，从本质上说，那些打着非物质文化遗产的旗号的所谓的“原生态歌舞”“原生态音乐”“原生态唱法”“原生态旅游”等，都是技术复制时代的文化产物。非物质文化脱离了其生存的文化生态，成为被展示、被欣赏、被塑造的对象，它的独一无二性被破坏了，它的遥远感、距离感消失了，它生存的生活世界被剥离了。如果说技术复制时代艺术品原真性灵魂的消失，是由于艺术与礼仪的密切关系使人们对艺术品产生的膜拜感消失的话，那么，非物质文化的“遗产化”过程则使非物质文化从其生存的文化环境中脱离出来，进入了一个被生产、被建构的陌生化过程。这一过程使非物质文化越来越远离其日常生活形态的本真样貌。

2. 本真性问题的由来

学术界以及普通大众如此执着于原生态的神话，这一观念的学术传统究竟来自哪里？这一观念实际上与民俗学探求本真性的学术传统有密切的关联。具体而言，民俗学探求本真性的传统主要包括两个方面：一是媒介化民俗的真实性问题，另一个是民俗文化本身的真实性问题。从民俗学的研究历史来看，由于对象的传承特点，当民俗从口头传承、身体传承、技艺传承转换到由文字或其他载体记录传播的过程时，不可避免地会导致或多或少的失真。另外，民俗文化会随着社会历史文化的变迁而发生变化，在传承中有变异。因此，民俗学关于口传心授的非物质文化的研究，可以说始终伴随着真伪之间的激辩，本真性问题贯穿了整个民俗学研究的历史。在很长的一个时期内，学者们忧虑的问题是，媒介化的民俗是否真实地呈现了民俗文化本身。

18 世纪中后期民俗学在德国萌芽的时候，民俗学的本真性话语便开始出现。德国民俗学的本真性追求一开始就直接与浪漫的民族主义相联系，在这场运动中，热心的爱国学者寻找过去的民俗记录，以发现重新塑造现存、建构未来的“历史的”模式。在德国早期的民俗学家看来，自我文化中的奇异因素是文明病态的解毒剂，对于他们来说，本土历史是挖掘某种自我文化的更好、更具活力、更为真实的化身。他们对于自己时代的社会习俗缺乏本真性这一现象进行了尖锐的批评，试图寻求一种本真的文化，以取代市民的不本真的文化。这种寻求本真性的努力在赫尔德那里得到了更为清楚的表达，在赫尔德的作品中，暗含了反对城市生活方式的态度，反对在语言、行为和艺术中的做作，反对贵族的奢靡生活，他认为需要重建一种纯净的、不矫揉造作的生存状态。

赫尔德的著作唤起了其他民俗学者对民族文化本真性的探求，这在格林兄弟那里得到了最完美的体现。格林兄弟开创的民间故事搜集活动，以修复过的文本和净化过的文本，使民间故事回到民间，使这一文化遗产持续地充满活力，使之地位得以提升。格林兄弟搜集的民间故事，通过许多有力的形象，唤起了自然的隐喻，建立起了本真性的词汇。天真、纯洁以及神圣是用来描述弥漫着道德和宗教之本真性的词汇。但是，在民俗学形成初期，民俗文化的搜集记录整理实际上被学者们建构成了民族文化的历史传统及其象征。在这一建构过程中，学者们有意无意地对民间原作进行了或多或少的改编甚至再创作。

无论是18世纪60年代詹姆斯·麦克菲森出版的《莪相之歌》，还是1812年至1815年格林兄弟出版的《儿童与家庭故事集》，或是1835年出版的芬兰民族史诗《卡勒瓦拉》，这三部在民俗学史上具有重大影响的作品，其真实性都遭到人们的怀疑。后人对于可能存在的盖尔莪相诗人原始资料的详尽研究表明，麦克菲森虽然引出了苏格兰高地口头传说的真实源流，但他并没有忠实于原始资料，故事失去了其原有的悲剧性、动人之处和崇高品格，几乎失去了其原有的意义。

研究者也有证据表明，格林兄弟不仅篡改了他们声称是从农民口中直接采录的故事，而且还伪造了提供者的资料。至于《卡勒瓦拉》，民俗学者则认为这完全是一个伪民俗的典型，它对可能是或可能不是最初口头讲述的情节进行了文学修饰甚至重写。

尽管如此，传承这些口头传统的民族并不因为采录整理者的自我创造、改编甚至篡改，而否定这些民歌、故事、史诗的真实性。由于这些民族强大的浪漫主义和民族主义传统，人们相信这些口头传统的意义和价值远比口头传统的传承真相更为重要，因为这些民歌、故事、史诗已经成为民族精神的象征，对于增强民族自豪感及维护民族的身份认同具有重要的作用。关于民俗文化本身真实性问题的讨论，可以从“荷马问题”的论辩中得到说明。荷马是否存在、《荷马史诗》是否为口头诗歌等的本真性问题一直困扰着后来的人们。早在古希腊时期著名的历史学家希罗多德、修昔底德，哲学家柏拉图、亚里士多德以及后来的罗马诗人贺拉斯等，都认为《荷马史诗》的作者是荷马。但是，维科在《新科学》中提出了新的看法。他认为荷马并不存在，而是希腊说唱艺人的总代表，两部史诗并不是一人一时之作，而是希腊全体人民记忆中的历史，我们今天称为《荷马史诗》的那些作品，是由许许多多的诗人加工整理而成的，因此，荷马不是一个人，而是一群人。

到了20世纪，米尔曼·帕里和艾伯特·洛德在南斯拉夫进行了长期的史诗田野调查。他们利用南斯拉夫史诗活形态的研究结果，结合荷马问题的语文学传统，再次回答了荷马问题。他们认为，《荷马史诗》的创作者是一位口头诗人，证据就来自荷马史诗本身的程式化的表达方式。与以往的民俗学研究方法不同的是，口头程式理论从田野调查的经验出发，通过本真性问题的讨论，揭示了史诗表演过程中传统与变异之间的辩证关系。

他们指出，如果要界定“口头的”史诗，重要的不是口头表演，而是口头表演中的创作。史诗歌手的每一次表演，都是一次在继承传统基础上的自我创造，并不存在一个固定的原始文本，史诗永远都处在流动变异的状态之中，史诗歌手也从来没有认定具有固定的诗歌内容或者词语。他们认为，这就是口头传承独特的方式。口头程式理论表明，如果僵化地固执于民俗文化现象的真实性，就会忽视作为生活文化之民俗的传承变化特点。

3. 为何需要本真性

从 20 世纪中后期开始，全球化、现代化过程极大地影响了民俗文化的传承，学术界对民俗本真性的追求更多地表现在探究民俗文化本身的真实性。人们发现，与传统社会民俗现象相对稳定的传承相比，现代变迁社会中的民俗传承发生了变化，一些新的、现代化的文化元素开始渗入到传统的民俗文化之中，特别是民俗开始成为遗产，成为被欣赏、被消费之对象而重新被发明出来的时候，民俗逐渐地超越其存在的文化时空，为第三者所利用，学者开始思考变迁社会中民俗文化的真实性问题。问题的关键在于，面对变迁社会中的民俗文化，民俗学者的任务究竟是像传统民俗学那样痴迷于追溯某种习俗的原生形态，还是将民俗还原于历史状态，从地方性的视野出发考察民俗文化在不同历史时期乃至当代的发展形态？

实际上，当地方的、属于过去的民俗成为超越地方的全民族的文化遗产时，无论是学者还是大众都会普遍地怀疑遗产的真实性。因为民俗被大众约定俗成地看作是历史性的存在，而不是与具体时空相联系的、传承至今的日常生活，民俗被大众的想象定格在“过去”之中，遗产则是被不同的力量所重新发明，成为脱离了过去原生环境的不自然的文化创造。而在学术层面，便出现了兴起于德国然后蔓延到北欧以及日本等国的关于“民俗主义”的学术讨论。

当现实的遗产之真实性遭到怀疑的时候，人们便自然而然呼唤想象中的、属于过去的原生态民俗。需要追问的是：在这样一个技术复制的时代，在非物质文化遗产保护过程中，人们为什么依然执着于本真性？为什么依然沉醉于原生态的幻象之中？表面看来，这似乎是一个不证自明的问题。其实不然。这一问题同样与民俗学的学术传统（浪漫主义）密切相关，同时与全球化、现代化过程中地方文化资源所蕴含的文化、政治意义等问题有关。正是在由赫尔德建构起来的民俗学探求本真性的学术传统中，形成了民俗学浪漫主义的学术传统。

民俗学浪漫主义传统是尚古主义、浪漫主义和民族主义的奇特结合，这是民俗学影响最为深远的观念传统。可以这样说，我们关于非物质文化遗产及其生存的文化生态的诸多想象，都与这种观念传统息息相关，可以找到相互之间知识谱系的传承。民俗学的浪漫主义传统具有自己独特的修辞方式，在民俗学浪漫主义的话语中，“民”是前现代的人，过着前现代的生活，“民”被建构成为一个“本土的他者”。那些被建构为“本土的他者”的人群及其传承的文化，当其与现代都市文化相比较的时候，被人们赋予了强烈的文化差异性。

在这样一个全球化、后现代文化的时代，正是非物质文化遗产的地方性、多样性以及相对意义上的边缘性，为认识、理解、消费这些文化的人们提供了充分的想象空间，刺激了人们关于他者文化的想象，这些陌生的、奇异的文化为消费者带来了文化震撼的体验。从这一角度理解，当下诸多的“原生态歌舞”乃是挖掘地方独特的文化因素，通过与现代都市文化相比较的文化反差，运用具有差异性的文化元素，刺激着人们的消费欲望。正是这一缘故，使美国学者路易莎•沙因认为，20 世纪 80 年代以来中国旅游文化中民族少女的歌舞表演，与国内外对中国民族文化无休止的消费欲望有关。她发现，20 世纪 80 年代以后，中国民族歌舞中的他者形象大多由女性代表，将女性表现为带有落后乡村特色却又青春盎然的融合体，并加以非主流文化色彩的做法，成为屡见不鲜的表现民族他者特点的一部分。她进而指出，20世纪80年代以来的民族妇女的形象似乎是城市精英文化的对照，两者之间的差别既表明对现代性的渴望，又体现了这种“进步”常常引起的怀旧情绪。民俗学本真性追求形成的浪漫主义传统还有一个重要的方面，就是从民族古老的、尚在传承的、口传心授的非物质文化传统中，建构一个民族自我的本真形象。

无论是《卡勒瓦拉》在建构现代芬兰民族国家认同过程中的重要意义，还是《莪相之歌》为凯尔特苏格兰创造了一种本土文学以及一种新的历史，[①]或者是格林兄弟通过民间故事创造出德国的伟大民族遗产，从这些民俗学史上民俗“制造”的成功个案中，我们都可以发现当下的原生态神话之所以不断被制造的秘密所在。在一定意义上，当前的非物质文化遗产保护，是全球化过程中地方文化自觉的一种表现。在全球化的面前，地方的人们开始认识、理解本土的文化，并且意识到本土文化的重要性。按照费孝通的说法，文化自觉的意义在于生活在一定文化中的人们对自身文化有自知之明，并对文化的发展历程与未来有充分的认识。

这种非物质文化遗产保护运动中的文化自觉，在更大程度上表现为运用地方文化资源，建构地方的文化身份认同。然而，必须认识到并保持警觉的是，地方在发掘原生态文化的时候，不仅仅是在展示，同时也是在表述，是为了使他们所构想的认同能够被更大的世界所承

---

① E. 霍布斯鲍姆、T. 兰格 . 传统的发明 [M] 顾杭，庞冠群译 . 南京：译林出版社，2004：21.

认。在这一文化创造的过程中，问题的关键在于究竟是为他人生产自我，还是为自己生产自我。遗憾的是，在当下的原生态文化发掘中，更多地表现为前者。

其实，现实生活中并不存在可被看作历史活化石的民俗，只有当人们抛弃了原生态的幻象，以传承、变化、发展的眼光看待民俗的时候，成为非物质文化遗产的民俗才真正具有生生不息的活力。可以这样说，在非物质文化遗产保护的语境下，本真性诉求是一柄双刃剑。一方面，原生态神话的建构，从客观上使大众重新认识、理解自己的民族文化，增强了大众的民族文化遗产保护意识，促进了民族文化自觉；另一方面，原生态非物质文化遗产的展示，由于是从日常生活语境中剥离出来的文化展示，故不可避免地使大众对非物质文化的本真形态产生误读，这种误读对非物质文化的生存发展可能产生致命的危害。一个个为他人生产出来的文化产品，不得不持续地迎合他人对非物质文化的刻板印象，经过这种刻板印象塑造出来的歪曲形象一旦内化成为非物质文化持有者的自我认同，我们不禁要问：这样的原生态，究竟是能够促进文化的传承发展，还是新一轮破坏的开始？

由此，原生态保护的局限性投射出教育传承和发展与民间文化脱轨的问题。非物质文化遗产的原生态保护仅仅是一种迎合大众趣味的文化复制，缺乏可持续发展的原动力，要持续、健康地发展非物质文化，将非物质文化与自然、社会环境耦合运行，教育诉求是永恒的、取之不竭的、最具推动力的传承与发展路径。而现实是，从基础教育到高等教育，从家庭教育到村镇社区民俗、民规文化教育，从幼儿教育到成人教育，民俗民规及民俗文化、民族文化精神的养成都处于教育的灰色地带，文化自觉无法真正形成。

众所周知，由于我国各少数民族传统文化类型与样式差异很大，各民族群众对教育的理解和认识也各不相同。目前教育部门所谈论的普及九年制义务教育，实质上是指国家出钱出人，人民群众送子女上学的正规模式的学校教育。但是，在民族地区还有另外一种形式的社会教育，这就是长辈或平辈教育各民族的子弟，在本民族社会中获得生存的能力。这种教育不管是否得到认可和经费资助，都将继续存在下去，并一直发挥出效益来。因为这样的教育，不论是从教育内容还是从教育形式上，都与各民族的传统文化生活相契合，互相依存，教育的一切需求由各民族经济活动提供。而教育成果则为各民族社会活动提供了后备人才。因此，在文化教育中必须注意各少数民族的传统文化。只有二者相互契合，才能使民族地区的教育事业得以蓬勃发展。

三、非物质文化遗产保护与传承危机

联合国教科文组织刚启动的非物质文化遗产项目，对许多人来说都是陌生的，但世界已经开始把口传的民间非物质文化遗产保护提到一个新的历史日程上来。非物质文化遗产又称无形文化遗产，主要是指非文字的、以人类口传方式为主的、具有民族历史积淀的和广泛突出代表性的民间文化（艺术）遗产。世界习惯通过汉字来了解中国，通过四大发明来了解中国，通过王朝更迭的史籍，遗存的宫殿城址、文物珍宝来认识中国，从由文字构成的诗词以及老子、孔子、庄子和朱熹等古代圣贤精英的圣言哲语中认识中国。但世界很少通过民间去了解中国，很少通过一个农民、一个庄园以及不同地域、不同民族的习俗生活去认识中国。这种认识缺少的正是对活着的时间的理解、对活着的文化空间的理解，缺少对民间活态文化的了解。中国的乡村没有按文人的方式创造文化，而是依照自己的需求，用自己口传方式生产自己的文化。口头文化及传承下来的民间习俗生活，让我们看到了中国的非物质文化遗产极为丰富。如陕北春节习俗中的民间艺术，古老的社火、民间剪纸、民间秧歌、转九曲、燎火塔、皮影戏、做面花等都蕴含古老、深厚的文化，闪现着鲜活的生命光彩；南方的傩戏、苗族刺绣乃是一部神话“史书”；还有藏族的口传史诗《格萨尔王传》、纳西族的《东巴经》、蒙古族史诗《江格尔》中的蒙古长调、彝族的民间漆器，以及遍布全国的民间木版年画，丰富多彩的民间玩具、民间陶瓷、民间印染，满族萨满祭祀仪式等。可以说，民间、民族习俗有多丰富，民间艺术就有多丰富。民间文化积淀是超越时空的，民间文化的大树根植于民间的土壤深处，这深厚的土地滋养着生命的古老基因。以阴阳观与生命观为核心的中国本原哲学体系的原型，却作为民间文化的主体内涵，由原始社会一直延续发展至今，贯穿于由衣食住行、人生礼仪、信仰禁忌、节日风俗、文化艺术构成的全都社会生活中。中国现存的大量非物质文化遗产成为民族本源文化的“活化石”。正如联合国教科文组织指出的那样：“对于许多民族，非物质文化遗产是本民族基本的识别标志，是维系社区生存的生命线，是民族发展的源泉。”

中国非物质文化遗产的现状及其保护、整理、传承工作情况不容乐观，存在着严重的危机与困难。第一，中国作为世界非物质文化遗产大国，遗产的丰富性与消失的迅速程度，对抢救工作提出了极大的挑战。第二，整个社会（政府与公民）对非物质文化遗产认识非常不够，缺乏法律法规措施，缺乏智能资源，缺乏抢救与保护资金。第三，传承渠道不畅，原生态传承缺乏自觉，民俗流变冲击大。教育领域对非物质文化遗产缺乏重视和价值认识，和文化遗产保护、传承脱节。大学中非物质文化遗产相关学科极度缺乏，不能培养保护文化遗产所需的社会人才。第四，政府文化部门缺乏对民族文化资源整体价值的评估，文化遗产保护观念滞后，资金技术贫乏，正面主导参与乏力。第五，民俗旅游从业者对民间原生态文化价值认知肤浅，缺乏文化规划。旅游市场对民间艺术遗产的庸俗化、廉价开发，对社会造成了文化误导和原生态破坏。

四、文化生态学视野下民族非物质文化的自适应与发展

1. 非物质文化在民族生境中的适应与发展：非物质文化传承的实质

任何民族的非物质文化都有其生存的土壤，这一土壤就是该文化的民族生境。民族生境不仅包括该文化所处的自然环境，而且还包括该文化所处的社会环境，这二者的统一体才构成特定文化的民族生境。在这两者当中，随着历史的进程，其社会环境日显重要，尤其在统一的多民族国家内部，国家主导下的、各层次的跨文化社会整合在历史进程中的文化交往，给非物质文化民族生境的多变性带来了诸多的机会，但同时也带来了诸多的挑战。美国著名的人类学家斯图尔德于 20 世纪 60 年代提出了文化生态学的基本概念，他在名著《文化变迁论》一书中对传统文化的适应与发展的阐释具有指导价值。任何一个民族所处的生态环境并非纯客观的自然空间，而是经由该民族加工改造的结果。每一个民族要生存，就必须凭借其自成体系的文化，向这个有机组合体索取生存物质，寻求精神寄托，以换取自己的生存延续和发展。在这个过程中“人类用文化的手段满足他们的基本需要”，这样的生存空间既是社会的需要，又是文化的产物，它已经与社会文化紧密结合，成为该民族与社会的一个有机组成部分。这样一来，民族文化就与它所处的生态环境建立了一种耦合关系。

民族非物质文化作为文化的一种形态，不是一潭死水，而是一条流动的河流，是一个个具有自组织能力的准有机体。从其存在形式来

说，它总是依靠人际的互相交流与互相习得而不断壮大，同时又得凭借个人的世代更替与教习而得以传承和延续。从其所处外部生境来看，不管是自然背景还是社会背景，都不是刚性的实存，而仅是相对稳定的复杂体系，我们在看待非物质文化的传承与发展问题时，必须承认非物质文化具有无比顽强的调适与创新能力，它绝不是经受不住风吹雨打的纸房子。任何民族文化都必须不断地调适或自适应，才能求得自身的延续与发展，非物质文化传承的实质正在于不断地达成其与民族生境的适应，以确保该文化的稳态延续与不断壮大。而支持与保护传统文化的实质正在于，帮助该文化稳定其外部环境，确保其调适取向一贯到底，同时激活该文化的相关适应机制，使之获得在新形势下的稳态延续与发展能力。

非物质文化面对的外部环境尽管错综复杂，但就特定的时间和空间而言，足以对传统构成损害的外部冲击毕竟极为有限。只要这种外部冲击具有可持续能力，非物质文化的调适就会自行启动，并按照稳定的取向运行下去，直到与该项冲击相适应。需要强调的是，并非一切外部冲击都会损害民族非物质文化，只有同时具备如下四项特征的外部冲击，才可能导致非物质文化做出局部的适应性改变。首先，外部冲击必须具有长期稳定的持续能力；其次，这样的冲击还必须与该文化的某项传统内容正面冲突；再次，这样的冲击还必须是该种文化以往不曾有过的内容；最后，这样的外部冲击还需要具有足够的作用力。若不具备这四项特征，外部冲击就无法激活该文化的调适机制，也就不可能导致非物质文化的变异。而面对外部冲击，任何传统都会引进新的要素，同时也会按自己的传统改造引进的要素。因此，接受外来要素并不是传统的丧失，而是传统的创新。文化传统总是一个有始无终的无限延续过程，延续过程中发生局部的变异是理所当然的事情。然而，在这里隐含着一个无法回避的难题。非物质文化的调适总是立足于当前的紧迫需要，既不能通观全局、权衡得失再启动适应机制，也不能预知未来，预先做出有利的传统存废安排。因此，非物质文化的适应通常是在民族生境中做出反应，出了问题后再做新的调适即自适应。在自适应过程中，出现偏颇与失误，是文化传承中常见的事实，即时发现问题，及时调整适应办法，便是非物质文化在民族生境中的创新与发展。

有鉴于此，我们在面对民族非物质文化的传承与发展时，必须意识到，非物质文化生存和延续的实质是文化在流动中与其生境进行自适应和发展的过程。要保护非物质文化遗产就要保护其生存环境，就要保护非物质文化生存的自然生态环境和人文生态环境，也就是要保护非物质文化的民族环境。

2. 非物质文化在民族生境中适应与发展的实然与应然

目前，学术界提出对民间文化进行原生态保护，认为只有原生态的才是具有特定价值的。其实，原生态文化也是流动的。我们认为所谓“原生态文化”就是文化与所处生存环境达成耦合的文化样态，是指在民族文化中，针对所处的自然与生态背景做出成功适应的文化要素及其结构和功能的总和，这是民族文化中最稳定，又具有持续能力的构成部分，同时在现代生活中又具有较大应用的潜力。现今，很多民族地区和旅游景点都建有特色的民族村，这便是生态展览馆功能的体现。应该说，保存和保护非物质文化的陈列馆、档案馆、生态展览馆只能是小范围的示范性行为，它不能也不可能是具有文化认同的全民族、全社区的行为。毕竟，现代社会的便利交通、发达教育、高速信息和外出就业等渠道和方式，使国家之间、民族之间和村落之间的相互影响不可抗拒。其实，现在很难找到一块“世外桃源”般的地方来进行封闭式的文化保护和保存。一般来讲，具有特色民族文化的村落、社区大多经济文化发展较为落后，我们不能为了保护这个民族的特色文化而阻碍该民族进入现代化的步伐。虽然说多元文化是现代国际文化发展的一个趋势，保留民族特色文化是国家保持民族凝聚力和自强不息的精神资源。但是，现代化的历史进程和经济文化全球化的发展趋势，使得每个民族不一定都能把自己的文化一直传承下去，只有那些具有独特风格而又符合现代文化发展趋势的民族文化才可以在历史的发展进程中占有一席之地。因此，非物质文化的适应与发展不能不考虑其前提、条件和范围，非物质文化继承和发展的措施一定要切实可行。

非物质文化的自适应与发展是一个自然的过程。我们所能做到的保存、保护只是小范围的、有选择的，只是为留下文化的样式和品种而进行的人为的有限操作。传承和发展则是民族全体成员的使命，这也是发展任何民族文化时所必需做出的选择。对于置身其中的相应民族成员而言，对非物质文化在文化河流中的走向不可能首先分清是“保护”还是“传承”，抑或是“发展”，然后再去操作。而很多时候，一个民族的文化走向是在一种没有宣言、没有旗帜的不自觉的情况下营造与运行的。当然，有外部力量和政策影响的又是另一回事。在民族非物质文化的适应与发展过程中，突破人们以往对“原生态文化”理解的窠臼，从文化生态学出发，把非物质文化的保护置于流动的文化生境中，非物质文化的适应与发展便有了广阔路径。

3. 非物质文化在民族生境中传承与发展的生态模式

面对非物质文化变迁的脚步日趋加快这一事实，在非物质文化日渐处于边缘化状态的今天，我们必须要探寻出一条适合其发展的有效途径。笔者认为，解决民族非物质文化传承危机的关键，就是如何协调发展现代文明和保存传统文化之间的整合关系，并使之适应新的生存环境，与社会发展的要求相吻合，具有现实意义和时代特征。生态学反对二元对立思维模式，主张生态系统的整体性思维模式，反对机械还原论，反对只看重自然的工具价值；主张自然中每个存在物都有其存在的自我价值，借助生态学的整体、系统、联系的观念及和谐、共生的思想。非物质文化在民族生境中自适应与发展的生态过程，体现在其对民族生境中的物质环境与社会文化环境的影响、平衡及维护等方面。在此过程中，首先需要保护的是民族文化生境，只有文化生境存在，其发展的河流才会流淌不息，如下的基本对策值得关注。

一是建立非物质文化生态环境保护理念。保护民族文化，首先应该保护民族文化的生态环境。这里的文化生态环境，包括民族地区千百年来的自然山水风光、民族语言、民族风情、民族风俗、民族节日等自然要素和社会生活要素。各种要素相互联系，对民族非物质文化产生影响。所以，必须要提倡文化生态保护理念，使文化生态环境能恢复到良性状态。非物质文化遗产的文化生态保护理念应被清晰地界定为“遗产 + 地域 + 居民 + 记忆 + 公众知识”，将保护的对象扩大为文化遗产，将保护的范围扩大到文化遗产遗存的区域，并引入文化主体参与管理的方式。对于非物质文化保护所包括的物质文化元素和非物质文化元素要能正确理解，其中物质文化元素指民居、鼓楼、花桥、寨门等，而非物质文化因素则指节日、规程、习俗、技术等。保持好民族非物质文化生态环境，就是要在相关的物质文化元素和非物质文化元素组成的自在自生系统中实现民族非物质文化的自然传承。

二是构建社区文化遗产传承与发展体系。非物质文化是民族精神文化的重要标志，内含着民族特有的认知方式、性格特质和审美意识，承载着一个民族或群体的文化生命密码。社区是非物质文化的民族文化生境，与传承人水乳交融，具有良好的人力资源和区域民族资源优势，可以构建一个平民、专家、政府工作人员纵横参与的社区文化传承与创新激励机制，建立一个由民间机构、文化部门、政府组成的有序的非物质文化保护和传承体系。

三是构建大学教育的非物质文化生态发展体系。非物质文化传承既需要传承人（传统文化的持有者），更需要大批愿意学习传统文化的传习人（非物质文化的学徒）。由于生命延续和存在的周期性，要实现非物质文化传承“后继有人”，就必须关注教育，尤其是大学教育的文化传承和培养人的功能，“教育的本质是通过文化过程使文化得以在社会中遗传和再生。因此，教育是文化的社会遗传和再生机制，是文化化人的过程……高等教育应该具有文化传承的功能、文化适应的功能和文化创新的功能”。在当今高等教育日益大众化的背景下，大学教育理应成为非物质文化传承的重要方式，唯有大学教育积极参与，大学教授、学者和学生共同努力，生态性建构民族非物质文化，使其和谐地跃动在大学教育生态系统中，非物质文化适应、传承和创新的本质才能淋漓尽致地展现和实现。

大学生态系统对民族非物质文化的传承和发展可从学术环境、学科、课程、专业及教学几个纬度进行和谐建构。一是建构人文—文化、学科—学术、静态—活态、生态—人文共生的发展体系；二是在能量、信息的交流方面与社会文化生态兼容、共处、共融。

第四章　非物质文化遗产的教育价值

中国作为一个历史悠久的文明古国，是世界上非物质文化遗产最丰富的国度之一。如何利用教育来振兴和传承非物质文化遗产，并走出一条适合中国特色的发展道路，是我们应该重点研究的课题之一。非物质文化遗产和教育是两个相互联系、相互作用的方面，处理好两者的关系不仅仅对保护和传承非物质文化遗产具有重要意义，而且能促进教育作用的发挥。但是，以往对于非物质文化遗产与教育的研究，多数是强调教育对非物质文化遗产的保护和传承作用，而忽视了非物质文化遗产对教育所具有的价值功能。挖掘非物质文化遗产中所蕴含的教育价值和功能，对于弘扬我国优秀传统文化，提升青少年综合素质有着独到的作用和无可代替的意义。

非物质文化遗产的教育价值包含两方面的内容：一方面，由于非物质文化遗产本身蕴含着丰富的科学价值和审美价值，人们可以利用这些科学知识与技术、民间文艺作品去充实当今的家庭教育、学校教育、社会教育，使之成为教育内容的一部分和教育的重要知识来源；另一方面，教育是非物质文化遗产保护、传承的一条重要途径。陈至立在参观首届“非物质文化遗产保护发展成果展”时，以泉州提线木偶为例指出，各地要重视把具有鲜明特色的非物质文化遗产项目制作表演作为乡土教材，引入学校教学，不仅可以培养学生动手动脑的能力，提高学生的艺术素养，而且可以增强学生对非物质文化遗产的保护意识和民族情感。所以说，非物质文化遗产作为文化遗产和资源进入学校教育是十分迫切和必要的。

一、民族认同和爱国主义情怀的教育价值

许慎在《说文解字•第十五下》中说道："方以类聚，物以群分。同条牵属，共理相贯。杂而不越，据形系联。"同一民族的人之间存在着一种族属亲近感、文化认同感。费孝通先生将其解释为"民族认同感"或"民族自觉的认同意识"。①民族认同感是一种群体性的心理特质，这种民族认同心理是客观存在的，它是民族凝聚力的重要体现，是民族文化得以传承、发展的重要动因。

"西化"的思潮影响了当今无数的大学生，无论是消费观念、思想道德观念，还是文化教育理念，处处散发着西化的气息，此种西化潮流的味道弥漫着整个大学校园，而我们民族的传统美德应被置于何地呢？呼吁"反西化"思想，提倡非主流文化意识在当今社会已是必需。综观当代大学生课程设置，其中多门学科涉及西方文化，教材中的西方文化知识仍占有较大的比例，而本民族的、传统的文化却相对较少。

非物质文化遗产含有多种本民族的、本土的优秀传统文化知识，保留了丰富的前人文化记忆，属于珍贵的学习资源，将其文化知识纳入大学课程体系，编入大学学校教材，使当代大学生学习本国、本民族的特色文化，深刻认识民族特色文化的由来及发展历程，透视先人遗留文化，了解先人高超技艺，增强大学生对祖先的崇敬感，提升大学生对祖国的热爱之情，培育大学生的民族自信心，使其意识到祖国的强大文化力量并非其他国家能媲美的。

①费孝通．简述我的民族研究经历和思考［J］．北京大学学报（哲学社会科学版），1997（2）．

二、伦理道德教育价值

道德与生活相联系。伦理道德规范往往通过生活细节表现出来，并在生活中对人进行着伦理道德教育。节日中的伦理道德教育也有这个特点，即教育与生活紧密相连，人们在节日中自觉或不自觉地接受着有关伦理道德的教育。在中国，习俗习惯是民俗的法约表现，是国家法律的基础和补充，国家的统治管理需要有效地运用民俗的力量。节日民俗是整个民俗中的一个重要组成部分，当然也拥有其独特的道德教化力量。党中央制定的《公民道德建设实施纲要》中就指出："各种重要节日、纪念日，蕴藏着宝贵的道德教育资源。"

传统文化属于精神文化食粮，其丰富的多元文化价值对大学生人文素质修养有着潜移默化的影响；其历史价值印证着不同历史时期的社会结构、道德观念和思想禁忌，仿佛一幕幕的历史剧再次上演，供大学生观看；审美价值展现着某个民俗或群体艺术和美的特点，服饰和手工体现了不同的群体的不同审美观；文化价值蕴含着该民俗和群体的独特的思维方式，大学生可对其思维方式进行辩证，探索其与现代人思维的异同。与此同时，大学生能深深觉察到，那种"名牌服饰""攀比消费""追随潮流"的思想并非高品位，摒弃了民俗文化即是丢弃了民俗文化的根，一切"花丛"由根而起。之前的那种认为传统文化是"土"的思想，也将发生转变。对传统文化的审美观重新建立，重新认识本民族文化真谛，提升民族文化的地位。[①]

---

①李艳哲.河北高校非物质文化遗产艺术课程设置研究［D］.石家庄：河北师范大学，2011.

三、知识与智慧教育价值

非物质文化遗产不仅承载着展示本民族历史文化的重要责任，还承载着先辈知识和智慧的结晶。非物质文化遗产展现了中华祖先的勤劳和智慧，能激发学生为祖国、为人民努力学习、积极进取的热情，使学生树立正确的人生观、价值观、荣辱观，积极传承中华文明。

五光十色、浩如烟海的中华传统手工艺制品，经过了岁月的洗涤，依然美轮美奂，熠熠生辉。精美的中华瓷器被西方称为“china”，让世界叹为观止，击节称妙。它们彰显着我们祖先的勤劳与智慧，让中华儿女在为先辈们的聪明才智备感自豪和荣耀的同时，感悟出劳动的价值，树立“以辛勤劳动为荣”的价值观、荣辱观。

无论是综合院校，还是专业学校或者是职业学院等都纷纷在一些艺术课堂上开设有相关的课程，还有很多学校专门在院系中开设工作室，并且邀请一些非物质文化遗产传承人担任讲师来给学生授课，参与设计创作等，甚至还有很多的中小学都开设了劳动实践课、兴趣班，让学生们去学习一些传统手工艺，参与实践创作，培养他们对于传统文化的兴趣爱好。不管是在课堂上直接讲授与非物质文化遗产相关知识，还是在设计创作中采用一些非物质文化遗产工艺技术，都是非物质文化遗产在学校教育中的表现。

除了学校教育以外，非物质文化遗产在社会教育中也有一席之地。如有很多非物质文化遗产传承人招收专业的徒弟来学习非物质文化遗产技术，并以此为业；在一些设计公司、手工艺行业，很多从业人员终生从事于此，不断学习、不断创新；现在很多的自媒体都会对一些手工艺的制作过程、知识体系进行传播等，人们会对此感兴趣，或是学习到一些技艺、知识等，这些都是技艺和知识传授的过程，非物质文化遗产的知识与智慧教育价值也就伴随着这一过程得以体现。

四、个性教育价值

1. 培育创新精神的教育价值

“创新是一个国家兴旺发达的不竭动力。”特别是在人类社会已步入一个各种创新不断涌现的知识经济时代的今天，一个国家创新能力的高低、创新精神的强弱成为民族兴旺、国家富强的关键因素。文化创新是一个民族文化活力的标志，一个民族的文化是否具有创新能力，决定了它所造就社会的兴衰和国家的强弱。

第一，非物质文化遗产本身蕴含的创新精神激发着人们的创新理念。在当前，随着社会的快速发展，人们的生产生活方式发生了巨大的改变，同时，非物质文化遗产赖以生存的文化生态环境也在迅速变化，面临严峻的挑战，因此，对非物质文化遗产的保护必须采取有效措施，全方位和整体性地保护传统文化及其赖以生存的土壤。面对这些新情况和新问题，我们需要在保护和传承非物质文化遗产的进程中打破原有的模式，进行创新。创新需要积极探索，也需要有深厚的文化积累。非物质文化遗产既是古文明的结晶，又是对现代文明的结合和创新，华夏丰厚的文化积淀为我们非物质文化的创新提供了不竭的源泉。例如，韩溪先生曾说，评剧发展离不开求新求变，创新成为评剧的生命之本、生存之道。还有不拘泥、不死板、能博采众长的京剧、梆子、皮影、大鼓等从起步就是走创新的路线，展现出了开放的胸怀。把创新放在第一位，使其具有很强的生命力。所以，闪耀着与时俱进、革故鼎新思想的非物质文化遗产是劳动人民在活跃期生产生活实践中集体创造并传承下来的，这笔宝贵精神财富有助于青少年扩大知识面，拓宽视野，激发创新意识，为青少年创新精神的开发和培养打下了坚实的文化基础。

新思维与创新能力的培养和开发都必须有博大的知识做基础。这种基础只靠专业教育是难以形成的，而具有丰富资源的非物质文化遗产给我们提供了广阔的天地和土壤。我们必须不断地在非物质文化遗产的保护和继承中，积极探索以培养和开发青少年创新精神和实践能力为目标的人才培养模式，加快创新人才的培养步伐。我们在对非物质文化遗产中那些既能显示民族文化特色，又有经济开发价值的非物质文化遗产所进行的创新性开发，不仅能利用传统艺术与文化资源创造经济价值，打造文化品牌，更重要的是激发了这些文化遗产的内在活力和创造力。特别是我们在非物质文化遗产创新实践中，让人们尤其是青少年参与其中，令他们感受到创新的重要性，使这些活动为创新理念和思想的形成与培养提供了丰富的土壤和切实的保障，这样的历史证明，创新活跃的国家就能兴旺发达；而创新乏力、囿于固有经验和传统思维的国家，则难以持续繁荣和长远发展。

2. 提升意志品质的教育价值

在中国古代社会中，属于精神成果的非物质文化保持了质的千年延续不变与量的永恒积累叠加。非物质文化遗产是中华民族在几千年的历史长河中形成的优秀的文化结晶，其本身就蕴含着中华民族固有的精神实质，即坚强不屈、勇往直前的品质。非物质文化遗产中蕴含的这种精神在保护和传承中必然会影响现代人的意志品质。非物质文化遗产教育能使学习由被动转为主动，由不自觉转为自觉，良好的意志品质也会随之悄然形成，像春风春雨润泽下的百草，焕发出盎然生机。所以，在人们心中播下非物质文化遗产保护和传承的种子，传承的不仅仅是民间文化的样式，更重要的是传递了传统文化的精神，为人的全面发展提供了一个空间。

第一，保护和传承非物质文化遗产，鼓励人们产生锻炼坚强意志品质的意愿。具有丰富内涵的非物质文化遗产折射出的拼搏进取、坚强不屈的中华民族的人文精神，激励着人们对和谐社会建设自发地产生责任感与使命感。社会主义现代化的建设需要来自每一个公民内心的坚强意志品质，只有让人们特别是青少年自觉寻找和挖掘自己在社会主义现代化建设中的责任和义务，现代化的目标才能更好更快地实现。非物质文化所蕴含的教育功能为我们指引了正确的方向并提供了科学的方法。非物质文化遗产最大的特点是由民族特殊的生活生产方式形成的一种文化，植根于民间生活，是民族优秀品质的具体体现。非物质文化遗产中的一些传统的工艺过程可以帮助人们培养出坚强意志。比如，泥人制作、雕刻等工艺不是一朝一夕就可以完成的，需要长久的操作，在不断的努力下，一步一步地精雕细琢才能形成一件完美的作品。这些都能激发和培养锻炼坚强意志品质的意愿。

第二，保护和传承非物质文化遗产能为人们坚强意志品质的形成提供实践基础。“意志是在实践活动中逐渐发展起来的，是同克服一定的困难联系着的。”人们的意志品质具有不稳定性，需要经过不断的实践、反复的学习与培养才能持久稳定，非物质文化遗产本身具有的特性为其提供了具体的实践形式与机会。例如人们在现实中可以参与其中的动手和动脑相结合的剪纸，动手不仅能提高人们动手的技能，促使人们手脑协调，更重要的是剪纸过程是人们意志锻炼的过程，剪纸作品的最终完成，需要人们有恒心、耐心和毅力，一气呵成，不能半途而废。因此可以得出这样的结论，体验非物质文化遗产中的传统手工技能，不仅提高了人们对于传承和保护非物质文化遗产的积极性，也磨炼了人们的意志品质，发挥了非物质文化遗产中所固有的提升意志品质的教育价值功能。

总之，我们必须从单纯的应试教育中走出来，突破传统的教学计划模式的框架，把大力弘扬优秀传统文化，特别是具有丰富资源的非物质文化遗产作为教育教学改革的一个重要发展方向，充分挖掘和透视其蕴含的教育价值功能，实现素质教育和以中华优秀传统教育为核心的人文教育的有机融合。我们应充分发挥非物质文化遗产在人才培养、信息传播和知识创新等方面的优势，勇于担当起时代所赋予的非物质文化遗产教育的义务和责任，实现二者的最佳结合。

五、审美教育价值

非物质文化遗产所蕴含的文化之美是五彩斑斓的，无论是音乐、美术、舞蹈、戏剧，还是有关的工具、实物、工艺品和文化场所，都渗透着中华儿女对美的向往、追求、渴望和热爱，体现出独特的美的意趣和境界的最佳结合，给人以美的享受和心灵的震撼，对人们特别是青少年具有重要的审美教育意义。

第一，通过对非物质文化遗产形式和技巧的理解，提升人们的审美能力。在中国5000年文明的发展进程中，非物质文化遗产积累了大最丰富多样的艺术表现手法和表现形式，具有很强的可操作性。这些形式和技巧表现出中华民族特有的精神价值和文化意识，是民族文化的重要组成部分。每一项非物质文化遗产的作品都可以用“精美绝伦、绚丽多彩”来形容，表现出不同形式的美。如京剧的雍容华美，秦腔的悲怆，黄梅戏的甜美，越剧的婉约，川剧的热烈，腰鼓的奔放，江南丝竹的柔美、温润，蒙古长调的粗犷、豪放，景泰蓝的浓墨重彩，景德瓷的淡雅，这些都是美的体现。因此，对于非物质文化遗产蕴含的审美教育价值的挖掘既能开启人们的心智，陶冶人们的情操，更能提高人们的审美能力，培养人们传承和保护非物质文化遗产的意识。也就是说，只有通过审美教育，培养公众对于美的事物的爱慕与崇敬，才能希望人们对传统艺术做出理性选择；反过来，在选择的过程中也提升了人们的审美能力。

第二，通过对非物质文化遗产内容和表达主题的理解提升人们的审美能力。非物质文化遗产充满了一个民族深厚的文化底蕴，它是一个民族的精神之根，是一个民族的灵魂和活力之源。每一项非物质文化遗产都是劳动人民在现实生活中形成的一种对美好生活的描绘和追求。这种向往和追求的精神实质就表现在它的具体内容和表达的主题上。例如，扬州玉雕将阴线刻、深浅浮雕、立体圆雕和镂空雕等多种技法融为一体，形成浑厚、圆润、儒雅、灵秀、精巧的特点，具有秀丽典雅、玲珑剔透的艺术风格。每一项非物质文化遗产都是集审美与创造于一身的艺术成果，充分体现了作者对美好生活的向往。非物质文化遗产审美教育价值的发挥，不仅使人们了解到非物质文化遗产的风格、形式、体裁、题材，扩大了其艺术修养的视野，而且通过寓教于乐的艺术活动，激发了人们对非物质文化遗产的兴趣和初步感受意境美、形式美的能力，极大地开阔了审美视野，拓宽了审美认知领域。

六、和谐教育价值

“团结、和谐”是我国民族文化的核心精神和理念。我国是一个有着56个民族的统一的多民族国家，少数民族有1亿多人口，民族自治地方占国土面积的64%。这一基本国情决定了民族问题始终是我们建设中国特色社会主义必须处理好的一个重大问题，民族工作始终是关系党和人民事业发展全局的一项重大工作，正确处理民族关系，始终是我们能够经受各种困难和风险考验、不断胜利前进的重要保证。

对此，党章总纲明确规定，“中国共产党维护和发展平等团结互助和谐的社会主义民族关系”。我们要深刻领会、认真贯彻这一要求。

第一，坚持各民族一律平等。在漫长的历史进程中，我国各民族共同开发了祖国的锦绣河山、广袤疆域，共同创造了悠久的中国历史、灿烂的中华文化。我国历史演进的这个特点造就了我国各民族在分布上的交错杂居、文化上的兼收并蓄、经济上的相互依存、情感上的相互亲近，形成了你中有我、我中有你，谁也离不开谁的多元一体格局。中华民族和各民族的关系，是一个大家庭和家庭成员的关系；各民族的关系，是一个大家庭里不同成员的关系。我国社会主义制度的建立，彻底铲除了民族压迫的根源，各民族在政治上和法律上是完全平等的，各族人民共同当家作主。要坚持和完善人民代表大会制度、政治协商制度、民族区域自治制度，开辟更加丰富、更加广泛、更加便捷的民主参与渠道，大力培养、选拔少数民族干部，保障各族人民共同管理国家事务和社会事务、共同管理经济和文化事业，保障少数民族区域自治权益。

第二，坚持民族团结。这是我国各族人民的生命线。做好民族工作，最关键的是搞好民族团结。要正确认识我国民族关系的主流，多看民族团结的光明面。善于团结群众，全社会一起做交流、培养、融洽感情的工作。加强各民族交往交流交融，尊重差异，包容多样，让各民族在中华民族大家庭中手足相亲、守望相助。创新载体和方式，引导各族群众牢固树立正确的祖国观、历史观、民族观。用法律来保障民族团结，增强各族群众法律意识。坚决反对大汉族主义和狭隘民族主义，自觉维护国家最高利益和民族团结大局。

第三，坚持共同繁荣发展。新中国成立以来，少数民族和民族地区得到了很大发展，但一些民族地区群众困难多，同全国一道实现全面建成小康社会目标难度较大，必须加快发展，实现跨越式发展。

要发挥好中央、发达地区、民族地区三个积极性，对边疆地区、贫困地区、生态保护区实行差别化的区域政策，优化转移支付和对口支援体制机制，把政策动力和内生潜力有机结合起来。发挥民族地区特殊优势，大力发展特色优势产业，增强民族地区自我发展能力，释放发展潜力。紧扣民生抓发展，重点抓好就业和教育，促进公平正义。加强基础设施、扶贫开发、城镇化和生态建设，不断释放民族地区发展潜力。

第四，坚持建设各民族共有精神家园。加强中华民族大团结，长远和根本的是增强文化认同，建设各民族共有精神家园，积极培养中华民族共同体意识。

非物质文化遗产的和谐之美就是中华民族心灵之美、智慧之美、文明之美的集中体现。非物质文化遗产的“和谐美”所昭示出的善良礼让、和睦相处、团结友爱、平等互助、同心同德的民族品质与民族精神等深层次的精神文化内涵以及传统而又超前的生存观、发展观，与我国在新世纪提出的以人为本、全面协调可持续发展的科学发展观，构建社会主义和谐社会的目标不谋而合，充分体现了中华民族人民的伟大与聪明才智。

七、历史教育价值

人类社会发展的历程，同时也是人的生命质量不断提升的历程。历史文化与人的发展之间的这种内在关系决定了古村落文化的历史教育价值。走进古村落，随处可见的传统建筑、文物古迹，以及旧时的生活用品和生产工具，引领现代人置身于千百年前的文化空间：儒雅的官宅展现了入仕文人衣锦还乡的风光，宏伟的商宅尽显商帮的成功与雄厚的财力，白墙黑瓦的小家民居留下了“晴耕”的忙碌和“雨读”的平和。每件文物、每处古迹都在叙说着历史的故事。它们是古代社会政治、经济、日常生活方式的剪影。传统建筑和古迹同时也折射出特定历史时期人与社会的关系。主次分明的人居空间体现着儒家长幼有序的伦理观念；坐落在村落中心的最大建筑体——祠堂是宗族文化的象征，体现着“家国”主流文化的意志；鳞次栉比的牌坊不仅是宗族的荣誉，也是引领、强化主流文化，教育族人的重要手段。以现代社会的价值取向评判古村落历史文化，曾经代表了先进文明的宗族文化及儒家伦理观念，就其性质而言已经失去了社会存在的基础。但是，我们也看到，正因为历史有选择地保留了传统文化那些积极的内容，今天的社会才有了我们为之骄傲的民族文化或地域文化。这其中无疑涉及了古村落文化的历史变迁过程，对变迁历程的认识则必然涉及历史方法论的问题。正是这些赋予了古村落独具魅力的历史教育价值。

第五章　传承文化是大学的使命

一、大学的文化特性

大学是具有独特文化特性的组织，它的文化特性主要体现为学术性、开放性、人文性以及民族性。基于这些特性，大学文化便具有了精神品性的引领功能、价值观的导向功能、理想人格的范型定位功能、“教与学场域”的营造功能。

大学文化及其建设问题，已受到普遍重视，但大学文化的建设并不是简单地制定出几项制度、随意进行几项活动、举办几次讲座等就能够取得成功的，因为大学文化有着自身的特性和功能，如果不在思想认识上厘清大学文化的特性及功能，在实践中就可能出现想当然的或“跃进式”的盲目，反而消融了大学文化建设的目的和功用。所以，大学要建设具有自身特性的文化，应首先厘清大学文化的特性和功能。

所谓大学文化的特性，是指大学文化自身所具有的、区别于其他社会组织文化的特别显著的征象或标示。

1. 大学文化是一种崇尚学术精神的文化，体现了大学文化的理性品格

“崇尚学术”既是大学的一种传统的精神文化，也是现代大学所倡导的一种理性品格。从“崇尚学术”的传统精神文化来讲，在中世纪，大学还只是由知识分子组成的“社团行会”组织，能够使学者联系在一起的，就是以“知识”为纽带，以“崇尚学术”的精神文化来“追求知识、发展智慧”。这一传统的精神文化成为大学核心的、不可或

缺的文化精神和品格。正如赫钦斯所言："任何社会都应有大学这样的机构，其目的是对社会的最令人困扰的问题进行尽可能深刻的思考，甚至思考那些无法想象的问题。"[①]换言之，社会需要大学对人类社会中遇到的问题进行理性的学术探究，发挥其理性思考的功能。所以，大学"崇尚学术"的传统精神文化，拒绝一切思想观念的禁锢与束缚，始终强调独立人格、独立思考、独立判断，要求在自由的氛围中进行学术的理性思考和研究，在开放的环境中实现科学的创新和发展。因此，大学"崇尚学术"的文化精神就需要不断批判和超越他人和自我，也体现出一种强烈的批判精神。

2. 大学文化是一种开放的文化，体现了大学"海纳百川"的气度和品性

大学是一个开放的文化体系，与其存在的文化环境时刻进行着物质的、信息的和能量的交流与交换，不断吸收和体现着社会文化的变化。因此，大学文化具有开放性。

从大学文化的存在环境来看，当今文化的显著特征是多元化。传统与现代、东方与西方、本土与外来文化正在相互冲撞与融合，不仅使得意识形态领域的渗透与争夺更加深刻，而且使得现代文化在多元文化的相互冲撞和融合中呈现出勃勃生机。面对这一社会性的文化环境，如果大学采取规避或远离的而不是开放的态度，那么大学文化也就失去了进一步发展的生命力。而且，随着知识经济和学习化社会的到来，大学已从社会发展的边缘走进社会发展的中心，所以，当今的大学不可能是封闭的"象牙塔"，大学需要广泛吸纳社会文化，才能使大学富有生机和

①布鲁贝克著．王承绪等译．高等教育哲学［M］．杭州：浙江教育出版社，1987.

达成现代大学之于社会发展的历史使命；随着高科技的迅猛发展，一个数字化、智能化、网络化和国际化的时代正在形成，大学必须具有开放的世界视野和胸襟，吸收、借鉴和使用世界先进文化的优秀成果，以培养和造就具有国际视野的高素质人才。当然，大学文化的开放性，必然造成不同文化的交流和冲击，必然使大学文化出现多元性和多样化。但也正是由于大学文化的开放性，才能够使大学文化在相互冲突和交流并不断融合中获得新的力量和发展的空间，大学文化也才能够拥有着不竭的和可利用的文化资本。例如，四川大学校训“海纳百川，有容乃大”，这是一种气魄，一种品性，一种现代大学必需的文化性格。

3. 大学文化是一种追求理想和人生抱负的文化，体现了大学文化的人文品性

“追求理想、实现人生抱负”，既体现出大学文化的属人特性，又突显出大学文化的人文关怀的人文品性。大学传承知识和创造知识的终极目的，是推动人类的文明进步，是为了使人能够得到真正意义上的全面发展，使人类美好的信念和情感得到充分的张扬。一言以蔽之，是为了满足人类永恒的需要。大学文化总是把人类的未来作为自己的建设对象，充满了对人类命运的终极关怀，充满了对自己民族、对社会、对整个世界的责任意识和使命意识。与普通的商业文化、时尚文化、消费文化等相比较，大学文化所凸显的是执着的价值追求，坚定的理想信念，崇高的神圣使命。这都是大学文化人文特性的反映。

4. 大学文化具有鲜明的民族个性，体现了大学文化的民族精神和性格

可以说，大学文化的民族性，是大学存在和发展的根基，也是大学获得合法性地位的前提。除殖民地外，没有一个国家的大学不使用

本民族的语言，不传播本民族的文化，不开设本民族的历史课程，不让学生了解和体味本民族文化的价值和神圣。从这一意义上讲，大学文化的民族性，是大学的灵魂。

大学文化的民族性并不意味着排斥外来的异质文化或其他民族的优秀文化，而是为世界不同民族的文化汇聚提供一个立体性的平台，不仅让学生了解本民族的文化精神和性格，增强本民族的自信心和自豪感，而且也要让学生了解其他民族优良的文化传统。因此，大学文化不仅要继承、吸收本民族的传统文化，更要创建民族的、大众的、时代的文化。

二、大学文化的功能

大学文化是“大学人”在长期的以“知识”为基础而展开的学术活动、管理活动以及服务活动中创造的。但当大学文化被“大学人”创造出来后，便成为独立于“大学人”的精神力量，反过来制约和影响着“大学人”的存在和发展。因此说，“大学文化”与“大学人”之间是一种双向建构的功能关系。

1. 精神品性的引领功能

大学文化在本质上是一种精神文化，笔者在前文总结大学文化的特性时所析出的大学文化的精神和品性，在大学这一特定的社会组织中营造了一种“大学人”的“精神场”。这一“大学人”的“精神场”，在学生形成“大学人”应具有的精神品性方面起着引领作用。因为大学文化所营造的“大学人”的“精神场”具有可感性和体验性，也正是这种可感性和体验性，使得学生在日常的学习和生活中被感染，并不知不觉地习染着这种文化精神。另外，大学文化也具有生动而具体的“榜样示范性”或“范式引领性”，特别是在学者身上所展现的学术精神、伦理规范、行为准则、理想追求等。同时，学生都往往有着“向师性”的心理倾向，这是大学文化所表征出的“大学人”的“精神场”能够影响和制约学生发展的基本心理机制。所以，正是大学文化所具有的共享的“榜样示范性”或“范式引领性”与学生所具有的“向师性”的心理倾向的内在切合，才使大学文化被学生所接受并使学生产生着有意或无意的认同和在行为上的模仿，因而大学文化所体现出的“大学人”的文化精神及品性能够在学生身上形成并展现。

简要地说，学生在大学的学习和生活中，能形成什么样的精神品性和展现着什么样的精神状态，都深受大学文化的影响和引领。如北京大学，它所具有的“学术自由、兼容并包”的文化精神，就极大地影响并引领着北大学子的精神面貌和品质，充分印证了大学文化之于学生精神品质的引领功能。

2. 价值观的导向功能

大学文化其本质是一个建构、追求并实现价值的过程，由此而形成的价值体系是大学文化的核心。首先，大学文化具有价值选择的功能，也可以说，大学文化所表征出的价值体系，是经过“大学人”的价值选择而确定的，反映了所选择的价值体系的历史性、时代性、社会性以及个体需要性。从这一意义上讲，大学文化的选择性功能本身就具有价值观的导向性。其次，大学文化又体现着大学人的价值追求和价值实现，因为大学文化在本质上表征“大学人”的建构意义、追求和实现价值的过程，而这一过程本身就是一种价值导向。最后，大学文化中的价值观念体系，倾注了“大学人”对生活目标和人生价值的探求，营造着大学校园的价值品位，具有现实性、可感性和体验性。

大学生在接受大学教育阶段所形成并在行为上展现出的价值观，在很大程度上是大学文化的价值导向功能所致。大学生的价值观形成问题，特别是在价值多元的当今时代，不仅是我国大学教育极其关注的问题，同时国外如美国、日本等的大学，也非常重视大学生的价值观形成问题。像美国的著名大学，不仅从课程设置上开设人文社会科学教育方面的课程，来加强大学生的价值观教育，而且在大学文化的营造方面，也越来越关注大学文化对大学生价值观的导向性功能。

3. 理想人格的范型定位功能

所谓“理想人格的范型定位”，简要地讲是指把理想人格定位于某种范型或形态上。大学文化所体现出的精神和品性，不仅体现出“大学人”的精神面貌、价值追求，同时也形成或构建了“大学人”的理想人格“范型”。这首先是因为虽然大学文化是“大学人”精神和品性展现的一种方式和途径，但大学文化所展现出的“大学人”的精神和品性是“大学人”不同类型精神和品性的文化整合，如“大学人”自由自觉和严谨治学的学术精神以及是非标准等，这些方面的整合就凸现出大学文化所具有的定位性的理想人格范型。其次，大学文化所体现出的精神和品性，也是“大学人”主体性文化心理的展现。如“大学人”的智力结构、伦理意识、审美情趣等，这些方面在“大学人”的长期生活中积聚或积淀成为“大学人”的稳定的心理结构，使“大学人”精神和品性以范型定位的形态展现出来。大学阶段正是大学生充满理想、追求人生价值和完善人格的关键时期，也可以说，大学生在接受大学教育阶段形成什么样的人格，不仅直接关系着大学生对世界、社会及人生意义的观点和态度，而且直接影响着大学生选择和确立现实行为的规范和方式。而在大学生理想人格的形成过程中，榜样的示范、引领或导向具有关键意义，特别是大学生在生活中对自己所欣赏或心仪的理想人格的范型，对大学生人格的完善有着内在的吸引力或牵引力。从这一机制上讲，大学文化具有“理想人格范型定位”的功能作用，对大学生形成“理想人格”有着“范型定位”的功能意义和价值。

4.“教与学场域”的营造功能

大学文化是“大学人”在大学这一特殊的“教与学场域”中形成的，它与“大学人”“教与学场域”发生着双向建构的互动关系，也就是说，“大学人”在“教与学场域”构建和营造“大学文化”，而大学文化又反过来构建和营造着“大学人”的这一“教与学场域”，因此，大学文化构建和营造“教与学场域”是大学文化的内在功能。

从发生学的角度讲，大学文化的本体就是“教师”和“学生”在“教与学场域”中所发生的“教与学”的双向互动和相互构建，因此，大学文化在其本质上是对“教师”与“学生”在“教与学场域”中的双向互动及相互构建的观念化或精神化，是对“教师”与“学生”在“教与学场域”中的双向互动及相互构建活动过程中所产生并形成的信念、态度、价值追求、学术精神以及行为方式和规范等的表征及整合。所以说，建构和营造“大学人”的“教与学场域”是大学文化的内在功能。

如果从大学文化的不同类型角度讲，大学文化也具有构建和营造“大学人”的“教与学场域”的功能性。“大学人”在“教与学场域”所展开的“教与学”的双向互动，实质上形成着两种类型的大学文化：一是“教什么”和“如何教”形成着“教的文化”或“教师文化”；二是“学什么”和“如何学”又形成着“学的文化”。两者既具有相互规定性，同时又具有各自的内在规定性，而“教的文化”和“学的文化”一旦形成，又反过来影响和制约着“教的活动”和“学的活动”，从文化意义上构建和营造着“教与学场域”。所以，构建和营造“教与学场域”是大学文化的内在功能。

三、对文化负责：大学的文化理性和使命

1. 大学的文化理性

何谓大学的文化理性？大学的文化理性即大学的文化自识、文化自律、文化自觉。1936 年，哈佛大学中国同学会在母校建校三百周年的一块纪念碑的碑文中这样写道：文化为国家之命脉，国家之所以兴，由于文化。国家如此，大学更是如此。文化是大学区别于其他社会组织的身份，是大学的灵魂。如果缺乏有生命活力的文化支撑，大学就只有外壳而无灵魂。没有灵魂的大学也就不再是大学。大学文化有什么作用？它使大学及其成员有历史感、使命感和责任感，明白自身角色的意义，并懂得如何扮好角色。遗憾的是，如果用大学文化本位的视角反思大学，我们不得不承认，除了如北大、清华等历史名校外，有些大学真的缺乏那种让人感动、激越、震撼的大学文化。

为什么要强调大学的文化理性？其一，大学本身就负有传承和创造人类文化的责任，是具有强烈的文化组织属性和特征的社会组织。大学的历史恒久性就在于大学一直在以创造文化、传播文化满足着人们永恒的需要，并以通过文化影响和改造社会为己任。其二，教育是最充分、最有效的培养人的力量，而大学内在的、不可替代的教育力量就是它的文化影响。感受过历史名校浓郁文化氛围的人无不赞同，对学生真正有价值的东西，是这些学校周围的文化生活和环境。大学文化的价值就在于把具有强制性特征的教育外化为虽带有教育意图但以学生自我教育的形式完成的大学环境，从而达到“不教之教”惠泽青年的教育效果。其三，大学既是青年人追求真理的知识殿堂，又是青年人涵养精神的文化“教堂”，大学不仅传播科学知识和真理，而且灌输文化精神和信仰。

《易经·系辞》曰：形而上者谓之道，形而下者谓之器。所谓形而下，是指物质世界、物理环境，即有形有相之物。就大学而言，大楼是什么？器也。大学之形而上即文化也。一所大学如果长期在形器物层面上务实，而在文化层面务虚，仅有现代的大楼而没有大学文化应有的浸润，这样的大学不免浅薄，既不可能担负起培植科学民主道德精神的使命，也不可能远离与学术追求、人才培养格格不入的急功近利和浮华喧嚣，从而接近它原本应有的崇真、向善、求美、务实的目标，没有文化的滋润，大学就不会安于育人的本分，并注重育人的质量。

文化理性的重要，还迫使我们不得不反思一些大学对市场利益和政治利益过于追求而漠视文化建设的倾向。现在有些大学在比什么？比谁的学校规模大、校园面积大，比谁的大楼豪华气派，比谁招收的学生数量多，比谁的大学热闹。这反映出大学在价值文化选择上的严重问题。大学需要发展，学生数量也必须增加，但那只是大学发展的手段而非大学的终极目标。若大学都热衷于迎合社会，重权势轻气节，重物质轻精神，重操作轻思想，重外形轻内涵，重现实轻历史，重眼前轻未来，大学就会因为过于功利而失去文化的厚重，不堪为社会的文化旗帜。大学的成长成熟，取决于大学内在文化精神的培养和成熟，而非取决于抓住外部社会的机遇并运用之。大学必须有认识和坚持自己使命的文化自识和文化自律。只有这样大学才会有文化自觉，有文化自觉的大学才能自觉坚持大学的本分和本质，才能觉己而后觉他，才能成为社会人文精神和道德的榜样。教育家顾明远先生有段话发人深省：一般的大学尽管房子盖得非常漂亮，硬件非常好，但总让人觉得大学里的气氛缺少了一种什么东西。这种东西就是文化的气氛。笔者认为不少大学尤其是一些大学新区缺少的正是大学应有的文化气息，因此难掩其文化苍白之态。其实我们知道，许多世界名校，并没有宏伟壮丽的大门，也没有集中的现代建筑，甚至没有硕大的草坪，不少大学的学院分散在整个城市内，然而一旦走进他们的院落或大楼，无不能感受到一种唯学府特有的那种知识殿堂的庄严、严肃和凝重。如顾明远先生所说，那里的每一根廊柱，每一座雕像，每一张布告，都彰显出它的历史积淀、它的身份。这就是大学的文化。大学的境界是在自身的历史和文化中产生和达到的，这就是文化的魅力。

在2004年世界工程师大会召开期间，来自中国、英国、美国、法国和韩国的工程院院长在工程师应具有人文背景的问题上达成了高度一致的共识。时任中国工程院徐匡迪院长指出，对工程师的责任要有新的理解，过去认为工程的任务就是不断创新技术，不断提高生产效率，但为了更好地理解工程与社会、历史、文化的内涵，工程师同时还应具备人文素养。英国皇家工程院院长布鲁斯爵士认为，工程师既能改造世界，亦能破坏环境，让工程师了解人文学科尤其是历史学，具有以史为鉴的现实价值。随着可持续发展要求的提出，工程师不仅需要追求效率，还必须担负起对社会和人类未来的责任。文化，也只有文化才能担负起各行各业人才培养的社会使命及人类精神的培养责任。

2. 大学是社会的道德榜样和先进文化的推行者

要把发展社会主义先进文化放到十分突出的位置，充分发挥文化启迪思想、陶冶情操、传授知识、鼓舞人心的积极作用，努力培育有理想、有道德、有文化、有纪律的社会主义公民。这段话特别强调文化对社会文明、对人具有的重要作用。“大上有立德，其次有立功，其次有立言。虽久不废，此之谓不朽。”这是《左传》对“不朽”的解说。大学本质上担负的是探索真理和传播知识，亦即“立言”的责任，并通过“立言”服务社会和国家，从而履行“立功”的使命。大学何以能“虽久不废”？不仅在于它有“立言”“立功”的职能，更在于大学坚持阐释正义、主张公平、传承人类文明的薪火，始终自觉扮演着社会道德良心、文明旗帜的角色。“立德”，使大学伟大而不朽。一项关于大学发展史的研究表明，大学是自其产生至今都是以同样的方式、使用同样的名字、做着同样事情的社会组织。沧海桑田，世事巨变，许多组织生生灭灭不复存在，而大学能经千百年而不衰，其原因不只在于大学在传播和创造知识方面具有其他组织无可比拟的作用，还在于大学能够理性思考并始终保证自己不犯妨害人类和社会文明进步的错误，并有勇气竭尽所能批评和阻止任何有违人类文明进程的错误。大学之所以越来越受到社会的关注，很大程度上缘于人们对大学神圣和纯洁的期盼和信任，即便在物欲横流的时代，人们仍然会视大学为社会的净土和道德的楷模。康德说他敬畏头上的星空和心中的道德。如果把“头上的星空”理解为自然的规律亦即科学，那么道德与科学对人类而言就同样重要，它们是构建和谐社会的最基本的两个道德楷模，具有两方面的作用。大学不仅在发展先进生产力方面占据重要一席，而且在弘扬和发展先进文化上更应有所为，成为先进文化的积极推动者。大学之所以成为大学，就是因为它代表着社会道德文明和人文精神的高度。这种高度使大学还应对自己有这样的要求：决不可一味地在继承中被动地适应社会的巨变，而应率先引导社会改革和推动社会文明的进步。在日新月异的发展时代，大学不仅具有守护传统的属性，更应具有改造现有、创造未来的特征，以日益凸显其在社会发展进步中不可或缺的作用，并走进社会的中心。1998 年 10 月，在巴黎召开的世界高等教育大会的主题报告《21 世纪的高等教育：展望和行动》特别强调，高等院校及其师生应当完全独立和充分负责地就伦理、文化和社会问题坦率地发表意见，成为社会的知识权威，以帮助社会去思考、理解和行动；通过不断分析社会的经济、文化和政治趋势，增强批判功能和前瞻功能，并必须体现其对国家负责、为人民担当的胆识、勇气和志向，敢于批评并阻止任何妨害国家利益和社会文明进步的言行，关注并推动社会的健康发展。一所不能忧国家之忧、想国家之想的大学，岂能担负起为人类文明和民族进步谋福祉的希望和责任？

3. 大学要把更多的精力放在文化责任担当上

在不同的历史时期，大学担当着不同的社会角色。古希腊时期的大学是哲学思维的场所，中世纪的大学是传播人文知识和道德真理的圣殿，20 世纪初的大学走出了“象牙之塔”，成为推进工业化的重要力量。18 世纪，英国牛津大学毕业的纽曼主张大学是纯教学机构，是培养人才的重要基地。19 世纪，纽曼的大学主张受到当时洪堡创立的柏林大学的冲击，洪堡提出要重视大学的研究功能，使大学真正成为研究高深学问的机构和科学研究的中心，从而使大学的功能在人才培养的同时，兼具科技创新功能。20 世纪，由“赠地大学”发展的威斯康星模式，使大学的活动扩展到校园之外，成为社会进步和社区发展的服务站和推进器，使大学具有人才培养与科技创新功能的同时，兼具社会服务功能。伴随着 20 世纪新一轮科技革命的浪潮，大学的功能和面貌发生了前所未有的深刻变化，人们用多元化、巨型化、国际化这些概念来描述当代大学的变化。从本质上看，现代大学是在积淀和创造深厚文化底蕴的基础上实现文化的传承研究。融合和创新、传承文化是现代大学的基本功能。创新文化是现代大学的崇高使命，研究文化是现代大学全部活动的基础。文化的创新使得大学功能丰富多元，大学成为社会的知识工厂和思想库，成为科技进步的孵化器和社会进步的加速器，由社会边缘的“象牙之塔”走向社会的中心，成为现代社会的轴心机构，兼具人才培养、科技创新、社会服务、文化引领四大功能，尤其在牢牢把握国家、民族文化前进方向，建设先进文化，塑造全民族深厚、广阔、灵慧的精神空间方面，大学有着责无旁贷的使命。中国的大学应当成为中国先进文化的生产者、消费者和经营者，充分发挥中国大学文化引领、心灵故乡和精神家园的作用。

现代大学的本质是在积淀和创造深厚文化底蕴的基础上实现文化的传承、研究、融合和创新。传承文化是现代大学的基本功能，研究和融合文化是现代大学全部活动的基础，创新文化是现代大学的崇高使命，文化的创新使得大学的功能丰富而多元。作为先进文化的生产者、消费者和经营者，中国的大学必须在牢牢把握先进文化的前进方向，建设先进文化，塑造全民族深厚、广阔、灵慧的精神空间方面，担当责无旁贷的历史责任。高扬思想文化的旗帜和精神的风帆，引领时代与社会前行，是中国现代大学的崇高使命。教育是最充分、最有效的培养人的力量，而大学内在的不可替代的教育力量就是它的文化影响。感受过牛津大学浓郁文化氛围的人无不赞同，对牛津学生真正有价值的东西，是它周围的生活和环境，大学生正是在所处的文化环境中通过积极主动的思维和感悟而学到东西的。大学文化的价值就在于把具有灌输性特征的教育转化为内蕴教育意图的校园环境，从而达到“蓬生麻中不扶而直”“入芝兰之室久而自芳”的一种潜移默化、润物无声的教育效果。因而大学文化建设的关键，不仅在于师生各种作品（论文、设计、报告、著作、布告、版面、园地、刊物、广告等）的传播、师生用语的文明、文体活动的丰富，最重要的是要将文化内化为师生员工的文化追求。

传授知识是大学教学之重要环节。教学之原则有三：首为有教无类，二为因材施教，三为授之以渔。教的主体是师，“师者，所以传道、授业、解惑也”。学之主体为生，生者，所以求知、养德、明理、远志也。研究学术乃大学之科研活动。科研之要求有五：一是独立自由之精神，二为实事求是之作风，三乃宁静淡泊之心境，四曰衣带渐宽之意志，五系务本唯新之品格。培育人才是大学功能之根本。育人之道有四：

一是启其智，二为养其德，三曰化其性，四乃远其志。服务社会是大学存在的前提，大学当以其培育之人才、研究之成果、积淀之文化、服务社会之行为，促进人类文明之发展、社会之进步、经济之繁荣、政治之革新，此乃大学之终极目标也。我们需要以文化唤起对大学历程的记忆，唤起人们对大学的认同。大学既是培养高素质专门人才的重要基地，也是先进文化的创新基地和重要辐射源。一个国家或一个地区的大学，应当成为这个国家和这个地区的精神家园、心灵故乡。

大学作为巨大的人才库和思想库，对国家发展和社会进步具有举足轻重的作用。大学的本质是趋向未来的，大学的功能在于生气勃勃、创造未来，因而具有超越功能。大学通过对品学兼优的人才的培养，引导社会全面、健康发展，因而具有引领功能和示范功能；大学通过学术研究、文化传播、道德垂范、精神引领、文化辐射，对整个社会产生深远的影响和广泛的辐射，因而具备辐射功能。唯有锻铸出具有强大生命力、凝聚力、激活力的大学文化，才能用现代大学精神续写大学新的光荣与梦想文化，对道德的构建担当责无旁贷的社会责任。文化不仅是社会伦理的构成要素和支撑杠杆，而且是社会道德的构成要素和支撑杠杆。文化不仅决定了其在道德建设中的重要地位，而且也决定了其在道德建设中的巨大作用，高层次的道德感和社会责任感主要依靠文化的积淀，大学文化当能陶冶青年爱国情操。所谓大学，即“博而学之”。在大学阶段，学生能够拓展自己的知识面，进一步充实自己的头脑，为将来的发展奠定坚实的基础。但是如果大学生没有爱国心，没有“国家兴亡，匹夫有责”的责任感，不能肩负起“为中华之崛起而读书”的时代重托，即使他掌握了先进的科学技能和丰厚的知识，也算不得一个人才。人才应当是德才兼备的，一个国家怎能指望只顾自己前途而将国家民族利益置诸脑后的人呢？大学文化的主旨在此，故大学文化的和谐与否间接影响着国家的发展、社会的和谐。

大学文化应能促进人的全面发展。大学的根本任务是培养人，要坚持“以人为本”的原则，坚持人的自然属性、社会属性、精神属性的辩证统一。中国自古以来就主张“尊德性”与“道学问”并重，“大学之道，在明明德，在亲民，在止于至善”“学者所以为学，学为人而已”。西方现代大学理念也将人的全面发展作为核心。爱因斯坦就主张：学生离开学校时是一个和谐的人，而不是一个专家。这些思想都强调，大学所培养的人，不单单是某一领域的技术匠人，更应该是具有以专业知识为根基的人性化理念和价值取向及精神追求之人。要通过调动学生内在的、精神层面的力量，引导他们去思考人生的目的和生活的意义等根本性的问题，进而建立起自己的精神境界，最终成为德、智、体、美、劳全面发展的高素质人才，也就是爱因斯坦所说的“和谐”的人。大学文化中的方方面面，如多种多样的社团组织，丰富的课外活动，能够培养大学生的领导能力、合作精神、团队意识以及成功者必备的心态与素质，这些对于将来大学生走向社会有着不可忽视的作用。在倡导社会主义基本道德规范和树立良好的社会风气方面，大学有不可推卸的责任。为了担负好这些责任，首先，大学必须做到道德和文化自律，文化自律的大学才能文化自觉。蔡元培说过，教育指导社会，而非追逐社会。指导社会的大学必须是自律的大学，自律既是由大学的属性所决定的，也是大学在树立风气和人才培养方面堪为榜样的前提。大学担负引导社会、承担社会教化和转变风气的责任和作用，大学的一言一行都会受到社会的关注。譬如，诚信和节约。没有自律的大学不堪为社会的楷模。其次，大学要做正确的事。大学的所作所为尤其是重大决策，决不能只想到自身的利益，尤其是不能急功近利，大学决不能做任何有损国家和民族长远发展和利益的事情。

四、高等教育与非物质文化遗产传承的结合

近年来，随着对非物质文化遗产研究的深入，应用型高校在非物质文化遗产的保护与传承方面应该扮演什么样的角色，发挥什么样的作用，应是每一个应用型地方高校工作者认真深思的问题。大部分学者的观点是，高等院校对于非物质文化遗产的传承，不仅很有必要，也具有可行性。高等艺术院校应当成为弘扬工艺文化、传承工艺技能、振兴工艺行业的“排头兵”。传承非物质文化遗产，地方高校责无旁贷，大有可为。

联合国教科文组织亚太地区文化遗产专员理查德·恩格哈特说：“非物质文化遗产是祖先智慧的资源。我们必须学习祖先的智慧，创建一个更加美丽的可持续发展的未来。”人类在这漫长的历史发展过程中，创造了多姿多彩、丰富、神奇而又伟大的文化，构成了人类历史长河的记忆链条，在地球亘古的时空演变中形成千变万化、各具神韵的自然遗产。大自然这个母体孕育了人类文明，人类的自然遗产和文化遗产造就了人类丰富多样的生存方式与状态，构成了人类文明精神的完整性。然而，近代工业化的迅速发展、全球经济一体化的冲击、自然灾害、战争等因素，使这些遗产在世界许多地区遭受了不同程度的危害。人们遭受打击之后开始反省，逐渐认识到，如果没有一个人类共同遗产的观念，去继承保护不同地区的“具有突出普遍价值”的文化与自然遗产，任其毁坏消亡，这对人类将是永远无法挽回、无法弥补的重大损失，人类不能成为一个丧失记忆的族群。对于许多民族来说，非物质文化遗产乃是本民族的基本识别标记，是维系民族、社区存在的血脉与生命线，是民族发展的源泉。为此，关注人类共同遗产的保护与传承，成为各国有识之士、专家学者的心声与共识。中国的大学，应当担负起中国非物质文化遗产的保护、传承的历史责任。

1. 非物质文化遗产教育引入高等教育体系的重要意义

非物质文化遗产承载着一个民族最深厚的传统文化底蕴，代表着一个民族所特有的精神、情感、智慧和创造。历史上，由于天灾人祸或者其他原因，一种文化中断了，一些民族也会随之消亡。从这个角度讲，传承民间传统手工艺，就是传承文明，传播文化。国务院在《关于加强我国非物质文化遗产保护工作的意见》中明确指出，教育部门应将优秀的非物质文化遗产内容和保护知识纳入教学体系，激发青年热爱祖国优秀传统文化的热情。高等艺术院校作为艺术人才的培养库，艺术文化的传习地，与其他社会组织相比，在信息、技术、科研等多方面都有着独特的优势，因此，高等艺术院校大力弘扬民族传统工艺文化，传承创新传统手工艺，是时代的选择，是历史的使命，是义不容辞的责任。

随着我国与世界各国的交往日益频繁，各国的文化因素慢慢地渗透到我们的视觉和感官形态当中，目前国内青年学生对西方文化往往不加选择地全盘吸收，对西方的各种新思想新时尚独爱有加，而对本国的本土文化热情日益消退。将非物质文化遗产通过教学的形式引进课堂，不仅能有效培养学生对本土文化的了解，促进基础知识的普及，更能有效提高青年学生对非物质文化遗产的学习兴趣，有利于发扬与普及当地的本土文化，营造艺术氛围。

要想在激烈的竞争中立于不败之地，为学校的长远发展赢得有利的竞争地位和发展空间，地方高校就必须科学定位，加强内涵建设，实施特色化发展战略，培养特色专业、优势专业，以唯一代替单一，以特色取代一般，形成“人无我有、人有我优”的竞争优势，在差异化中发展壮大。传统手工艺有一个显著特征，就是它独一无二的地域性，正如扬州出玉器，宜兴出紫砂，浏阳产烟花，不同的地区有不同种类、不同特色的非物质文化遗产。高等艺术院校如能紧密结合本地实际，把具有地域特色的非物质文化遗产纳入人才培养体系中，以传承本地区特色非物质文化遗产为己任，不仅能够培养一大批具有民族情感、民族精神、民族文化底蕴的现代手工艺人才，同时也是对学院办学特色的彰显和强化。

许多传统非物质文化遗产不仅具有很强的观赏性、文化性、艺术性，同时还具有很强的实用性以及收藏价值。但是，在几千年的小农经济条件下，这些非物质文化遗产大多沦为手工艺人自娱自乐的一种生活方式或被称为“雕虫小技”，其商品属性远远没有被挖掘、开发出来。但在今天，人们对物质文化生活多元化需求的发展以及投资理财观念的转变，为非物质文化遗产的重振辉煌提供了绝佳的历史机遇。

地方高校将非物质文化遗产引进校园，不仅可以使民族优秀文化传统得到有效传承，也能够通过应用型高等教育为当地的经济发展输送一批“下得去，留得住，用得上”的技术人才，为当地经济服务，同时，还可以通过开展中短期职业技能培训的方式，招收农村富余劳动力、下岗职工、返乡农民工等参加手工技能培训，一方面增加他们的收入，另一方面帮助政府增加就业机会，支援新农村建设。

2. 地方高校传承非物质文化遗产的优势与策略

非物质文化遗产的保护与传承有其自身的特殊性，需要在技术、艺术、科学、民俗等多方面进行深入调研与实践，这要求参与这项工作的人员具有较高的政策水平、文化艺术修养和较强的动手实践能力。地方高校有一大批“双师型”的专业骨干教师，他们既有较深厚的文化艺术功底，又懂得现代艺术设计理念，且动手能力较强，在长期教学实践当中，不少人都有丰富的采风写生、田野调查经验，对民间艺术、民俗文化接触较多，体会较深，且具有将挖掘、收集资料整理转化为理论研究的能力，是非物质文化遗产保护与传承工作的合适人选。

近年来，随着地方高校加强内涵建设号角的吹响，不少院校纷纷在校园里建起了手工艺大师工作室，把这些散布在民间的身怀绝技的老师傅、工艺大师请进校园，开班授课，传授技艺，试图构建以“大师工作室＋项目导向”为特征的人才培养模式，从而推动非物质文化遗产的保护与传承驶入快车道。

随着现代技术的发展，以及人们审美情趣的提升，传统的非物质文化遗产受到了现代工艺品的冲击，由于缺乏时代感而被年轻的一代所冷落。针对这一现象，将当地的非物质文化遗产引入课堂，可使当前这些非物质文化遗产的工艺特点及工艺技巧得到传承，让学生了解民间非物质文化遗产的基本理论知识，并在此基础上，学生与教师可结合现代人们的审美需求，加入和借鉴当前人们所喜欢的现代元素及需求进行再设计，使之既富于时代性，又保持地方特色，实现传统与现代相融合，实现产、学、研的完美融合。

在非物质文化遗产引入课堂的过程中，将教材编制、教学内容与上课形式联系起来，从而推动该课程的建设发展。其中教材在整个教学过程中起到引导作用，在教师授课之余，学生可以通过教材对课上所欠缺知识进行查缺补漏，教材也是展现知识最直观的方式，所以将当地的非物质文化遗产的相关知识以文字的形式进行呈现，无疑能够更全面地展现本土文化。

此外，将当地的非物质文化遗产编制为教材形式，也有利于各地区之间的民族特色文化交流及传播。地方高校信息资源具有很大优势。首先地方高校拥有较新、较全面的非物质文化遗产产业发展状况的调研信息。为响应国家非物质文化传承保护的号召，部分艺术院校主动承担非物质文化遗产产业振兴的发展重任，以面向产业、服务产业、引领产业为其人才培养模式的宗旨，定期对非物质文化遗产产业发展状况进行深入调研，这为科学地制定手工艺人才培养方案提供了第一手的翔实资料。另外地方高校拥有较全面的图书情报信息资源库。现在高校里面一般都有比较丰富的图书资源、网络电子资源、期刊资源等，在地方高校，关于民间美术、民间艺术方面的资料会更多、更全，利用这些资源便于获取国内外有关非物质文化遗产保护、传承方面的信息。高校经常举办的关于非物质文化遗产方面的讲座、高峰论坛等学术活动，为传承非物质文化遗产集思广益，有利于获得非物质文化遗产传承的最佳方案。与此同时，地方高校的发展容易得到政府规划、决策部门的信息援助。

非物质文化遗产从大的方面讲从属于当前最火热的文化产业范畴，那么抓非物质文化遗产的传承就是服务“抓经济，促民生”的具体举措，理所当然受到地方政府的重视和支持，地方政府在做文化产业规划时，会邀请院校代表去交流、沟通、协商，这对高职艺术院校来说也是一种无形的信息资源。

在“文化强国”“文化强省”战略背景下，各地方都在积极挖掘本地方的特色文化，非物质文化遗产迎来了重焕生机的历史契机。地方高校将非物质文化遗产的传承纳入现代教育体系，通过集中化、规模化、科学化的传承模式，突破传统手工艺师徒相授势单力薄、手工艺行业人才青黄不接以及手工艺作坊急功近利等局限，让人们重新看到了手工艺传承的希望，因此，地方高校可以获取教育及非物质文化传承两方面的政策支持，更有利于非物质文化遗产的传承。

另外，地方高校作为文化教育机构，较少受到经济利益的影响，其提交的非物质文化遗产传承的方案比较容易获取政府的信任，通过对非物质文化遗产专业的建设，申报省级或国家级重点专业或特色专业更容易获得省级财政以及国家级财政在资金及政策上的支持，为非物质文化遗产的传承提供资金及政策保障。

我们可将非物质文化遗产以教学的形式引进地方高校，这样不仅能有效地推进民族民间艺术基础理论的教育及文化教育的缺失，也有利于培养教师和学生对本土文化艺术的情感，并通过此种形式向多地高校进行推广。我国对于非物质文化遗产课程资源的开发，还有很长一段路需要走，如非物质文化遗产课程只停留在当地，存在一定的局限性，需在一定区域内搭建区域文化交流合作平台，采用诸多地域联合优势互补的形式，组建区域文化共享平台，才能真正开发建设优良的民族民间艺术的课程资源，从而推动我国民族民间特色教育的发展。

当前，地方高校应该并可以在传统手工艺的传承和保护方面扮演重要角色，发挥不可或缺的作用，积极探索适应本校、本地区特点的手工艺传承之路，把这些文化血脉发扬光大。传承非物质文化遗产，地方高校任重而道远。①

①张立阳．地方高校传承与保护民间传统手工艺的策略研究［J］．艺术百家，2016（1）．

第六章 高等教育的文化构成状况

进入21世纪以来，在经济日益全球化的大背景之下，许多民族特有的传统文化受到严重的冲击而变得越来越弱化。纯粹的物质文化和抽象的理性文化占据了大学校园文化的主流，传统的民族文化越来越被边缘化，大学传承文化的功能出现了明显的结构性失衡。亚伯拉罕•弗莱克斯纳在其所著的《现代大学论——美英德大学研究》一书中将大学表述为“民族灵魂的反映”[①]，是文化与智能的积聚地，在信息型实践与社会参与中具有很大的潜力。正如教育部前副部长章新胜所言，大学教育“正在重组创建适合现代社会发展的新兴学科，在更广阔的人类文化背景中整合、发展民族文化的新资源，以推动全球经济一体化格局下的民族本源文化的可持续发展”。从文化生态学视角来理解，生物多样性对生态自然有着自我平衡、自我保护的重要作用，人类民族文化的多样性对于人类文明生态的平衡同样重要。同样，在大学教育生态系统内，不可想象的是，按照现代工业化文明的秩序组织文化传播，如果大学只存在一种西方文化、一种高度雷同的大学生活方式，这将是大学文化的灾难。因为无论是生态自然的进化，还是物质世界的发展，抑或是文化生态的发展（教育也是一种文化生态系统）都是在多样性相互作用中进行的，单一意味着死寂。由此，大学的学术及

---

①亚伯拉罕·弗莱克斯纳.现代大学论——美英德大学研究［M］.徐辉，陈晓菲译.杭州：浙江教育出版社，2001.

传承必然地具备文化多元性、多样性及包容性。将民族非物质文化引入大学教育，可以实现大学教育与民族非物质文化融合的价值回归。

因而回归到现实生活中，在大学教育中审视光环下面的阴影，我们会发现民族非物质文化面临很多问题：要使它脱离生存危机的困境，需要我们大学教育的积极参与及大学教授、学者和学生的共同努力，生态性建构民族非物质文化，使其和谐地跃动在大学教育生态系统中。

一、“实用主义”大学教育的文化表征与文化生态失衡

走进 21 世纪的人类，一方面享受着高度物质文明带来的福祉，一方面又经受着高度精神文化生态矛盾的炼狱。霍克海默尔和阿多诺的回答是：理念在现代科学技术的驱赶和诱惑下演化成工具理念，启蒙由此变为蒙昧，工具理性昂首阔步，价值理念悄然引退，启蒙再一次成为新的神话 —— 科学技术的牺牲品。社会的阴影再一次投射到大学里，大学再也不是一块“净土”，人文精神凋敝，功利主义盛行，创造性枯萎……大学的自由与批判精神，大学中的“精神的自由交往”已不复存在了。用尼采的话来说，大学成了“精神本能退化的工厂”，高等教育的任务是“把人变成机器”，使人失去自我和生命本能，听命于知识，听命于金钱，而唯独不听命于他自己。

这里就提出一个严峻而现实的问题，在举国上下重视自然生态环境保护的当下，是否忽视了一个更为重要而与之有密切关系的问题：要十分重视保护大学生态系统的平衡和原生性、多样性、开放性和自主性，扼制被污染、被人为干扰的严重局面。这里主要指的是一种文化、精神、价值、心灵的“深生态”侵染。

这些年，大学事实上存在的精神生态的变异令人担忧。大学的内

环境和外环境的问题，随着全球化和市场经济的发展都发生了很大的变化，关注大学校园内外环境的文章很多，批评之声也不绝于耳。其实，这是大学教育者追寻大学精神、人文传统回归心态的反映，也是全社会思考中国人文传统复兴的反映。北京大学王岳川教授尖锐地指，出教育浮夸问题和形式主义问题也正在抬头：不注意改进教学质量，不注意教授的素养和生存环境，不注意量才录用而只看表面标签和亲疏关系，不注意中国人文科学的持续衰落现状，而一味追求所谓的国际水平，不仅使教育经费浪费严重，而且使教学质量不断下降。空洞地要求学位，而不注重真才实学，使得教育日益形式化、虚拟化、官僚化。如何将教授最有新生命力的思想推广到现代体制中去，注重学术本身而不是学术以外的东西，使教育不仅成为大学知识延续和传递的枢纽，而且成为关心人性发展的重要维度，这正是当代中国大学教育中一个值得注意的问题，也是新世纪中国教育实施与科技飞跃产生良性循环的基础。

文化生态是大学教育系统中的主要“生态位”，大学生态的核心和本质就是文化生态，它是代表一个国家一个民族的精英文化、优质文化、先进文化的源流、水准和形象的文化生态系统，是一个培养社会栋梁和社会良知、文化创造和文化教化、文化脉络的系统，它的健康、均衡和自组织和谐生存、发展，关涉民族生存发展、民族性格、民族思维和民族文化精神及其创造力的发源。但高度发达的现代文明在给大学发展带来史无前例的优越物质生态福祉的同时，也使大学经历了精神文化生态矛盾的炼狱。

（1）异化的工具理性。一百多年来，戊戌变法和五四运动两次大事件促使我国大学受外部实证主义思潮的影响非常深远，再加之无法摆脱以“实用理性”为核心的传统思维定式，支配大学研究和思考问题的主要是“经世致用”的物质文化观，具体表现为对物质的嗜好与对精神的排斥，对科学崇拜式的自信与对文化价值的鄙视，对西方文明的渴望与对民族个性文化的抛弃。在这样一种人文精神凋敝、功利主义盛行、创造性枯萎的文化生态环境中，我们误以为，只要我们的物质力量足够强大、科技更加进步，就一定能构建理想中的精神和文化家园，就一定可以在青山绿水中延续我们习惯了的文化富裕的生活方式与文明。在这种“实用主义”的文化理念支配下，大学过度重视科学的“使用价值”而非科学的“价值”，把科学工具化、功利化，而使任务也随之演绎为“把人变成机器”，使人失去自我和生命本能，听命于知识，听命于金钱。

（2）物化的学术生态。当前，我国一些大学的功利主义、实用主义倾向日趋凸显。甚至大有蔓延之势，表现在科学研究上，就是将“科学”与“技术”这两个原本不同性质的东西笼统地合称为“科技”，过于强调“急用先学”，过于偏重应用研究，对基础研究重视不够；学科之间、学派之间不能融合共生，工科看不起理科，理科看不起文科，研究现代的看不起研究古典的，研究国外的看不起研究国内的，研究城市的看不起研究农村的、本土的、民族的；从事传统学科，如文史哲研究的教授和学生，他们的心理落差和失落感就会重一些，但是从事热门社会科学，如工商、管理、法律、金融、计算机等专业的师生自我感觉良好；从事理工科如建筑、电子、信息、生物工程等研究和学习的师生可能更好。

（3）功利的课程生态。在课程设置上，由于实用主义的工具理性偏重于专业性强的工具类课程，而基础类和人文类课程虽然形式上满足了教育部规定的课时需要，但在课程管理和学生选择上被严重地淡化了，理工类课程和人文社科类课程、基础课程和专业课程、理论课程和实践课程等不能和谐共生；在课程实施方面，“时令性”强的工具类课程含金量高于民族类课程；在专业培养方面，由于功利主义人才观片面注重人力资源“开发”而非人才“养成”，片面注重依据产业、行业短期需要而非依据教育长期规律培养人，文学、历史、哲学这些基础的人文学科受到功利主义的冲击比较严重，它们一般不在学生和家长自然选择范围之内。学校中领导与教授的权力大小、专业的冷与热、招生人数的扩大与缩小、专业教师获得利益的多与少以及在社会上的受欢迎程度、专业发展的空间与机会等问题，在大学管理者和师生的心目中都是客观存在着的，他们的内心和社会评价以及实际的利益背后，事实上是受到了当下功利主义、计算主义思想潮流的价值影响。

当前教育改革呼声甚高。进入新世纪，教育作为文化生产中最重要的动力性因素，起着支撑文化再生产和人才再生产的重要任务。教育改革关系到“中国形象”的塑造，关系到新世纪中国文化的传承和拓展，值得重视。今天的大学教改，仍要有这种文化保存、保护的观点；另一方面当然不能封闭自己，在能量、信息的交流方面，又要与社会文化生态兼容、共处、共融。培养人，像十月怀胎，像农业生产的过程，不像工业的模式化过程，当然要保文化之种的纯度和遗传的优良品质，因为大学是播种机。过于强调“急用先学”，过于偏重应用研究，对基础研究重视不够，其后果是造成我国大学原始创新能力薄弱，缺乏领导科学潮流、开拓全新研究领域的一流成果。在人才培养上，抱有功利主义人才观，片面注重人力资源“开发”而非人才“养成”，片面注重依据产业行业短期需要而非依据教育长期规律培养人。培养具有创新能力的人才问题在我国的大学中还没有被很好地解决。大学教育系统中的物质文化观表现为对物质的嗜好与对精神的排斥，对科学崇拜式的自信与对文化价值的鄙视，对西方文明的渴望与对民族个性文化的抛弃，这种失衡、被污染的文化生态环境有待改善。

二、非物质文化在高等教育中的偏离

随着民族文化功能当下语境的改变和“实用主义”大学教育的文化特性，民族文化在大学文化碰撞交流和传递中几乎被遗忘和边缘化。我们不能指望在当代社会娱乐文化环境的影响下成长起来的大学生，对民族文化没有自卑心理。一方面民族非物质文化功能的淡化和外来文化的冲击，使当前的民族文化在大学传承中遇到这样那样的困难；另一方面民族内部后天学习的崇外心理在很大程度上会导致大学对民族文化的蔑视。这突出表现在大学对学科专业的选择上，从学校学科专业建设到学生学科专业选择都强烈体现着对市场利益和政治利益的追求，而非物质文化学科专业或实践远不在学生的视野内。

在现代文化和民族文化、外来文化和本土文化不断撞击的严酷现实下，民族非物质文化在大学的发展和传承正面临着巨大挑战，尽管现在已有越来越多的学者关注并以大学参与的“第三者”角色、身份去捍卫非物质文化，通过在大学建立非物质文化研究基地、利用大学图书馆对非物质文化遗产进行静态保护，也有学者以艺术教育教学活动的形式加强学生对民族非物质文化的感知（如社会实践活动、民间文化艺术考察等实践教学及民间艺术教育教学，及教材编写与课程设置等），但都处于零零碎碎“敲边鼓”的境地，总也走不到大学文化的中心视野。这种单调的静态模式，演绎和传承的是非物质文化符号的表征形式和表现工具（道具），学生也仅仅是把这种遗产作为艺术展演的道具，其内心体验、态度、情感及价值观却因为所处文化环境的脱轨而得不到应有的提升和张扬。对于一些思想、制度、技术、习俗、节气等非物质文化遗产，学者们能理解，但由于未被纳入大学教学体系中与学生和谐共生，而无法渗入学生的精神世界。同时，由于缺乏培养传习人的教育机制和环境，非物质文化遗产无法得到真正的传承和发展，而传习人则是在非物质文化遗产传承和发展中最生动的、永不枯竭的主体。

第七章　高校非物质文化的生态性建构

一、学校教育与民族传统文化脱节的现状

众所周知，由于我国各少数民族传统文化类型与样式差异很大，各民族群众对教育的理解和认识自然各不相同。目前教育部门所谈论的普及九年制义务教育，实质上是指国家出钱出人，人民群众送子女上学的正规模式的学校教育。但我们不应忘记，在民族地区还有另外一种形式的社会教育，这就是长辈或平辈教育各民族的子弟，使他们在社会中获得生存的能力。这种教育不管我们承不承认、认不认可、给不给予经费资助，它都将继续存在下去，并一直发挥作用。因为这样的教育，不论是教育内容还是教育形式，都与各民族的传统文化生活相契合、相互依存，教育的一切需求由各民族经济活动提供。而教育成果则为各民族社会活动提供后备人才。因此，在文化教育中必须注意各少数民族的传统文化。只有二者相互契合，才能使民族地区的教育事业得以蓬勃发展。

进入 21 世纪以来，我国虽然对以往那种国家统一管理、教育经费由国家统一划拨的教学模式进行了改革，但在教学内容与教学手段上，仍需进行改革。我国各少数民族地区所处的社会文化背景各不相同，各民族地区对教育的具体要求也各不一样。民族地区的学校往往与所处民族社会文化环境脱节，造成了民族教育中与各少数民族传统文化脱节的现象。

二、高校教育与民族传统文化的内在联系

教育部于2014年出台的《完善中华优秀传统文化教育指导纲要》指出，大学阶段“以提高学生对中华优秀传统文化的自主学习和探究能力为重点，培养学生的文化创新意识，增强学生传承弘扬中华优秀传统文化的责任感和使命感”，其实质是将传承弘扬中华优秀传统文化与育人有机统一起来，彰显了传承弘扬中华优秀传统文化与育人的内在关联性。厘清两者之间的内在关系对于高校办学育人以及中华优秀传统文化的传承弘扬都具有重要的现实意义。

1. 丰富了新时代的办学育人内涵，提升了办学育人品质

习近平总书记强调“办好中国特色社会主义大学，要坚持立德树人”。“中国特色社会主义”和“立德树人”揭示了新时代高校办学育人的核心内涵，实质是高校在办学育人过程中要凸显民族性、意识形态主导性与思想文化引领性，这决定了大学办学育人的品质。英国学者霍尔丹认为：“大学是民族灵魂的反映。”凸显中国大学办学育人的民族性，就是要将最能展现中国特色、中国气派和中国风格的民族之魂熔铸于大学文化精神中。中华优秀传统文化“积淀着中华民族最深层的精神追求，代表着中华民族独特的精神标识”，其中，“最核心的内容已经成为中华民族最基本的文化基因”。因此，高校传承弘扬中华优秀传统文化是在为高校办学育人铸民族之魂，注入民族“精气神”。

2. 为培养“德才兼备、全面发展”的卓越人才提供了办学育人模式选择

2016年9月14日，教育部在历经三年研究论证后发布了中国学生

发展核心素养，指出学生成为“全面发展的人”应具备“人文底蕴、科学精神、学会学习、健康生活、责任担当、实践创新”六大素养，涵盖了学生“能够适应终身发展和社会发展需要的必备品格和关键能力”。就高等教育而言，可以简而化之，用习近平总书记在全国高校思想政治工作会议上所强调的八个字来阐释，即“德才兼备、全面发展”。要使大学生具有“德才兼备、全面发展”的诸多品格和能力，并使之成长为国家栋梁之材，就对高校人才培养模式提出了新的要求，亟待高校由传统的以知识传授为主的“象牙塔”育人模式向新型的以注重品格与能力教育为主的“全员育人、全程育人、全方位育人”模式转化。其中，高校构建中华优秀传统文化育人模式则是办学育人与全方位育人不可或缺的践行环节。简而言之，构建优秀传统文化育人模式的核心是将中华优秀传统文化浸润于校园文化环境中，通过文化感染和熏陶，以文育人、以文化人，从而实现“入芝兰之室久而自芳”的效果。

3. 为培育大学生涵养并践行社会主义核心价值观提供了办学育人路径选择

立德树人是高校办学育人的重要任务，立德取决于青年学生树立正确的价值取向，但青年“正处在价值观形成和确立的时期”，这种不确定性使青年在价值观养成的关键时期很容易受环境影响而产生价值偏离。青年学生成长环境错综复杂，国家处在社会转型和经济转轨时期，各种社会思想观念交织形成一张巨大无形的网，影响无孔不入；全球化深入发展，世界多元文化交流交融交锋，争夺文化话语权和抢占意识形态高地的竞争愈演愈烈；网络化时代日新月异的发展深刻地改变着思想观念传播的内容、方式和渠道。这些内外环境因素和青年追求个性、张扬自我的心理特点使当前大学生在价值观养成中产生了信仰迷失、价值观扭曲和道德滑坡等问题，侵蚀了青年学生对社会主义主流价值观念的认同感与践行度。青年的价值取向不仅深刻影响着其人生成长的轨迹，而且也“决定了未来整个社会的价值取向”。因此，习近平总书记强调“要把社会主义核心价值观贯穿于高校办学育人全过程”。坚定信仰、积极传播和模范践行社会主义核心价值观是新时代中国大学生的价值取向，价值取向包括实践品格。因此，培育践行社会主义核心价值观才是根本。习近平总书记指出，“培育和弘扬社会主义核心价值观必须立足中华优秀传统文化”，使“中华优秀传统文化成为涵养社会主义核心价值观的重要源泉”。

高校传承弘扬中华优秀传统文化助推大学生涵养和践行社会主义核心价值观，路径之一应从理论层面上深入阐发中华优秀传统文化与社会主义核心价值观的内在关系，使大学生正确理解“中华优秀传统文化涵养社会主义核心价值观”的深层内涵，即面对西方价值观念的冲击，在社会主义语境中运用中华优秀传统文化解释社会主义核心价值观概念表述中与西方价值观重合之处的中国意蕴，深刻体认社会主义核心价值观是在对中华优秀传统文化现代阐释基础上进行创造性转化和创新性发展所形成的与时代高度契合的价值观，是一种不同于现代西方价值观念的“反映中国特色、民族特性、时代特征”的价值观念。只有认清这一内涵，大学生才能深刻理解社会主义核心价值观如何深植于中华优秀传统文化沃土，从而在思想上产生认同。思想上的高度认同是实践中积极践行的动力之源。因此，路径之二应从实践层面上深入挖掘中华优秀传统文化涵养社会主义核心价值观的现实功能：其一，社会主义核心价值观的思想文化底蕴与历史逻辑源自中华优秀传统文化，它的内在精神品格与优秀传统文化一脉相承。高校要将优秀传统文化融入其精神文化体系中，并通过这一载体内化积淀为学生的心理与人格结构，成为其践行社会主义核心价值观的价值指引。其二，“德”是中华民族在漫长发展历程中高度凝练的核心价值理念，立德则是中华民族孜孜不倦的精神追求，也是中华民族核心价值观培育的方法与路径。因此，高校要高度重视对大学生的立德教育，通过挖掘中华优秀传统文化中蕴藏的道德示范、道德教化、道德修为以及道德涵养等方法，为大学生涵养和践行社会主义核心价值观提供培育路径与方法借鉴。

4. 推动中华优秀传统文化的传承弘扬

中国共产党的十八大以来，习近平总书记一系列重要讲话全方位阐释了传承弘扬中华优秀传统文化的重要性。大学作为思想文化荟萃之地，肩负着传承中华优秀传统文化的重要使命。因此，将优秀传统文化融入高校育人体系，以文育人，对传承弘扬中华优秀传统文化具有重要的理论意义与现实价值。理论意义体现在：其一，“教育过程首先是一个精神成长的过程，然后才成为科学获知过程的一部分。”摒弃教育的功利性，让受教育者获得精神成长，完善自我人格是教育的本质。以文育人就是以文化涵养受教育者的心灵和德行，健全其人格，在“文化”化人的过程中传承弘扬了化人之“文化”。其二，“文化”在育人过程中能逐渐培养起受教育者对“文化”的认知力与认同感，使受教育者成为“有文化”的人才，人才是文化传承弘扬与研究创新的重要载体。其三，文化育人的过程也是大学确定自身文化理念与认同的过程。当前环境下，中国大学文化育人面临的关键问题是如何将本土优秀传统文化融入现代大学模式中，从而形成自身的文化理念与认同，而这恰恰会进一步推动大学对本土优秀传统文化的阐释、传承、弘扬与内化。其四，新时代育人的目标是“立德树人”，而从文化育人的意义上来讲，立德树人就是用中国特色社会主义文化塑造人的信仰体系与价值观念，从而升华人的精神世界。

中华优秀传统文化是中国特色社会主义文化的有机组成部分，立德树人的过程也是传承弘扬中华优秀传统文化的过程。文化育人为传承弘扬中华优秀传统文化提供了全域路径。其一，优秀传统文化融入课程教材中，加强对优秀传统文化精神内涵和时代意蕴的阐释，为传承弘扬优秀传统文化提供充分的理论依据。其二，优秀传统文化融入校园文化中，增进优秀传统文化的情感认同，为传承弘扬优秀传统文化提供深层的精神动力。其三，优秀传统文化融入社会实践中，实现优秀传统文化价值的行动转换，为传承弘扬优秀传统文化提供坚实的实践支撑。其四，优秀传统文化融入服务社会中，丰富优秀传统文化的现代转化与创新成果，为传承弘扬优秀传统文化提供明晰的目标导向。其五，优秀传统文化融入制度建设与管理规范中，完善优秀传统文化的传承轨制，为传承弘扬优秀传统文化提供具有可操作性和实效性的政策制度保障。

5. 在传承弘扬中华优秀传统文化中培育文化自信是终极旨归

习近平总书记在中国共产党的十九大报告中指出："没有高度的文化自信，没有文化的繁荣兴盛，就没有中华民族伟大复兴。"优秀传统文化"是一个国家、一个民族传承和发展的根本，如果丢掉了，就割断了精神命脉"。可见，文化自信是实现中华民族伟大复兴深厚而持久的力量源泉，而中华优秀传统文化是文化自信的坚实根基。因此，培育文化自信是传承弘扬中华优秀传统文化的应有之义。

在传承弘扬中华优秀传统文化中培育文化自信，从人的认知维度来看，其核心是培养对中华优秀传统文化的高度认同，这是文化自信的基础与源泉。青年高度的文化认同是推动他们为国家和民族奋斗的内在精神动力。然而，相关调查研究显示，西方文化价值观念的冲击，对优秀传统文化传播氛围的淡漠以及对优秀传统文化认知的偏离，导致大学生对优秀传统文化的认同度与现实预期有较大差距。

文化认同感的薄弱使大学生缺乏维护和传承弘扬优秀传统文化的文化自觉意识、主体意识与创新意识。只有养成了这些意识，才会在认知、情感及行为上树立高度的文化自信。将优秀传统文化全方位融入高校办学育人体系，以文化人、以德育人，使大学生在亲历优秀传统文化过程中感悟其价值，进而产生高度的认同感，并内化于心，外化于行，真正成为优秀传统文化的弘扬者、传承者和创新者。传承、弘扬与创新优秀传统文化的过程本身就是树立并坚定文化自信的过程。在传承弘扬中华优秀传统文化中培育文化自信，从文化自身价值的维度来看，其核心是实现中华优秀传统文化的创造性转化和创新性发展，彰显其时代价值，这是文化自信的底气。将优秀传统文化融入高校育人体系，通过提升优秀传统文化的文化品质即文化的竞争力、创造力和生命力来促进优秀传统文化创造性转化和创新性发展。其一，优秀传统文化在传承发展中受商业利益驱使，不可避免地会渗入文化产业化与商业化的弊端。有鉴于此，优秀传统文化融入高校育人体系，须借助德育对优秀传统文化产品在理念、内容与方式等方面的优化，增强优秀传统文化产品的道德意蕴，进而提高其社会价值，以此来提升优秀传统文化的竞争力。其二，在传承弘扬优秀传统文化过程中，针对优秀传统文化的研究、项目的保护与开发以及艺术的展现等问题必然会融入现代性的理解、阐释和创新，这大大丰富了优秀传统文化的意义世界，进而提升了优秀传统文化的创造力。其三，优秀传统文化中蕴含的“天下兴亡、匹夫有责”的家国情怀，“仁义礼智信”的价值追求，优秀道德规范、思想品格和人文精神对大学生培养爱国主义精神、树立高尚道德情操、涵养内在精神气质与提升人文素质都具有重要的现实价值。优秀传统文化增进人的自我实现是其持久生命力所在。总之，融中华优秀传统文化于高校育人体系，其终极旨归是在传承弘扬中华优秀传统文化的过程中凸显优秀传统文化的时代价值，增进大学生的文化认同感，以此来培育文化自信。

高校传承弘扬中华优秀传统文化丰富了办学育人内涵，提升了办学育人品质，为高校人才培养提供了模式选择，为大学生涵养并践行社会主义核心价值观提供了路径选择。将中华优秀传统文化融入高校育人体系，在促进中华优秀传统文化传承弘扬的过程中培育了文化自信。厘清高校传承弘扬中华优秀传统文化与育人的内在关系，一方面为高校解决好“培养什么样的人、如何培养人”的根本问题提供了实践模式探索，另一方面为传承弘扬中华优秀传统文化和培育文化自信提供了路径探索。①

三、文化的民族性与大学教育的生态文化建构

文化是文化人类学中最基本的概念。文化人类学乃是研究人与文化的关系，即从文化的角度来研究人的科学。文化人类学是研究人类社会中的行为、信仰、习惯和社会组织的学科。文化人类学关心的是作为社会存在的人及其习得的行为方式，而不是遗传传递行为方式。②美国学者霍尔姆斯（W.H.Holmes）于 1901 年首次提出文化人类学这个术语时，其英文是 Cultural Anthropology。提出这一术语的目的，就是为了与从生物特性的角度研究人的体质人类学相区别。在文化人类学发展史上，前人对文化的理解不尽相同。“文化”一词源于拉丁语 Culture，意为耕作、培养、教育、发展、尊重等，它实际涵盖了人

①王小丽等．高校传承弘扬优秀传统文化与育人的内在关系研究［J］．河北北方学院学报，2019（2）．

②库珀．社会科学百科全书［M］．上海译文出版社，1989：161．

类社会的全部生活内容。英国人类学家泰勒（Edward B. Taylor）所提出的文化的定义就涵盖了人类经历的各个方面："文化，或文明，就其广泛的民族学意义来说，是包括全部的知识、信仰、艺术、道德、法律、风俗以及作为社会成员的人所掌握和接受的任何其他的才能和习惯的复合体。"[①]其实，文化涉及人类活动的计划、规则、专门技能和生计策略。杰姆逊（Fredric Jameson）认为，欧洲语言在这一拉丁词根的基础上，使"文化"获得了三种含义：一是从个性的形成和个人培养的角度，文化得到了一种精神和心理的定义；二是在与诸如贸易、金钱一类日常工作相对立的吟诗、绘画、歌舞、娱乐等具体的活动形式上，文化表现出一种装饰意义；三是人类学意义上的文化定义，它从人们日常的行为举止、习惯中，看到了社会的形成。[②]美国人类学家哈维兰（William A. Havilland）则认为"文化是一系列规则或标准，当社会成员按其行动时，所产生的行为属于社会成员认为适合和可以接受的范畴"。[③]文化不是可见的行为，而是人们用来解释经验所导致的行为，以及为行为所反映的价值观念和信仰。文化不仅仅是对社会存在的反映，它本身就是人类社会生活的一个内容，是人类一切行为的技术方式、社会方式和价值取向的解释、规范与综合，而且融汇着各种精神和物质现象的、人类社会活动的丰富多样性，使人们难以对文化做出精确的定义来囊括其全部内容。经过前人一个多世纪的探索与修订，目前学术界倾向于以下述定义去阐明文化人类学中所讨论的

---

①泰勒．原始文化［M］．上海文艺出版社，1992：1．

②杰姆逊．后现代主义与文化理论［M］．北京大学出版社，1997：3．

③ William A. Havilland. Cultural Anthropology［M］. Orlando，Florida Harcourt，1993：30．

文化。文化是人类为维系各个具体的社会集团（民族）的生存和发展，经由该集团所有成员在其世代延续中渐次积累和约定俗成的方式建立起来，并由后天习得而加以延续与丰富的一个相对稳定而又独立完整的社会规范总和。[①]因此，不论文化是一种工具也罢，是象征符号也好，无不表明了这样一个事实：人类社会是因为文化而存在的，文化是人类社会的独创品。

从这样的理解出发，文化人类学之文化包含六大特点。第一是文化具有单一归属性。文化人类学所讨论的文化是具体文化的合称，而具体文化总是归属于相应的民族。没有民族的文化和没有文化的民族都是不存在的。第二是文化的功能性。文化对于它所属并为之服务的民族来说，是必需的和切实有效的。它有效地组织该民族全部成员去改造和利用其生境，索取所属成员的生存物质，维系其民族的生存延续与发展。就这个意义而言，文化是工具和手段。不管该民族成员是否意识到这一点，文化对其民族来说都是无价之宝。第三是文化的习得性。文化总是个人处在民族之中经过各种教育方式而习得，它不靠生理遗传，而是靠社会中一代代人之间的学习模仿和教育示范。文化的习得是一个潜移默化的过程，当事人往往意识不到自己在学习本民族文化。第四是文化在共有性的基础上成为特定民族的符号体系。文化对其所属民族而言是无一例外的全部成员共有品，它是该民族成员无数代人积累建立起来的体系。在符号体系的作用下又无一差别地要求所有成员共同遵守，并为所有成员服务，在延续中由所有成员共同努力而得以丰富和发展。第五是文化的相对稳定性。任何一种文化均

①杨庭硕，罗康隆，潘盛之．民族·文化与生境［M］．贵阳：贵州人民出版社，1992：2.

自有其特点，可以被人们认识，而且这些特点会长期延续并且相对稳定地反复重现，绝不会在时间的推移中偶然出现或忽然消失，使人们无法认识。这种现象在人类文明史中从未发生过。第六是文化的完整性。任何一种文化均不必依附于其他文化才能生存、延续和发展，即各种文化之间不存在优劣高下之分。文化之间的价值是无法折算的。任何立足于一种具体文化去非议指责异文化的观念和做法，都是破坏文化完整性的行为。这种行为必须加以匡正，否则无法真正认识异文化，也就无真正意义上的文化人类学。

在完整的社会文化体中，以民族为单位的文化发展，是整个人类文化体存在的最广泛的形式。一方面，它既作为原始血亲社会的直接成长结果，又作为现代国家的基本构成单位，用它作为分析单位来透视人类总体文化的存在具有典型意义；另一方面，当代由于民族差异而表现出来的种种问题，已提出了对有史以来人类发展方式进行反思并重新进行价值评价的问题，它涉及我们每一个人如何对自己的现世生活进行正确审视，如何选择人类未来发展方式，以及更好地支配人类自身命运的根本性问题。因此，以民族（文化的载体）作为文化人类学的分析研究单位得到学术界的认同。

民族是靠文化维系的人们聚合体，亦即人们共同体。由于其维系的纽带——文化具有如前所述的诸多特点，因而以文化所维系的民族也相应地具有一系列特征。

其一是民族的客观归属性。基于生存于地球表面不同生境下的个人，由于社会习得的文化各不相同，人与人之间可以划分出不同的民族来，这是一个客观的社会现象。同样地，每一个人必须掌握一种文化，以便使自己置身于特定的民族之中，这也是客观的社会现实。这两者都不以人的意志为转移。因此，在世界上没有民族归属的个人是不存在的，人人都有自己专属的民族，有自己特定的族籍和族称。

其二是民族的文化特有性。民族之于文化具有直接对应关系，当然，这并不排除不同民族之间存在着相同、相似、相近的文化因子。异民族之间当然有文化的交流和互动，可以相互取长补短。然而，这种交流仅止于文化因子的接纳与借用，绝不会是整体文化的照搬。而在接纳与借用过程中肯定有相关民族经过加工和改造，使之适应其固有文化体系的需要，以纳入固有文化中并充当一个组成部分。但是，异文化因子的接纳与否，从不会破坏民族与其文化的直接对应关系。

其三是民族的自我延续性。一个民族的所有成员都自小学习、接受、遵循本民族的文化，成年后又会成为当然的文化传播者，去教育和影响自己的晚辈。“个体生活历史首先是适应由他的社区代代相传下来的生活模式和标准。从他出生之时起，他生于其中的风俗就在塑造着他的经验与行为。到他能说话时，他就成了自己文化的小小的动物，而当他长大成人并能参与这种文化活动时，其文化的习惯就是他的习惯，其文化的信仰就是他的信仰，其文化的不可能性亦就是他的不可能性。”[①]如此世代不息地继续下去，本民族成员在不知不觉中充当着本民族文化的接受者和教育者的双重角色，担任了本民族文化的载体。民族成员的繁衍自然地维系了本民族的种族延续和文化延续。

其四是民族的相对稳定性。民族是一个自我延续的单位，基于民族始终与其特有的文化相对应，并在相对稳定的文化中生存，更由于民族的发展是在内部实现的，而且是以渐次积累和约定俗成的方式去实现，因而民族的发展只能是渐进式。民族既不会突然消失，也不会

①[美]露丝·本尼迪克（即本尼迪克特）著．文化模式［M］．何锡章，黄欢译．北京：华夏出版社，1987：2．

突然出现。所有民族都具有自己悠久的历史，有文献记载的民族如此，没有文献记载的民族也如此。正因为如此，各民族的特点往往可以上溯到数百年甚至上千年，这正是民族相对稳定性的体现。

其五是民族的自我完整性。任何民族存在和发展不以其他民族的存在为前提，任何民族的存在与发展无不是本民族自身独立完成的。民族间的交往固然会促进相关民族的发展，但这并非先决条件。同时，任何一个民族均具备完善的发展潜力，一旦发展条件具备，便可以得到充分的发展。这就是说，民族无论大小，无论其现有发展阶段如何，都无一例外地具备自我发展、自我生存的全部能力。

其六是民族与文化的共生性。文化是民族在改造与利用其生境的基础上由民族成员世代积累而发展起来的完整体系，同时，文化又制约和指导着民族共同体的行为，从而使整个民族在某种意义上协调一致，以明确该民族的生存与发展。民族与文化之间谁也离不开谁，正如身体和精神的关系一样，精神是人在感知世界的基础上发展和总结、归纳的结果，而又维系制约和促进身体的行为，保证身体的生存与成长。世界上既没有无文化的民族，也没有无民族归属的“超然文化”。

民族的属性展示了这样一个客观事实：各民族及其特有文化各具特点，并足以相互区别。各民族的特点，其牵涉极广，内容极其丰富，大到整个民族的统一行动，小到民族成员的生活琐事，都足以从不同的角度和层面反映出该民族的特征来。由此出发，我们可以这么去定义民族：是长期生息在同一生境中的人，为了征服和利用生境的需要，在其世代延续中创造其特有的文化，以之维系独具特色的人们共同体，这样的人们共同体在生境、经济生活、语言、习俗、社会组织、认知方式、族名、信仰、伦理道德等诸方面构成一个和谐的系统，以此与别的人们共同体区别开来。这样的人们共同体就是一个民族。

生态学反对二元对立思维模式，主张生态系统的整体性思维模式，反对机械还原论，反对只看重自然的工具价值，主张自然中每个存在物都有其存在的自我价值，借助生态学的整体、系统、联系的观念及和谐、共生的思想，大学生态系统对民族非物质文化传承和发展从学术环境、学科、课程、专业及教学几个纬度做了和谐建构性思考。[①]

1. 人文—文化共生

民族非物质文化知识和精神、理论的创造与传播，是大学文化生态平衡的重要方式，它的运行首先需要宽容、宽松、宽厚的共生环境。大学的内环境给专家、学者提供了民主、自由探究活动的平台和风气，允许失败，允许有投入的尝试，这样才能为我国文化发展创造出更有原创性、更具生命力和市场价值的成果。在稳定、和谐的学术氛围中，大学各种思维、创造活动或民族思潮，就会非常活跃，这有助于民族精神的成长，有助于为各学术流派、科学发明创造和科学活动提供必要的、平衡的人文 — 文化生态。在中西方文化冲突中，我们要清醒意识到：任何精神产品都有宪法赋予的存在的自由和权利，并有参与自由讨论的权利，用以发展民族先进文化，并且以满足民族文化多样性的文化精神和审美生活需要为评判标准，否则就会造成文化生态的破坏、精神植被的破坏和道德伦理的沦丧。

其次，实现民族非物质文化的人文 — 文化共生还需要“文化自觉”。“文化自觉”这一概念，是费孝通先生提出来的。笔者认为，其中一个重要的内涵，应该是指拥有和传承着一种文化的民族、社区或者个人，一定要对自己的文化有一种自觉的意识，能冷静地看到自己文化的利

①刘慧群．民间非物质文化的大学传承［M］．成都：西南交通大学出版社，2010．

弊，懂得自己的文化，认识到自己文化的真正价值，建立起文化的自尊与自信，热爱它，又积极学习异文化的长处，宽容他者文化。如果没有这种文化自觉，认为自己民族的文化是落后于其他民族或西方、欧美国家的文化，那么民族文化的传承发展就面临着非常危险的境地。文化自觉也是一种文化心态，它以文化自信为前提，在广采博纳其他民族优秀文化的基础上，提高对本民族优秀文化的自识、自重、自尊意识。特别是在今天，在现代化的背景下，各种文化间相互影响、渗入、融合，面对强大的“文化潜移”，更需要用“文化自觉”的态度去传承发展民族文化，也只有这样，民族文化才能在世界文化这个大花园中绽放光彩。从现今民族文化的传承困境看，经济浪潮中的文化主体价值观念变化的一个重要原因就是缺乏文化自觉。所以，大学保护与传承民族非物质文化的途径之首，理应为提倡大学生的“文化自觉”，引导学生走进民族“田野”中，参加各种民族文化活动，在体验与感悟中增强“文化自觉”。提高研究者和大学生的文化自信心，增强民族认同感，是有效传承和发展民族民间非物质文化的重要路径。

2. 学科—学术融合

学科 — 学术融合，是指学科 — 学术活动 — 学术传播载体之间的和谐共生。具体地讲，它既包括大学理论、思想、艺术、科学等领域的共生，也包括大学各种文化、学术机构之间的共生，更包括人文精神赖以生长和传播的内容、学科载体 —— 文学、历史、哲学等学科的共生，以及外来文化和民族文化传统的共生、主流文化和流行文化的共生，以及科学文化与神秘文化的共生等问题。非物质文化遗产，是民族精神文化的重要标志，内含民族特有的认知方式、性格特质和审美意识，承载着一个民族或群体的文化生命密码，它需要我们的教授去感知、去探究，并解决不同地域内文化遗产的种类、数量、分布情况、生存环境、保护现状及存在的问题。这就需要相关大学的管理者和学者将民族非物质文化纳入学科发展视野中，以民族非物质文化作为切入点来整合其他学科并建构有特色的“学科发展”体系，有了学科平台，有了研究的学者和教授，文化便有了创新的价值，大学也便有了特色发展之路。斯坦福大学造就“有教养和有用的公民”，与其遵循的“对旨在扩大人们的头脑和提升人们的工作能力的普通文化十分重视”的路径是分不开的。

民族非物质文化融合到人文社会科学、艺术学科和自然科学等学科研究领域中，以其特有的研究方法和内容使各学科展现民族特色和学术活力，并借助学术活动和学术传播载体延续和永生。

3. 静态—活态结合

大学在民间非物质文化传承和发展方面还可建构静态传承和活态发展相结合的生态模式。在静态传承方面，主要是通过图书馆、陈列馆、档案馆及大学学报与教材等固态载体对非物质文化进行信息储存与传播。如对于扬州漆器，一是建立漆器实物陈列馆，把从民间收集到的各种漆器产品、原料、加工工具和设备等实物及图片资料进行保存与收藏；二是建立档案馆，利用科学技术把漆器历史资料以及各方面专家收集、整理、记录的资料以及地方志加以收藏保存；三是深入发掘漆器独特的文化资源及其表现形式，编写优质教材。但是，这些保护有一定程度的局限性，只能作为历史文物和“死化石”，缺乏生机和发展的动力，而漆器只有在不断的流动中才具有特定的永恒价值。文化保护是在流动中进行的，要保护文化就要理解并深入感知其自然生态环境和人文生态环境。在大学中实现流动的传承，就是要培养鲜活而生动的“传习人”。因此，从专业发展、课程体系、田野调查实践教学、校园文化活动与服务社区（非物质文化遗产抢救、普查、规划，宣传、研究等社会项目活动）等层面和维度构建传承教学体系是民族非物质文化“立体化”活态传承与发展之路，是对前者静态保护的有效拓展和补充。

4. 生态—人文糅合

大学在传承和发展民族非物质文化中，只有在任何一个过程、任何一个环节中，将生态的元素和人文的内涵糅合在一起，才能使民族非物质文化更生动、更鲜活。如在教学实践和研究中，将民族地区千百年来的自然山水风光、民族语言、民族风情、民族风俗、民族节日等自然和社会生活要素融合在一起探究、感悟，并引导学生积极参与其中，使之创新发展。在现代文化背景下，应做到保留传统但不保守，勇于创新但不脱离根本。如对于扬州漆器工艺的传承，就要在继承漆器原有文化传统精华的基础上，在加工原料、加工工艺、产品形式等方面进行改良，以适应当今社会的生活节奏和审美趋向；扬州漆器传统上是以红、黑色大漆辅助以螺钿的形式来进行加工的，外观光亮、细腻、优美，但形式过于单调、呆板，不利于进入普通居民家庭生活。加之价格昂贵，使得扬州漆器产品难以贴近普通居民消费。要改变这一面貌，就要在产品形式方面进行实践创新。比如，可以适当将普通家用产品与漆艺相结合，让使用者不但能欣赏传统漆艺的韵味，还能够增强其使用价值。

此外，大学对民族非物质文化进行生态性建构，除了要有民族人文—文化、学科—学术、静态—活态、生态—人文共生的建构思路外，还要在能量、信息的交流方面，与社会文化生态兼容、共处、共融。

第八章 高校与非物质文化遗产的保护

一、大学保护民间非物质文化遗产的理念

在现实中，参与非物质文化遗产保护的主体，包含多种身份：政府、传承者、工商界、学校等。一般来说，由于地位、动机的差异，他们会各有自己的立场与诉求，各有自己的长处与短处。

首先，政府主要处于决策、组织、统筹的地位。当然，政府不是抽象的，它有具体的结构系统。在这个系统中，不同层级之间地位与诉求也会有差异：居于高层的（中央及省部一级），以制定法规政策为主，掌管宏观调控；越往下，实际参与的程度越高；到基层，甚至是具体组织直接参与。各级政府都把自己的介入视为执政政绩的一部分，要求别人按照它的意志执行。由于这种介入以权力为依托，具有某种强制的功能，因而其构成一种主导力量。这种主导力量可以统辖全局。因此，如果认识或措施上出现偏失，就会酿成大面积损害。我们有这方面的教训，必须引起高度重视。

其次，社区民众（传承和享有者）置身最直接的保护中心位置，其处境和心境，比较复杂：一方面，他们对保护对象的传统生态非常熟悉，深怀感情，充满依恋；另一方面，面对现代经济物质的诱惑，他们又急切希望改变自己的现实生活状况。但他们在心灵深处更期盼两全其美，渴望既改变生活状况，又使传统得到传承，却苦于一时不知如何是好……他们是保护实践最终能否成功的关键力量，也是最焦虑、最矛盾，且意见、建议、诉求最多的一方。如何保护、发挥好这

支关键力量，恰恰是保护实践中的一个焦点和难点。

再次，工商业者大多是出资者，他们很自然地从市场观念出发，两眼紧盯着投资的回报与利润。从本质上讲，这是一支异己力量，弄不好，就很容易将保护引入歧途。例如，他们常常不顾保护对象的生态环境和具体条件，本能地强调要推向市场，从而使之发生生命的扭曲和断裂。但他们手中有资金——这又是保护实践所必不可少的，因此需要很好地协调与引导。只要做好了这一点，是可以发挥其积极作用的。

最后，学校的情况比较特殊。他们从研究的角度出发，更加关注对象是否遭到破坏、其原生态能不能得到妥善保护等这样的一些根本性问题，因而是一支最可靠的科学力量。从纯学术的角度出发，笔者认为价值评估标准、保护客体认定和价值取向定位，是非物质文化遗产保护实践的关键环节。

在这三个关键环节，本书主张，坚持价值相对主义，维系价值体系和思维方式，彰显人本主义思想，为人类未来的生存发展提供多样化的思想源泉，应当作为非物质文化遗产保护实践的基础理论共识。

然而，不论是政府还是社区民众，也不论是工商业者还是学校，要参与民族民间的非物质文化保护，最根本的是都要具有科学的理念，在科学理念指导下的保护行动才是有效的。否则，那种被政绩、利益所驱动的保护行为可能是人类的灾难。因此，我们认为学校参与对民间非物质文化的保护，不仅具有其天然的优势，更主要是有大量的学者参与，其保护的理念比起政府和工商业者来说，会更具有科学性。这主要表现在以下几个方面。

（1）学校参与民间非物质文化遗产的保护与传承，可以科学地坚持文化价值相对主义，质疑价值绝对主义，这从根本上决定了是否实施保护实践。文化尤其是非物质文化遗产的特性，决定了应当将价值相对主义作为非物质文化遗产价值评估这个关键环节的基础理论。与此相反，对价值绝对主义理论持强烈的质疑态度，以便对以价值绝对主义为理论基础的文化霸权行径的危害，保持高度警惕和足够戒心。世界上没有生存环境完全相同的民族，各民族文化所要调适的人与环境的关系千差万别，因而也就不可能有完全相同的文化体系。这一点，正是价值相对主义理论的客观基础。价值相对主义理论的基本要点是：首先，坚持不同民族及其文化之间的相互平等、相互尊重和相互理解，在面对异己的文化时必须保持价值中立，将多元文化的共存共荣视为族际和谐的基础。我们认为，每种文化都是一个独立的体系，都有独特性及其不可替代的价值，都有存在的理由和传承的意义，都是全人类文化多样性的有机组成部分，都应当得到足够的尊重。其次，主张文化的价值是相对的，应将其放到特定的自然、社会、历史环境之中才能进行评价，否则毫无意义。没有一种普适的坐标可以将不同的文化从各自的环境之中剥离出来进行横向的高低优劣判断。从理论渊源上看，价值相对主义与20世纪中叶以来欧美后现代主义哲学思想有内在的逻辑关联性，是对价值绝对主义及其危害进行深刻反思的结晶。在狭义文化的领域，价值相对主义认为任何个人、民族和国家，都没有权力对其他个人、其他民族和其他国家的文化说三道四，反对以任何一种文化的价值体系作为参照标准，对人类各民族的所有文化做出评判。从全球来看，不能以欧美的文化价值观念作为衡量世界各民族文化价值的尺度；从各个国家来看，不能以主体民族的文化价值观念作为衡量少数民族文化价值的参照系。

这里需要强调的是，价值相对主义并非要人们接受或赞同异己的文化体系，而是彰显不同文化之间相互宽容的精神，质疑价值绝对主义。在人类学视野内，价值绝对主义的理论源头是进化论学说。应当承认，进化论学说在人类学学科的建立、反对宗教特创论和退化论方面做出了历史性的贡献，为人类的平等和人权提供了人类学的理论依据。同时，进化论的方法存在缺陷，典型地表现为以思辨代替实证、以局部代替一般、用人类心理或心智的一致性解释人类社会文化发展阶段和各种文化特质的相似性，等等。

回到非物质文化遗产保护领域，价值相对主义对帮助我们摆脱价值绝对主义的局限性，对反制西方中心论等文化单一化的霸权图谋具有很强的现实指导意义。在国内非物质文化遗产保护实践过程中，要特别警惕并坚决反对自觉或不自觉表现出来的两种倾向甚至是两种情绪：一种是将汉文化的标准作为坐标，评价、否定、肢解少数民族文化；另一种是将区域性大民族文化的标准作为尺度，评价、否定、肢解某些区域少数民族的文化。这两种倾向在政治上背离了马列主义的民族理论，不符合党和国家的民族政策，在学术上缺乏理论根据，对非物质文化遗产保护实践的健康发展所造成的负面影响不容低估。

保护非物质文化遗产的根本目的，在于维系人类的文化基因，保持人类文化的多样性，守望人类共有的精神家园。由此出发，在保护实践层面上，面对不同民族的非物质文化遗产表现形式和文化空间，不能以经济学是否赚钱的理念来评估非物质文化遗产的价值，杜绝把伦理学领域的好、坏等二元对立的范畴，引入非物质文化遗产保护实践之中。必须将非物质文化遗产放到赖以生成和传承的特定的环境中，整体评估其对各自民族的生存发展是否具有积极意义，对其做出科学视野下的是非分析。有利于文化的原创者和拥有者的生存发展，具有杰出的历史、科学和艺术价值，且濒危程度严重的非物质文化遗产，都应当加以保护。

在保护实践过程中，目前有一种比较普遍的从一己之好恶出发质疑甚至否定保护对象及其价值的现象。比如，已经有人提出类似的问题——既然你们专家主张要保护古琴艺术、昆曲艺术，那你们是否愿意自己去学古琴艺术、昆曲艺术？是不是要倡导我们大家都去学古琴艺术、昆曲艺术？尽管提出这种看法的人自己未必意识到，但其理论基础就是前述的价值绝对主义。此外，谙熟非物质文化遗产保护理念的人一眼就能看出提出此类质疑者是把自己是否认同、参与某类文化事项和文化活动，与某类文化要素是否有价值、是否应当保护、怎样保护等不同层次的东西完全搅混在一起。如此，便已经失去了与他进行对话和探讨的前提和基础。而提出这种观点的思维方式，其必然的逻辑推理结论则是十分恐怖和霸道的：除了他身处其中的文化之外，其他文化都没有保护的必要性，因为他不理解、不认同、不欣赏，更不可能身体力行地参与保护大多数异己文化。

非物质文化遗产保护实践，呼唤人们对异己文化尤其是对自己理解不了甚至完全陌生的异己文化，多一分宽容和尊重、存一颗敬畏之心，少一点以自我为中心、唯我独尊的霸道。

（2）学校参与民间非物质文化遗产的保护与传承，在所维系的价值体系和思维方式上都有明显的优势，从而可以在保存民间文化多样化的智慧源泉和思维途径，以及界定民间非物质文化保护范围、保护对象、保护措施等方面发挥优势。

文化渊源流变的一般规律，决定了价值体系和思维方式是非物质文化遗产保护实践所要保护的本质客体。《保护非物质文化遗产公约》《国务院关于加强文化遗产保护的通知》和《国务院办公厅关于加强我国非物质文化遗产保护工作的意见》等，对非物质文化遗产的范围做出了明确的阐述。

保护客体必须在权威文本界定的范围之内，但是，在权威文本界定范围之中的文化要素未必都是保护的客体。是否作为保护对象，还需参照具体的标准。《保护非物质文化遗产公约》从符合人权标准、促进相互尊重、顺应可持续发展、丰富人类文化多样性、丰富人类的创造性等角度提出了基本尺度。该公约指出："在本公约中，只考虑符合现有的国际人权文件，各社区、群体和个人之间相互尊重的需要和顺应可持续发展的非物质文化遗产。"联合国教科文组织《宣布人类口头与非物质文化遗产代表作条例》主张，保护客体必须是高度集中的非物质文化遗产，传统文化表现形式必须具有突出的价值，传统文化的表现形式植根于当地社团，民间文化必须对本社团的文化特性起到重要作用，必须在技术和质量上都非常出色，具有反映现存文化传统的价值，且其生存受到某种程度的威胁。

《国务院关于加强文化遗产保护的通知》和《国务院办公厅关于加强我国非物质文化遗产保护工作的意见》，明确了只有具有典型性、具备突出的历史及科学和艺术价值、濒危状况严重、且符合六条具体标准的非物质文化遗产，才可以列入保护名录，才能作为保护对象。

毋庸置疑，以上表述是认定保护对象、实施保护实践的根本依据。同时必须注意到，国内外的权威文件存在不少理论空白点，需要学术界做出回答。前已述及，文化是人类认识环境、谋求生存的思维的结晶，起源特殊性、体系唯一性、后天习得性、群体共享性、功能整合性、特质系统性、价值传承性和历时变迁性，是非物质文化遗产的基本特征。宇宙天地之间无物常在，万物皆流，文化赖以生成和传承的环境时刻处于生生不息的流变过程之中，每种文化的各个组成部分乃至整个体系，不可能永远保持静止不动的状态，必将随环境的变化而变化，所不同者，只是时间早晚和程度深浅而已。从一般意义上讲，发生、传承、交流、变迁，是文化在历史长河中共有的现象，或者说是文化发展的普遍规律。

以此理论认识非物质文化遗产保护实践，问题就随之而来了。非物质文化遗产是农业时代的产物，深深打上了农业文明的烙印，这是业内多数人士的共识。那么，第一，就一项具体的非物质文化遗产而言，它在哪个时期最有典型性？发生时期还是变迁时期或者是其他时期？第二，对于农业文明不占主导地位或农业文明已经淡出历史舞台的民族、国家而言，保护非物质文化遗产的意义是什么？

针对第一个问题，笔者主张重点关注非物质文化遗产的当代形态，强调对每一项遗产当代形态的真实性、完整性的保护。简言之，保护的对象主要是从历史上延续至今的非物质文化遗产。对遗产做溯源式的历时性考察，目的在于把握遗产的历史全貌，而不是要去追寻遗产原汁原味的原生形态。原汁原味、原生形态这些概念，用来做学术理论分析是有用的，但在保护实践中的可行性是值得商榷的。如果一定坚持保护原汁原味的原生形态的非物质文化遗产，就必须回到遗产发生时期的状态，这在实际工作中不可能做到，甚至可能会窒息文化的创新，在理论上则违背了文化发展的一般规律，把文化看成一成不变的静止的东西。有一个现象值得注意，目前不少以原生态歌舞作为旗帜的舞台节目，与非物质文化遗产当代形态的“原生态”都未必一致，更别说真正意义上的原生形态、原汁原味了。而在社会公众中，这类舞台节目不仅影响较大，而且比较受欢迎，这说明文化不仅需要传承，还需要发展和创新。虽然非物质文化遗产保护与舞台歌舞艺术的理念完全不同，但是，我们应该从原生态舞台歌舞的理念和操作手段中，在非物质文化遗产传承发展的实践领域，得到一些方法论的启示。

针对第二个问题，我们承认文化的变迁性，承认每种文化的组成要素包括已经列入我国第一批非物质文化遗产四级保护名录之中的许多文化表现形式，在未来的时间长河中，都会发生变化甚至消亡。同时，应当从哲学高度认识到两点：文化的首要功能，在于调适人与环境的关系以及人自身的肉体与心灵的关系；文化自身具有内在的体系、价值体系和思维方式，是各民族文化的每项要素赖以构建成统一体系的基础。

从长远考虑，无论农业文明是否终结，只要人类存在一天，人与环境的关系以及人自身的肉体与心灵的关系就永远需要调适。保护非物质文化遗产的终极意义，就在于各民族源远流长的价值体系和思维方式，能够为人类调适两个关系提供智慧的源泉。这种终极意义不会随着某些非物质文化遗产的消失而消失，具有普适性。这一点，正是我们主张把价值体系和思维方式作为非物质文化遗产保护实践所要保护的本质客体的理论根据。

实践证明，很多民族非物质文化遗产彰显的价值体系和思维方式，对当代人类谋求人地和谐、人际和睦的人生理想，能给予积极的启发。放眼世界，科学技术和工业文明的发展，给人类带来了充分的物质享受，也把人类带到了十分危险的生存境地，人口、粮食、能源、生态、核武器和人文失落等危机，已经空前严峻地摆在全人类面前。从思想根源上分析，人类碰到的种种危机，表明现代科学技术和现代工业文明赖以立足的理论基础，即人类中心主义和工具理性主义已经走到了理论初衷的反面。

人类需要从世界观的高度重新认识自己，确立新的天人观、历史观、价值观，尤其需要寻求人类中心主义与自然中心主义的衔接点。各民族传统的价值体系和思维方式无疑是当代及未来的人类进行彻底的理论反思的思想源泉之一。当然，机械地套用非物质文化遗产的价值体系和思维方式，不可能解决人类面临的所有难题，但是，各民族古老的智慧，肯定会对帮助人类走出生存困境有所启示。

（3）学校参与民间非物质文化遗产保护，以彰显人本主义思想为主题，这种弘扬人文关怀的精神是对非物质文化遗产保护的实践，也是民间非物质文化保护的基础理论取向或价值取向。

前面提出的维系价值体系和思维方式、为人类化解各种生存难题、保存多样化的智慧源泉和思维途径的思想，已经涉及保护实践的理论取向问题。鉴于理论取向问题的重要性，有必要对其再做扼要阐述。非物质文化遗产与物质文化遗产尤其是与出土文物的最大区别，就在于它以鲜活的形式存在于大众的日常生活之中，是现在和今后的人们安身立命的精神家园。保护非物质文化遗产的落脚点是要传承发展，而不是将其视为历史的尘烟封存进楼阁深处。传承发展的主体是人，传承发展的最终目的也是为了人。

这一点，决定了彰显人本主义思想、弘扬人文关怀精神，是非物质文化遗产保护实践最根本的理论取向。倡导并坚持人本主义、人文关怀的理论取向，在保护实践中具有重要的现实意义。[①]首先，有助于清除对非物质文化遗产传承人的错误认识和错误评价。很多民族尤其是没有文字的民族，口耳相传是他们传承传统文化的主要方式，而那些才艺超群的传承人，是传统文化系统的集大成者，他们的口传心授和行为示范，使我们人类的非物质文化遗产得以穿越漫长的时光隧道传承至今。因此，应从正面对传承人的社会属性做出评价，充分肯定传承人在文化史上做出的贡献。传承人的保护和培养，应当作为非物质文化遗产保护工程的重要内容。其次，有助于把贴近大众、人性化、温情化的思想方法和工作方法，贯穿到非物质文化遗产保护实践的全过程。非物质文化遗产本来就是大家的、民众的，保护方法中不应该出现曲高和寡的现象，更不应该有令人生厌的官僚做派。

①白玉宝，胡荣梅. 论非物质文化遗产保护实践的基础理论共识［J］. 民族艺术研究，2008（2）.

二、大学保护民间非物质文化遗产的原则

我国56个民族丰富多彩的非物质文化遗产是我们得天独厚的宝藏，即使在世界文化领域它也是独一无二的。但在社会发展进程中，传统的民族说唱艺术、生活习俗、民间游戏等非物质文化的生活空间与时间日渐萎缩，很多流传几千年的少数民族非物质文化遗产，已面临消亡的处境。如民族服饰，许多少数民族已经不穿或少穿本民族服装，年轻人更是热衷于世界一体化的“休闲服装”；民族歌舞、乐器、习俗、民族体育等，或因没有生活载体而消失，或因民间艺人相继过世而失传，或因思维方式、审美情趣、价值取向的变化而改变。在许多少数民族地方，所剩无几的艺人也多已年迈力衰，而年轻的艺人如凤毛麟角。因此，在现代化的视野下，我们强调传承少数民族非物质文化遗产是十分必要的。

学校作为弘扬文化的圣地，如何把民间文化纳入学校的教学之中实施有效的保护，已然成为当今高校必须面对的问题。学校是培养各类人才的地方，这里会聚了不同专业、不同爱好、不同志趣的青年学生。在这里，学校教育不仅需要让他们感受到人类文明的博大精深，更需要让他们感受到在得到人类文明滋养的同时，应如何去保护这些即将逝去的各种民族文化。因此，在学校的保护实践中，必须认真地处理好如下关系。

第一，认真理解传统文化与现代化的关系。现代化浪潮的冲击下，每一个民族都要时刻思考传统文化的现代转型问题。如何处理民族传统文化与现代文明的关系，如何挖掘传统文化的现代性以适应现代文明的发展趋势，成为少数民族非物质文化研究进一步发展所必须回答和解决的问题。从发达国家的经验看，他们不是完全否定传统文化，

而是在科学合理评价的基础上积极提炼和梳理传统文化的现代价值。但我们在这方面做得还不够，如随着我国西部大开发战略的实施，在地区经济有了较快发展的同时，一部分民族非物质文化或衰退或变异，其生存和发展受到了极大的挑战。现代化作为一种文明形态，不仅仅是对传统社会的超越和更新，还是对传统文化和文明结构的重新塑造。因此，保护和传承民族非物质文化，就是为现代化准备了条件，打下了基础。

第二，科学处理保护与利用的关系。要完成少数民族传统文化的现代转型，就要处理好保护和利用的关系。两者是相辅相成的，保护是前提，只有保护好才能利用，才能继承和发展。但现今，在一些少数民族旅游区，虽然表现民族特色的用品堆满货架，表现民族文化的各种用具、服饰和礼仪等随处可见，但这些只是为旅游经济而留存的改良品，原本具有的“历史文化信息”已基本消失，这是与少数民族的民间生活相脱节的，并不是对传统文化的保护。从长远来看，只有有特色的非物质文化，才会不断吸引大量的游客，文化产业才有可能持续发展。

第三，把握保护与开发创新的关系。非物质文化是运动的、生生不息的，保护和传承它的主要目的之一就是创新和发展。以服饰为例，它的发展是动态的。各民族的文化背景、文化积淀给服饰研究提供了丰沃的土壤，赋予其鲜活的生命力。今天我们还可以从被大众接受的一些传统款式中看到少数民族服饰的经久魅力。如由苗族和侗族的传统服装演变而来的百褶裙，只不过将原本厚重的手织粗纺布换成了适合都市生活的新型轻薄面料，压褶工艺从手工制作发展成了适应工业化大批量生产的机器压褶整理技术，使用了多重组合，从而使呈现的褶型与肌理效果更为丰富多彩。如由我国傣族典型的筒裙改变裁剪方式后形成的一步裙，融入了少数民族的一些图案、色彩及特殊表现工艺，一改筒裙单调的外观，成为商务休闲正装中备受喜爱的种类。这种在传统基础上开发创新的案例是很多的。

在现代化视野下，正确认识传统文化与现代化的关系，自觉地结合本民族、本地区的实际情况，积极地解决好少数民族非物质文化遗产的传承问题，尽快实现传统文化向现代化的整合与转型，是一项紧迫而艰巨的工作。人们都明白，保护非物质文化遗产，目的在于使它在危机面前不受或少受损害，并得以继续传承下去。但如何才能做到这一点呢？

这就涉及对“保护”的本质的认识，也就是我们究竟要保护什么。事实上存在着两种思路。一种是把对象视为单纯、静止的存在，把“保护”理解为对这种存在的具体保存和维护。这种认识，引出就地修补、异地转迁、圈隔固守、采集保存等常见措施。最终只是头痛医头、脚痛医脚，事倍功半，得不偿失。这样做只能把原本活态的，变成“固化”“静止”的，使之失去存在的生命力。另一种是基于对非物质文化遗产的定义与特征的正确把握，将对象视为有生命的活态存在，认为“保护”的本质要义，在于维护和强化其内在生命，增进其自身“可持续发展”的能力。联合国教科文组织是这一认识的代表。它在《非物质文物遗产保护公约》中明确指出：所谓“保护”，就是指采取措施，确保非物质文化遗产的生命力，包括这种遗产各个方面的确认、立档、研究、保存、保护、宣传、弘扬、传承和振兴。这里不仅揭示了非物质文化遗产保护的根本目标——“生命力”，确定了保护的具体内容，而且特别强调要“确保”其实现，表现出真正的远见卓识和对人类文化建设高度的负责精神。这才是当今人类非物质文化遗产有效的固本求生之道。

我们认为，上述三大关系的处理，不仅是民间非物质文化保护内在本质的要求，也是当代大学中青年学生对人类文明的历史方向的把握。只有让青年学生科学地理解这些关系，并转化为自觉的行为，我国民族民间的非物质文化保护才能取得根本的保证。然而，作为具有人文精神和科学创造的高等学校，在实现对我国民族民间非物质文化保护的这一目标过程中，如下的五项原则需要遵守，因为这是高等学校实施对民族民间非物质文化保护的基本原则。

其一，生命原则。任何非物质文化遗产，作为人类特殊的精神创造，都是一种生命的存在，有自己的基因、要素、结构、能量和生命链，在这里蕴含着生命的全部秘密。因此，要切实维持和增强一种非物质文化遗产的生命力，必须首先借助调研，探寻它的基因谱系和生命之根，找到它的灵魂和脉搏，即贯穿其中由特定民族精神凝铸的核心价值观，从而在源头和根本上准确认识，精心保护。这应该成为整个“保护”的基础工程。只有这一点做好了，守住了保护的生命之本，其他的保护措施才可能是积极的，有效的。申报世界非物质文化遗产代表作的条件之一，是这一文化必须深深扎根于一个地方的传统文化历史中，能够作为一种手段，来体现一个地区的文化特质和价值，对社会团体起到促进作用。倘若不顾于此，舍弃对核心价值观这一灵魂的发掘与保护，也就等于从根上肢解了它的有机生命，文化也就不再是活的文化，所谓抢救和保护，也就会徒具形式。

其二，创新原则。从逻辑上说，创新是生命原则的必然延伸。既然非物质文化遗产是一种生命存在，它就不可避免地在与自然、社会、历史的互动中不断发生着变异。这种变异，有正负两个方向，其负向为畸变——走向扭曲变形，导致自身基因谱系的损伤以至断裂，目前为数不少的在市场炒作下出现的伪民俗即是如此；其正向便是创新——它是非物质文化自身生命在面对新的生存环境时，吐故纳新，顺应同化，自我调节变革的结果，是传统价值观与现代理念交合转化的新生态，尽管外形已有所不同，其始终内含基因谱系的连续性。这种积极创新，促使保护对象得以应时而变、推陈出新、生生不息。细观非物质文化的生命史，贯穿其中的正是人类过去、现在和未来的创造力。因此，确保非物质文化遗产的生命力，就其自身而言，关键的是保护和激发它的创新能力。对于任何生命来说，创新能力都是自我发展的主动力，非物质文化遗产也是如此。

其三，整体原则。所谓整体原则有两重含义：一是生态整体，这是由非物质文化遗产的生态性特征决定的。它要求在对某一具体事项进行保护时，不能只顾及该事项本身，而必须与连同它的生命休戚与共的生态环境一起加以保护。当然，这个环境也是在不断发展变化之中的，但那只是自然选择的结果，依然保持着自身的生态平衡。可以想象，假如把一个原本活跃于民间生活中的故事家从“民间”提取出来，人为地“推向世界、推向市场”，割断其与生活及民众的联系，他的故事活动一定会失去原有的生命而蜕化变质。二是文化整体。一个具有悠久历史的民族，它所创造的非物质文化，是多种多样，丰富多彩的，虽然在具体内涵、形式、功能上有所不同，但它们都是该民族精神情感的衍生物，具有内在的统一性，是同源共生、声气相通的文化共同体。我们所要保护的，正是这样一个文化整体。整体固然可以是众多局部的有机整合，但任何局部（即便是最杰出的代表）都不可能完全代替整体。倘若忽略这一原则，在“保护”实践中，只重代表性事项，轻视乃至割弃其他相关事项，也会造成不应有的损失。目前各地争相申报世界非物质文化遗产的背后已隐藏着这样的倾向。

其四，人本原则。非物质文化遗产保护实践中，经常会碰到这样一个问题：当某一特定事项需要及时保护甚至抢救时，与所在地民众对于经济利益的追求发生矛盾。这时候，就需要坚持以人为本的原则。这里也有两重意思：一是必须关注和尊重人的现实需求。这是因为，追求经济发展和幸福生活，是人类天然的、正当的要求，不然便违反了人性。保护遗产决不能以妨碍经济发展、降低人的生活质量为条件，那是本末倒置的愚蠢行为。二是必须相信，只有人才是非物质文化遗产保护的无可替代的能动主体，要相信他们的聪明智慧和守护民族文化的责任感。因为说到底，无论“生命”也好，“生态”也好，“创新”也好，一种非物质文化的全部生机活力，实际都存在于生它养它的民族（社区）民众之中——在精神和情感上他们是结为一体的。一个特定的社群，作为一种非物质文化遗产的创造、享用和传承主体，他们绝不会在满足经济物质生活需求的时候，忘记自己的传统文化。因为那是他们的精神之根。他们一定会想方设法积极参与，在困境中努力寻求两全，找到有效保护和弘扬之策；反过来，也只有依靠这些与对象相依为命的真正主人，“保护”才能得到可靠的保障——他们最知道保护对象的饥渴冷暖和发展需求。中国民俗学会理事长、中国非物质文化遗产保护工作专家委员会副主任刘魁立先生在一次关于非物质文化遗产保护的国际研讨会上指出：从根本意义上说，无形文化遗产的保护，首先应该是对创造、享有和传承者的保护；同时也特别依赖创造、享有和传承这一遗产的群体对这一遗产的切实有效的保护。这是很有道理的。联合国教科文组织深知这一点，在《非物质文化遗产保护公约》中明确强调要“努力确保创造、延续和传承这种遗产的社区、群体，有时是个人的最大限度的参与，并吸收他们积极地参与有关的管理”。如果把传承主体视为消极甚至破坏性力量，恐怕是肤浅的。当然，必须认识到他们也有一个在实践中学习和提高的过程。

其五，教育原则。由于非物质文化遗产具有活态性、民间性和生活性特征，它的保护就不只是哪一个时段、哪一个部门、哪一部分人的事，而是一个全社会经常性的事，尤其是一代又一代后来人的事。这就需要教育——向全社会尤其是高等院校的青年人进行保护非物质文化遗产的教育，要提高整个民族的保护意识，使人人都懂得保护的重要性，明了为什么要保护，以及如何保护，从而造成强大的社会舆论，让保护进入人们的日常生活，代代相继。教育还有一个任务，就是加强管理和科研人才的培养，努力提高他们在相关的理论方法和技能方面的能力。这样才能兼顾普及与提高，形成上下互动的良性循环，促使非物质文化遗产保护在实践中不断扬长避短，这样才有益于对象生命力的恢复与发扬，同时避免新的破坏，使保护工作走向科学和完善，真正实现有效保护。

三、大学保护民间非物质文化遗产的手段

有学者指出，大学对民族民间非物质文化遗产进行保护主要是通过学校图书馆。①我们认为除了学校图书馆外，大学的科研机构也应成为民间非物质文化遗产保护的主要力量。大学在对民间非物质文化遗产的保护方面，主要依靠两个方面的队伍：一是高等院校的科研队伍，二是高等院校的图书馆队伍，二者相辅相成。在高等院校实施具体的民族民间非物质文化遗产保护过程中，高校图书馆与科研机构相得益彰。

第一，积极参与本地区非物质文化遗产的普查工作。普查摸底是非物质文化遗产保护的基础性工作，只有打好基础，才可以统筹安排好以后的保护抢救工作。高校图书馆要积极参与到普查工作中去，在充分利用已有工作成果和研究成果的基础上，分地区、分类别制订普查工作方案，统一部署、分工合作、有序地进行地区非物质文化遗产

---

①金文坚．高校图书馆保护非物质文化遗产的理论与实践研究［J］．图书馆学研究，2007（7）．

的普查、认定和登记工作，全面了解和掌握本地区非物质文化遗产资源的种类、数量、分布状况、生存环境、保护现状及存在的问题。通过搜集、记录、分类、编目等方式，建立非物质文化遗产名录体系。在科学论证的基础上，为当地政府提供决策所需的信息资源，制定出地区非物质文化遗产保护规划，明确保护范围，提出长远目标和近期工作任务。

第二，展开田野调查，真实、系统、全面地记录非物质文化遗产。非物质文化遗产的不可再生性，决定了我们必须把保护放在第一位。非物质文化遗产内涵的丰富性，以及它体现的民族性、独特性、多样性，决定了对它的保护方式也应当是多样的，适宜与相关单位分工合作，单靠一个单位是无法完成保护任务的。但是，不管保护方式怎样多样，都要以保持其原生态、保持其内在规律和自然衍变的生长过程为原则。所以，我们要根据普查出来的非物质文化遗产名录，根据其历史、文化和科学价值的高低、生存情况的紧迫程度来合理安排先后顺序，对其进行抢救性的田野调查工作，用文字、口述访谈、录音、录像、数字化多媒体等手段，对保护对象进行真实、全面、系统的记录。这样才能为保护工作提供真实的依据。

第三，对非物质文化遗产资料进行加工、整理、保存工作。我们要对调查收集到的资料进行加工、整理。加强整理的原则是要保持“原汁原味”，并通过科学的方法进行分类、编目，建立档案，将非物质文化遗产实现知识体系化，妥善收藏。在条件允许的情况下，最好将非物质文化遗产资料数字化，建设非物质文化遗产资料数据库，通过互联网技术建设非物质文化遗产网站。地方文献数字化后，人们可以方便地从文字、照片中看到那些消失了或存在消失危险的非物质文化遗产。运用互联网更加有利于开展非物质文化遗产的宣传保护工作，而且，进行研究时也便利多了。

第四，组织开展对非物质文化遗产的研究。高校有科研的优势，组织相关专家学者对非物质文化遗产的重大理论和实践问题进行研究，可以对相关的非物质文化遗产保护起指导作用。注重科研成果和现代技术的应用，有利于非物质文化遗产保护工作的顺利开展。高校图书馆收集、收藏非物质文化遗产资料，是为了传播和利用地方文化，为本地区的建设服务。因此，组织各方面专家进行研究，为本地区各项事业的发展提供帮助就显得尤为重要。

第五，加大宣传力度，营造保护非物质文化遗产的良好氛围。高校图书馆一方面可以通过在学校的宣传和教育，引导广大学生对非物质文化遗产的关注和兴趣，开展非物质文化遗产进校园的活动，邀请传承人或团体进行校园传习活动，使该项非物质文化遗产的传承后继有人；另一方面，高校图书馆可以利用节日活动、展览、论坛、讲座、专业性研讨等形式加强宣传，加深公众对非物质文化遗产的了解和认识，提高公众对非物质文化遗产保护重要性的认识，增强全社会的非物质文化遗产保护意识，在全社会形成保护非物质文化遗产的良好氛围。

目前，全国高校都在积极地参与民族民间非物质文化遗产的保护工作。有的高校把民族民间非物质文化遗产的研究列为学科建设的内容，设立了相应的研究基地或研究中心；有的积极地参与了地方政府对正在消失的非物质文化遗产的申报工作，并进行了大规模的实地调查，为区域内民族民间非物质文化遗产的保护提出了各种方略。所有这些行动，都力图在学理上为我国民族民间非物质文化遗产的保护寻求科学的解释，以引起全社会的高度关注，并力图将其研究成果转化为社会行动。

非物质文化遗产保护是全球最受关注的热门话题之一，许多国家都先后制定了相关法规和措施来保护本国的非物质文化遗产。中国在保护非物质文化遗产方面起步较晚，理论依据大多借鉴于国外，分头实施导致理论依据的自相矛盾和行动措施的相互冲突。要做好全国非物质文化遗产保护方面的工作，首先要建立自己的一套完整统一的理论构架，以指导非物质文化遗产的评估、保护、研究工作。我国非物质文化遗产保护研究机构，需要整合学校各方面非物质文化遗产相关研究力量，着手研究、制定我国非物质文化遗产保护和评估的理论建构和整体规划以及行动方案，并在相关研究领域取得丰硕的成果，收集并整理一批国内外关于非物质文化评估、保护、利用等方面的保护文件与法规，并运用人类学田野调查方法进行系统调查，收集和整理大量亟待保护的、珍贵的地方性知识和技能、技术等非物质文化遗产方面的第一手相关资料。

自非物质文化遗产保护理念被提出以来，国内外不同的研究机构和学者纷纷提出了自己的理论见解，并据以建构相应的保护方案，相关国家及跨国组织直至联合国也随之采取了制定法律、协议等相应行动和措施。中国在保护非物质文化遗产方面起步较迟，要提出可行的行动方案，必须先行确定非物质文化遗产的科学定义，这样才能协调保护行动，并形成协调一致的行动方案。

笔者认为任何民族的文化均由物质文化和非物质文化两个侧面有机构成。物质文化是民族文化这一人为信息系统节制下通过社会人类劳动而凝结起来的物质形态，也就是该民族文化的物化形态，如该民族的特有经济产品、公共设施、法律体制等。而非物质文化遗产则是指该民族文化的人为信息系统本身，包括该民族信息的发送、接收、解读并据此节制物流、能流、人流构成和谐有序的物流及其聚合形式。所谓非物质文化遗产的保护，就是要保护该民族的这一特有的人为信息体系，使其具有稳态延续及自我创新的能力。在经济全球化的今天，只能通过市场机制调节去完成保护使命。而作为信息系统存在的非物质文化遗产，只能纳入信息产业的轨道去完成保护使命。

要将非物质文化遗产纳入信息产业，必须具备四大前提：一是明辨产权；二是明辨法人资格；三是明辨市场运作规范；四是明辨论证、评估体系。只要完成上述四大前提建构的立法、经营、论证、管理，就可以凭借相关民族的个人与群体，在规范的产业框架中实现对非物质文化遗产的保护并极力去创新。

当前国内外信息产业的管理和保护往往是以第一、第二产业的成熟经验为依据，并通过商标法、知识产权法去规范信息产业的运行，以至于在不同的国家，在立法和管理上存在着明显的差异，跨国的信息产业纠纷得靠多边协商乃至世贸组织去加以协商。这种格局对尚未取得跨国公认的信息产业资格的各民族非物质文化遗产而言，显然是一个极其不利的市场背景。若不突破这一难点，有关非物质文化遗产保护的方案就无从着手。

各民族非物质文化遗产的本质注定其价值具有相对性，要使这种相对价值获得明晰的产权认证，就需要使各民族的非物质文化遗产获得跨文化的价值论证。为此，必须先行规范论证秩序和论证资格，这项任务只能借鉴文化人类学的相关理论、资料积累和相关规范，进而还需要获得相关行政当局对论证结果的法定程序确认；还必须落实到产权实体和经营实体，才能投入信息产业运转；最后还必须有相应的评估机构和监督机构通盘管理非物质文化遗产信息产业的运行。只有这样，非物质文化遗产信息产业才能纳入正常的市场运行，非物质文化遗产的保护与极力创新也就有望借助社会力量的能动作用而获得高效的保护，并实现相应的商品价值和社会价值。

基于对非物质文化遗产实质的把握和定义的明确，保护各民族非物质文化遗产的具体内涵在于将各民族非物质文化遗产相应的信息系统落实到具体的企事业单位和团体，赋予这些企事业单位和团体以利用和创新的法人地位。通过这些实体的社会化、市场化运作，实现各民族非物质文化遗产的有效保护和能动创新。

在我国高校中，已有中央美术学院、南京大学、苏州大学、南京艺术学院和其他部分高等院校在学科研究、教学、发展基础上建立民族民间非物质文化遗产研究基地或研究中心。值得一提的是，中央美术学院在原民间美术研究室近20多年研究的基础上，为适应新的国际、国内社会发展的紧迫形势，更好地发挥大学教育在非物质文化遗产保护方面的重要作用，2002年5月正式建立了非物质文化遗产研究中心。在国内高校中率先创建并完善了以非物质文化遗产——中国民间文化艺术研究为主旨的新学科，将民间美术作为人类文化遗产，正式系统地列入大学艺术教育，填补了“学院派”教育中长期忽视民间文化艺术认知教育的空白。中央美术学院非物质文化遗产研究中心正在进行和即将启动的一系列科研及社会策划项目，标志着中国高等艺术教育在社会大的转型变革时期，将在非物质文化遗产传承保护、研究、社区文化发展以及专门人才培训等方面发挥重要的历史作用。

中央美术学院建立了非物质文化遗产的新学科，不断与当代信息沟通，旨在使学科成为一个文化信息的集聚地、文化遗产的学习传承地，一个青年与知识集中的文化信息平台。在这个平台上，我们一方面要解决非物质文化遗产在大学里的认知学习、传承创造的问题；另一方面大学教育要与民族现代化发展相结合，培养能够适应社会发展的复合型人才、具有文化创造力的人才。作为信息平台，大学教育的终极目的是为社会发展提供人才和信息。所以说，我们应积极与社会不同领域的学科进行沟通，根据社会发展的前景来调整学科知识结构的重组。

中央美术学院的非物质文化遗产研究中心是具有独立操作性质和广泛合作方式的，科研与教学并重的信息基地。其学科建设的理念在于关注人类文化遗产，关注本民族优秀文化传统的可持续发展价值，关注民间非物质文化遗产的保护传承，关注民间社区文化发展创造，关注大学教育在社会转型期对文化与遗产方面的重要作用，探索产、官、学、民合作的科研操作理念，实现科研社会参与和新型专业人才的培养。该中心的职能主要有两个方面：其一，面对教育，中心的职能是把民间艺术作为文化遗产引入大学艺术教育体系，加强中国本原文化基因的认知，推动当代多元文化教育的改革发展，推动民族、民间优秀传统创造性的传承发展，推动大学相同学科的普及建立，培养非物质文化遗产研究与规划管理专门人才。其二，面对社会，中心的职能是参与国际、国内人类文化遗产的保护传承及民间社区可持续发展方面的工作，发挥大学教育在文化遗产方面的重要作用，参与民间社区文化遗产保护、文化生产力的发展创造，创立具有国际化水准的学科与学术中心。

我国高等院校在非物质文化遗产研究方面的中心工作，都是以民族民间原生态文化信息抢救、搜集、整理、研究为基础，将信息转化为知识体系，使其在教育和社会发展需求中发挥作用。从中央美术学院所做的工作看，主要内容集中在以下几个方面：

（1）建立视觉文化符号工作室，加强视觉民俗文化学及民间符号学的研究与教学；

（2）建立非物质文化遗产传媒与规划工作室，加强原生态文化抢救及可持续发展参与；

（3）建立中国非物质文化遗产档案库；

（4）建立民间美术信息库；

（5）配合国家民间文化遗产普查抢救工程，开始民间文化遗产抢救行动和民间原生态信息考察采集工作；

（6）完成大学非物质文化遗产教学教材的编写工作，为启动“文化遗产规划管理专业”本科教学做准备；

（7）开展中国民间符号学的课题研究工作，将视觉文化符号学作为新的信息传播方式纳入艺术教育，寻找中国本源文化和现代教育更广泛、更具实效的切入点。

在我国高等院校中实施对民族民间非物质文化遗产的研究，有助于实现本土文化的教育与普及性知识教育的接轨。我们已经清醒地认识到，在世界经济一体化的今天，首先要关注的应该是人类文化的多样性。如果人类的发展失去了丰富性与多元性，很多人性的价值也会丢失。国际上已经提出了经济一体化，文化一定要多样化、本土化。中国在这样的背景下，怎样既保持经济可持续发展，又保持民族有价值的文化资源的可持续发展？在这样的历史条件下，学院教育中的发展，无疑将涉及高等院校文化与艺术教育体系的扩展与整合。高等学院不仅要教一般意义上的视觉价值体系，而且要关注本民族自身的文化传统在大学艺术教育中的实现，研究寻找一种符合这种艺术价值文化体系的教学方式。目前的学院派在文化价值观念上是单一的，教学体系和教学方式也是单一的。民族民间非物质文化研究基地的建立，应该能够解决这样一个问题，学院教育应当探索解决多元文化教育的实践。

由于在高等院校的教育中增添了民族民间非物质文化遗产的内容，在教育教学改革的大环境下，把民间非物质文化遗产作为一个完整的文化体系及教学体系引入高校的教学体系，由此开创了高等院校的教育与本民族的文化传统接轨、与西方文化接轨、与民间文化传统接轨的先河。如果文化遗产有 100 种，而在学院教育教学中只反映一两种，那么这种教育是滞后和狭隘的，同时也是失败的。所以，高等院校应在开放包容的教育观念上支持新学科的发展。作为一个古老文化积淀极为丰厚的民族，要保护和传承自己的文化遗产，首先应该明确大学就是一个文化遗产的学习基地，以青年为主体的大学，也是民族文化遗产传承、创造发展的主体。

一个民族文化的创造力是建立在民族文化基因发展的基础上的，其实现也是要靠青年群体来参与的，把文化遗产引入大学是非常重要的。文化是一定要发展的，一个民族的文化像大河，它是不断流淌的。但是怎样发展，这里存在着自发与自觉两方面的问题。这里要解决的一个问题是，不仅要在大学里把文化遗产引入教学体系，并培养这方面的人才，反馈到社会之中发挥作用，而且要倡导全国所有高等院校来积极地、紧迫地以民族文化整合心态来认知自己的文化资源。尤其是文化遗产丰富地区的大学，都应为当地文化遗产的保护与传承及文化生产力的发展发挥积极的桥梁作用。我们不能把学术做成单一的文本，也不能让学术脱离文化活态的研究。我们应当使学术在社会发展中起到作用，让教育成为文化可持续发展的重要桥梁，使文化健康、有朝气地发展。

四、大学传承非物质文化遗产的途径

一个民族的发展是借助文化传承来实现的，传承是中华文化向前发展的前提条件。全面提高高等教育质量，必须大力推进文化传承创新。高等教育是优秀文化传承的重要载体和思想文化创新的重要源泉。党的十八大报告也明确提出扎实推进社会主义文化强国建设，推动社会主义文化大发展大繁荣等时代课题。中华文化是经世代传承进而不断演化、发展而形成的特有文化，具有鲜明的地域特征。而地方高校是地域文化的集聚区，作为中华文化研究、传承、开发的主要阵地，我国地方高校拥有雄厚的地域文化研究实力和坚实的文化研究基础，在民族文化传承的道路上，肩负着重要的使命和责任。因此，探讨我国地方高校传承中华文化的路径，首先要厘清和挖掘高等学校与地域文化之间的密切关系。

高等学校进行民族文化传承就必须要充分利用学校所在地域的文化、自然资源等方面的特色，而地域文化作为高等学校民族文化传承的重要资源，对高等学校的影响是潜在的、深层次的。从中华文化的传承来看，地域文化是源流，是载体。高校在推动地域文化发展与繁荣的过程中，肩负着重要的历史使命和社会责任。那么，什么是地域文化呢？高等学校与地域文化之间的关系又是怎样的呢？

从已有对地域文化的研究来看，由于研究的侧重点不同，不同学科对地域文化的理解各异。从历史学的观点来看，我国历史悠久、幅员辽阔，不同地区和民族之间的地理环境、生存条件、民族特点、人文风俗都存在着较大差异。随着历史的变迁，不同地区、民族的人们通过交流、融合形成了风俗习惯、价值取向、思维方式、伦理道德等方面的差异，这些差异逐渐演变成以自然环境和地形地貌为标志的特色文化，即地域文化，如关东文化、齐鲁文化、吴越文化、巴蜀文化等。从文化人类学的观点来看，地域文化是指在一定空间范围内特定人群的行为模式和思维模式，而不同地域内人们的行为模式和思维模式的不同导致了地域文化的差异性。也就是说，人们对特色文化的选择与结合显示出不同地区所具有的个性特征。但是，地域文化同时也会明显地制约和影响人们的生活方式和思维习惯。从哲学的观点来看，地域文化是一种生存方式，这里包括两个层次的含义：一是指特定历史凝结成的稳定的生存方式，如同身体里的血液一般自发地左右着人的各种活动，例如语言、风俗习惯等；二是指存在于某种社会活动或某种社会的特定领域中的内在的、机理性的动因，是深层次制约和影响每一个体和每一种社会活动的生存方式，例如思维模式、价值观念、伦理道德等。可见，对地域文化这一概念的理解，要将其放置于具体的学科、研究课题、研究情境之中，而不能孤立地研判。

而在教育文化学的研究领域中，地域文化是指一定地域内历史形成并被人们所感知、认同、传承下来的各种文化现象和思维方式，既包括物质形态文化层面，也包括非物质形态的精神文化层面；既包括本地域的汉民族文化，也包括本地域内的少数民族文化，具有“地方性”“民族性”“差异性”“亲缘性”和“边缘性”的特点。地域文化是塑造、培育中华民族精神的能量与养料，它以其自身的个性风格与特殊内容成为学校教育中不可或缺的重要组成部分，是高等学校特色教育发展的基础，是高等学校特色教育发展的源泉。

人类学家徐杰舜曾认为“文化适应是一种文化的要求”，而地域文化与文化全球化的协调发展所蕴含的是一种积极意义的文化适应，也就是“文化调适”。“文化调适”是指“社会群体在文化传播和交流中，经过接触、联系、冲突、适应、调整，吸收外来文化因素，从而改变原有文化结构和模式的过程”。从文化学的意义上来说，并没有一种不变的、纯粹的、不受外界影响的、独自延续的实体文化，文化总是处于一种互相影响、不断演进的复杂的互动过程之中。对于地域文化来说，它不是一成不变的，是需要发展的文化，从理想层面的含义来讲，文化全球化是指各民族带着各自的文化背景、伦理道德、价值观念相互交往，实现文化兼容、共同发展的状态及趋势，它可以加快各国文化之间的交流，也可以使各国文化在交流中得到发展。因而，地域文化对全球化的认同、适应和接受是有条件的，即地域文化只有与时俱进，从封闭走向开放，从传统走向现代，从地域走向世界，实现地域文化的转换和更新，才能与全球化协调发展。

文化调适的过程不能是因为受到外在压力而做出的被动反应，应该是一个积极主动的过程。历史上，地域文化常常被视为边缘文化，遭到主流文化的排挤，甚至和“落后”“迷信”同义。文化调适要求地域文化不能自我封闭，要以宽容、批判、学习的心态接受现代化，要正视、承认地域文化与全球化、现代化之间差异的客观存在。同时，还要发现、发掘地域文化与全球化协调发展的同一性特征，从共性中寻找发展的契机。高校文化既包含传统文化，也包含现代文化；既包含本土文化，也包含外来文化；既包含现代科技文化，也包含人文精神文化。因此，从高等学校民族文化传承的视角来看，校园文化建设要秉持思想自由和兼收并蓄的理念，充分利用地域文化资源，有选择、有批判地吸收现代文化中的合理成分，积极吸纳现代文化的精髓，取其精华，去其糟粕。

文化调适要求地域文化在以开放的胸襟和广阔的视野，积极吸纳其他民族优秀文化成分的同时，保持自身文化的特点，不失个性，不断创新。创新就意味着要独树一帜、别具特色，但前提是一定要维护中华文化的独特性。总体上来说，地域文化是中华民族文化的重要组成部分，地域文化不仅具有独特的形式美，而且还有深厚的社会价值和精神价值。地域文化与现代化的协调发展也是中华多民族文化之间以及与外来文化之间的碰撞、融合的结果，它的文化精华是多地域、多民族文化调适的结果，而不是单一地域、民族的产物。文化的根本价值也蕴含在它的地域性里，地域文化自身具备的文化个性和创造精神是任何外来文化所不能替代的。因此，要正确处理好地域文化变迁过程中的文化调适，地方高校不是对文化进行一般意义上的继承和延续，而是要不断创新文化。

地域文化与文化全球化的协调发展对地域文化本身来说既是一种发展，同时也是一种挑战。从文化全球化的特点来看，这种挑战主要源于全球化最大的弊端，即毁灭了文明和文化的多样性。而地域文化本身就是一种多元的文化，虽说这种多元是“有限”的。这就要求地域文化在调适的过程中主动放弃“唯我独尊”的性格，积极主动地调整自己，养成海纳百川的健康心态，不断学习，夯实自身的文化基础，迎接新的挑战。高校弘扬、传承文化的目的是让传统文化适应新的现代生活，而地域文化参与全球化交流的实质就是让各个民族之间形成一种心灵上的沟通和情感上的共鸣，以达到一种相互理解与尊重的目的。

“整合”是文化学中的一个重要理论范畴，自从泰勒在他的著作《原始文化》一书中最先提出“文化是一种复杂整体”这一定义后，“文化是复杂的整合体”“文化往往是呈整合状态的”就成了文化的基本特征之一。此时的“整合”侧重于文化特质与文化模式之间的协调一致或自成一体。于是，“文化”与“整合”结成一体，主要指“各种不同的文化要素或形式相互适应、协调，从而成为一个有机体的过程”。这个定义包含如下三个方面的内容：文化整合的前提是文化之间存在着差异；文化整合是由不同文化之间相互接触、碰撞而产生的，它们之间存在着某种必然的联系；文化整合表现为不同文化之间相互吸纳、相互影响、相互依赖的关系。可见，选择科学的文化整合模式与途径是决定地方高校文化传承成功与否的关键。

一所高校若没有自己的办学特色，就没有了活力。“高校的办学特色是指一所大学在发展历程中形成的比较持久稳定的发展方式和被社会公认的、独特的、优良的办学特征”。高等学校的办学特色直接关系到民族文化的传承与发展，反映了一所高校的办学态度和发展方向，潘懋元教授就曾指出：“办学民主与学术自由是高等教育进行文化选择和创造的必不可少的条件。”而地域文化的地方性、民族性特征恰恰是高等学校特色办学理念生成的沃土。因此，高等学校要立足本地、本区域丰富的民族文化资源优势，结合其他民族优质的文化资源，开展特色办学，进行民族文化的传承工作。如我国东北地区历史上是众多民族的聚集区，来自俄罗斯、日本、朝鲜等国以及我国中原地区的文化融合在一起，对当前高校的特色办学仍有很大的影响，目前仍有很多高等学校与俄罗斯、日本很多高校开展项目、人才培养等合作，通过整合、提炼和优化校内外优势资源来树立高度的文化自信，以文化自觉的态度来整合校内外的优质文化资源。费孝通先生指出文化自觉是指“生活在一定文化中的人，对其文化有‘自知之明’，明白它的来历，形成的过程，所具有的特色和它的发展趋向”。可见，高等学校如果能坚持将地域文化的优秀传统整合到学校的特色办学理念之中，结合自身的实际情况，以“文化自觉”的责任感走向民族文化的特色发展道路，那么，在办学理念、教育思想、教学风格、教学方法等方面都会保持其独特性。

文化整合是文化自我完善的一种方法，高等学校要实现对民族文化的传承，全面提高教育质量，就必须重视学校的课程体系建设，在课程中体现“地域文化整合教育”。因此，地方高校可以立足本地区、本民族的文化特色，对地域文化资源进行选择，精选教育内容，在吸收主流文化及国外先进文化的基础上，结合民族文化进行地域整合，开设具有地域特色的地方课程或校本课程，对来自其他地方或其他民族的学生进行本地区的民族文化课程教育，打造地域文化的特色品牌，构建有独特魅力的地域文化。同时，通过这些地域文化特色课程，还能培育地域文化建设的人才，更好地为本地区和国家培养高质量、高素质的优秀人才。

地方课程或校本课程体系的建设重在培养学生多元文化的价值观念、态度和行为，培养学生关注并热爱本地域的特色文化以及多元文化交往能力的发展和形成。用美国著名高等教育家伯顿·克拉克的观点来理解，这也是“一种规范性整合”，而“整合”的凝聚力就来自组织成员共享的信念、态度和价值。地域文化课程建设的本质就在于增进学生对不同地域、民族间文化的理解，促进各民族文化之间的传播、交流、融合。我国东北地域文化中至少蕴含了十个世居少数民族的文化，满族的刺绣、蒙古族的摔跤、达斡尔族的说唱、赫哲族的图案艺术、鄂伦春族的手工艺品、锡伯族的绘画、鄂温克族的民间文学、朝鲜族的荡秋千、回族的服饰、柯尔克孜族的诗歌等，这些民族文化中的优秀传统，如语言文字、英雄史诗、民族歌舞、体育游戏等对东北地区的文化繁荣、文明进步、文化多样性的保持都做出了重要的贡献。因此，以建设地域文化课程的形式来整合本地域的民族文化资源，是高等学校民族文化传承的必由之路。

作为社会主义先进文化的重要组成部分，高等学校校园特色文化都是本地区、本民族历史发展积淀的结果，具有历史继承性和多元性的特征。高等学校在发展、壮大的过程中，不断吸取地域文化、本土文化的精髓，将之进行整合，使之逐渐形成具有地方、民族韵味的校园特色文化。

高等学校的校园文化建设包括物质文化建设、制度文化建设和精神文化建设三个组成部分，其中物质文化体现在高校的文化底蕴，制度文化体现在高校的文化传统，精神文化体现在高校的文化价值取向。在物质文化建设方面，高等学校要积极主动地营造自己独具特色的文化，可利用建筑、环境设施等实物来凸显地域文化特征，如建设校园文化艺术广场，组织学生拍摄反映地域特色、民族风情、英雄事迹的文化宣传片，既传承了民族文化，传播了大学精神，也锻炼了学生的实践能力；在制度文化建设方面，学校要将师生在民族文化传承方面的工作和地域文化特色课程建设纳入学校的规章制度之中，搭建各种平台，建立促进教师、学生参与机制；在精神文化建设方面，既可以开展不同学科、专业的学术研究活动，开展跨学科学术讲座，也可以组织师生参与本地方具有民族特色的文化活动，无论是泉州的提线木偶戏、东北的二人转，还是傣族的舞蹈、侗族的大歌、土族的童谣，这些都融汇了各地域、各民族文化的精髓，都彰显了独特的地方与民族文化特色，这些都是高等学校精神文化建设的重要组成部分。

总之，地域文化是高等学校开展特色化教育的源泉，是高等学校开展民族文化传承的动力和保障，而文化调适与文化整合则是我国地方高校传承中华文化的路径选择。[①]

①张雪娟．调适与整合：地方高校传承地域文化的路径选择［J］．学术交流，2014（6）．

第九章　大学与非物质文化遗产的传承

一、大学传承非物质文化遗产的机制

非物质文化遗产（以下简称“非遗”）是各族人民世代相传，并视为文化遗产重要组成部分的各种传统文化的表现形式，也是民族精神文化的重要标识和集中反映，蕴含着一个民族赖以生存和发展的特有生产生活方式、智慧和思维方式，承载着一个国家、一个民族的文化生命密码。近年来，非遗保护、传承工作不断推进，取得了诸多成就，但在实际工作中也呈现出不少机制问题，如何创新、优化非遗保护、传承机制，成为非遗工作者共同面临的问题。

让非遗在公共文化服务的优质供给中得以保护、传承。各级文化部门大都与非遗保护中心联系密切。保护、传承非遗是各级文化部门的重要职责，同时，非遗也是各级文化部门开展公共文化服务所依托的重要资源和优质资源。创新非遗保护、传承机制，对于文化部门而言，重要的一点就是要把非遗保护、传承和公共文化服务的优质供给有机结合。一是让非遗在公共文化设施的优质供给中得到保护、传承。文化部门应建设好非遗空间、展馆展厅，采用现代技术，优化展陈展示，向公众开放。同时，要带动企业、社会组织、个人等建立各级各类非遗场馆、展厅、基地、传习所等，作为公共文化设施和公共文化空间向公众提供。省级文化部门可侧重向非遗研究者、非遗保护工作者、代表性传承人、高校学生等提供高端服务。二是让非遗在公共文化产品的优质供给中得到保护、传承。文化部门应充分利用非遗资源，结合正在开展的国家级非遗项目代表性传承人记录工程工作，通过编辑、出版图书，制作纪录片、慕课、短视频、动漫作品，举办分享活动等，利用数字化云平台直播非遗手艺和非遗活动，将非遗资源转化为公共文化产品，供公众欣赏、学习、实践。三是让非遗在公共文化服务的优质供给中得到保护、传承。将非遗知识和技艺的传授以及非遗实践，作为文化部门免费艺术培训必备的内容，结合传统节日、“文化和自然遗产日”等举办非遗展示活动，组织非遗传承人进企业、进社区、进校园，创新开展非遗讲座、展演、展示、传习、实践活动，引导公众亲近非遗、体验非遗、享用非遗、实践非遗、传承非遗。

让非遗在文化和旅游的深度融合中得到保护、传承。一是将非遗场馆和设施融入旅游线路。文化部门应参与指导和精心打造一批富有特色和吸引力的非遗场馆和设施，丰富内容、提升内涵、创新体验、加强互动、彰显魅力，推出一批“网红”非遗空间，将其融入旅游线路。二是鼓励将非遗作品变为旅游产品。非遗作品涉及传统音乐、传统美术、传统技艺、传统舞蹈、传统戏剧、传统曲艺、传统医药以及杂技等。这些作品可听、可看、可穿、可戴、可用、可赏、可尝、可医、可娱，与人们的生活有着密切关联。文化部门可通过举办非遗进景区演出、“乐享非遗”等活动，将非遗作品变为旅游产品，融入各地旅游路线规划中，促进游客亲近非遗，同时带动非遗传承人更好地传承非遗和创新非遗作品，丰富旅游产品供给。文化部门应充分挖掘非遗元素，打造适合在景区演出的非遗作品，积极指导、辅导、支持基层文化部门利用非遗元素多创作文艺作品。三是将非遗元素和非遗学习实践融入乡村旅游。文化部门应结合乡村振兴、美丽乡村建设、特色小镇建设，将非遗元素融入民宿、酒店、乡村景观、乡村旅游景点建设中，鼓励和支持非遗传承人在乡村开展非遗传习和传承活动。

让非遗在激活自身内在生命力的实践中得到保护、传承。一是通过提高传承人的创造力，激活非遗的内在生命力。深入实施中国非遗传承人群研培计划，通过组织非遗传承人群的研修、研习、培训，帮助非遗传承人群提高文化艺术素养、审美能力、创新能力，在秉承传统、不失其本的基础上，提高中国传统工艺的设计、制作水平，促进传统工艺适应和走进现代生活。二是通过挖掘非遗传承实践人群，激活非遗的内在生命力。文化部门可通过举办非遗传习班、非遗新人作品展演展示等活动，发现和培养兴趣爱好者、有潜力者，特别是年轻群体，通过不断集聚非遗传承实践人群，激发非遗传承人的文化自信，增强其传承实践和再创造能力。三是通过培养非遗文创开发人才，激活非遗的内在生命力。通过举办非遗研讨、文创比赛、短视频比赛、非遗博览会等，扩大对外文化交流，鼓励更多人参与非遗文创设计和推广工作，为非遗保护、传承、弘扬、利用贡献力量。①

联合国教科文组织亚太地区文化遗产专员理查德•恩格哈特说：“非物质文化遗产是祖先智慧的资源。我们必须学习祖先的智慧，创建一个更加美丽的可持续发展的未来。”人类在这漫长的历史发展过程中，创造了多姿多彩、丰富、神奇而又伟大的文化，构成了人类历史长河的记忆链条，在地球亘古的时空演变中形成千变万化、各具神韵的文化遗产。大自然这个母体孕育了人类文明、人类的自然遗产和文化遗产，造就了人类丰富多样的生存方式与状态，构成了人类文明精神的完整性。然而，近代工业化的迅速发展、全球经济一体化的冲击以及自然灾害、战争等因素使这些遗产在世界许多地区遭受了不同程度的损害。人们在遭受打击之后，开始反省，逐渐认识到：如果不能秉持人类共同遗产的观念，去继承保护不同地区的“具有突出普遍价值”的文化与自然遗产，任其

①戴珩．非遗保护传承机制创新之思［N］．中国文化报，2020．

毁坏、消亡，这对人类而言将是一个重大的损失。对于许多民族来说，非物质文化遗产乃是本民族的基本识别标记，是维系民族、社区存在的血脉与生命线，是民族发展的源泉。为此，关注人类共同遗产的保护与传承，成为各国有识之士、专家学者的心声与共识。中国的大学应当担负起中国非物质文化遗产的保护、传承的历史责任。

我国的非物质文化具有独特性和重要性，也是高等院校急需传承的文化对象。这些非物质文化不仅内容丰富，而且种类众多，特色鲜明。非物质文化虽然形式各异、类型多样，但这种非物质文化的背后其实都有一种共同的东西，或者是一种“看不见的和谐”。这种非物质文化记载了一个民族特有的生产和生活方式，是一个民族生活的真实写照，是各民族在长期的发展和变迁过程中逐步积淀后形成的。其实质是民族心理、民族精神、民族价值观等的集中反映，体现了少数民族对人与人、人与自然和谐相处的向往。

一个民族的非物质文化，是民族认同的重要标志，是维系民族存在的生命线。①正如联合国教科文组织指出的那样：“对于许多民族，非物质文化遗产是本民族基本的识别标志，是维系社区生存的生命线，是民族发展的源泉。”它不仅是一个民族的精神家园，而且是维系一个民族群体关系的情感纽带，这是其他民族文化无法替代的。德国哲学家卡西勒（Ernst Cassirer）认为“人是符号的动物”，他在研究了人类文化的各种现象——神话、宗教、语言、艺术、历史和科学等之后，得出结论：人类的全部文化都是人自身以他自己的符号化活动所创造出来的“产品”。②不同的民族创造出了不同的“符号”，这是一民族

①贺学君. 关于非物质文化遗产保护的理论思考［J］. 江西社会科学，2005（2）.
②卡西尔（即卡西勒），甘阳译. 人论［M］. 北京：西苑出版社，2003.

区别于另一民族的根本标志。只要代表这个民族非物质文化的“符号”不存在了，这个特有的民族也就消亡了。

玉溪师范学院在非物质文化遗产传承与发展课题方面做了积极的探索和尝试。2005 年 12 月，由玉溪师范学院倡导并发起的湄公河次区域高校学术联盟，发表了《玉溪宣言》，该宣言旨在加强合作和实现本区域民族文化共享、提升大学课程的本土化目标。《宣言》达成以下共识：

（1）教育承载着文明，教育是先进文化的传承者，也是民族文化的传承者。次区域国家提倡教育应具有文化包容性，应维护文化多样性，并主张将各种文化纳入世界文化的主流，以此增进社会的和谐和宽容。在经济全球化的进程中，加强教育领域的交流与合作，通过交流增进对彼此文化的认识和理解，特别是对不同民族文化的认识和理解，推进各种文明之间的和平共处和平等对话。

（2）次区域国家间的全方位合作进程正在加快，作为高校，我们的合作重点将侧重人力资源开发，我们合作的核心任务是在平等互利基础上构建一个合作与交流的重要平台，为其他领域培养更多的适应湄公河次区域社会政治、经济和文化的高素质人才，这是湄公河次区域谋求教育发展的重要行动。我们愿意在未来的发展中，继续加强次区域间的教育交流与合作，以复兴各少数民族的艺术和文化为己任，对次区域的多姿多彩的优秀民族文化进行提升并使之进入大学课程，完成民族文化与现代化的对接，实现次区域人力资源培训的跨越式发展。

（3）湄公河次区域优秀灿烂的民族文化是丰富的教学资源，是民族教育取之不尽、用之不竭的源泉。湄公河次区域民族在长期的社会历史进程中创造了优秀灿烂的文化，然而，这些优秀灿烂的民族文化却未得到次区域国家和政府的足够重视，因此，次区域国家之间应该加强合作。

（4）次区域国家需要互相帮助，以实现次区域国家大学间的民族文化教育资源共享，通过发掘区域文化资源、构建特色文化课程，培训具有区域民族课程新理念的教师，形成相互承认的课程体系，积极探索本土文化的教育发展道路。

（5）我们特别倡导未来建设的“本土化”课程，能够体现出区域民族生活的日常世界，课程的学术归纳与提升不能以牺牲经验感性为代价，其实是要保持该课程的经验世界，使新课程具有情景性与知识学习的友好界面，也就是要以“人”的文化需要的视点来建构新课程，改变“知识离我们近了，生活离我们远了”的现代大学课程的尴尬。

（6）我们非常关注民族区域的社区文化与发展，很多本土性的文化基因都保持在“村寨”的文化母体中，民间文化的持有者是我们的老师，我们要向他们学习。民间文化呈现的是我们的学术之根，学术联盟要创造机会使处于边缘的民间文化走进大学课堂，恢复民间文化的自信，使“地方性”的知识，成为存在并生活于此地的人的知识，并用之来解决我们的发展问题，人类的“现代化”不能失去文化之根。

（7）我们将加强湄公河次区域国家各高校间的合作，成立湄公河次区域高校学术联盟，并成立学术委员会，建立研究梯队，对湄公河次区域民族及民族文化进行全方位的调查和研究，在此基础上形成区域大学课程，在经济一体化的湄公河次区域变迁中，保持其文化多样性的贞操。同时，我们积极呼吁国际社会对次区域的教育合作给予更多的关注、支持和帮助。

（8）湄公河次区域高校学术联盟发起单位玉溪师范学院将建立湄公河次区域民族民间文化艺术传习馆。次区域各国之间教育和文化的交流与合作，是通向次区域社会经济、政治、文化共同繁荣的桥梁。

我们清楚地看到，湄公河次区域优秀灿烂的民族文化是次区域高校丰富多彩的科研、教学资源。玉溪师范学院于 2006 年建立了湄公河次区域民族民间文化传习馆，并逐渐发展成为滇中地区极具特色的民族民间文化传承重要阵地。

作为一所地处边疆的区域性地方高校，玉溪师范学院以积极的、理性的心态认知自身独有的文化资源。在本土文化资源丰富的区域，大学更应发挥保护与传承文化的桥梁作用，让教育成为本土文化可持续发展不可或缺的重要平台，让以青年人为学习主体的现代大学同样成为民族文化遗产传承与保护发展的不可缺少的主力军。①

中国非物质文化遗产的现状，如保护、整理、传承工作不容乐观，存在着严重的危机与困难。第一，中国是世界非物质文化遗产大国，遗产的丰富性与消失的速度，给抢救工作提出了极大的挑战。第二，整个社会（政府与公民）对非物质文化遗产认识非常不够，缺乏法律法规措施，缺乏智能资源，缺乏抢救与保护资金。第三，传承渠道不畅，原生态传承缺乏自觉，民俗流变冲击大。教育领域对非物质文化遗产缺乏重视和价值认识，教育和文化遗产保护、传承脱节。大学生非物质文化遗产相关学科极度缺乏，教育不能培养提供文化遗产保护所需社会人才。第四，政府文化部门缺乏对民族文化资源整体价值的评估，文化遗产保护观念滞后，资金技术贫乏，正面主导参与乏力。第五，民俗旅游对民间原生态文化价值认知肤浅，缺乏文化规划。旅游市场对民间艺术遗产的庸俗化、廉价开发，对社会造成文化误导和原生态破坏。

学校的培养目标、学风、学术气氛及管理体制等对学生民族意识的形成及非物质文化遗产保护和发展行为的培养具有重要的作用。回顾我国非物质文化遗产保护工作走过的历程，不难发现，我们一直以

①孙燕．区域性大学在非物质文化遗产保护与文化传承中的作用［J］．玉溪师范学院学报，2007（10）．

来在挖掘、保护非物质文化遗产方面投入了大量的人力、物力和财力，却很少考虑非物质文化遗产持续传承的根本问题——非物质文化遗产保护和发展的教育问题。在中国的基础教育中，没有系统完善的非物质文化遗产教育体系，学校教育很少有非物质文化遗产的教育内容，青少年对本民族的非物质文化遗产缺乏必要的知识，缺少应有的感情，这将直接影响我国非物质文化遗产的传承。学校教育在传承非物质文化遗产中的主要工作如下：

首先，构建传承非物质文化遗产的学校教育目标。教育目标是教育改革与发展的出发点和归宿，对教育的各种活动起着重要的制约和导向作用。非物质文化遗产保护和发展的学校教育目标是：弘扬民族传统文化，不断增强学生对民族文化的认同，增强民族自尊心、自信心和自豪感，使每一个学生充分认识非物质文化遗产对中华民族、中国文化的重要意义，认识非物质文化遗产保护和发展的重要性，形成保护非物质文化遗产的自主的积极态度，养成自觉保护非物质文化遗产的行为模式。

其次，将非物质文化遗产内容注入学校教育教学内容之中。大力开发和构建非物质文化遗产教育课程，把各民族非物质文化遗产内容加以选择、整理，将非物质文化遗产内容注入学校教学内容之中，并配以多媒体现代教育技术手段，使学生在娱乐中学到深厚的民族传统文化，掌握一门独特的民族文化技能，知道非物质文化遗产的无穷魅力。我们认为非物质文化遗产教育内容大致包括两大方面：一是民族和民间非物质文化遗产内容，如各种古代语言文字、民族民间传统文学艺术表达形式、传统手工制作技艺、民族建筑设计风格、艺术传统、民俗宗教礼仪、节日庆典、游艺活动等。二是地域性非物质文化遗产内容，如热带河谷与傣族非物质文化、高原雪山与藏族非物质文化、广袤无垠的大草原与蒙古族非物质文化、苍山洱海与白族非物质文化等都体现了非物质文化和地域生态水乳交融的景象。

再次，形成多样化的非物质文化遗产保护和发展的学校教育活动组织形式。非物质文化遗产保护和发展的学校教育活动组织形式可分为校内和校外两种。校内形式主要有：

（1）开设选修课。在各校设置各民族非物质文化遗产教育选修课，是进行非物质文化遗产教育的重要手段和环节。它能够使学生系统地了解相关知识，了解民族文化。

（2）建设渗透性课程。音乐、美术或艺术活动是学校进行非物质文化遗产教育活动的重要形式，而语文、历史、自然、体育等学科活动也都蕴藏着丰富的非物质文化遗产教育的内容。教学活动中，非物质文化遗产教育内容无处不在，教师着力寻求各学科教学与非物质文化遗产教育的结合点和渗透点，将非物质文化遗产教育渗透进去。

（3）进行非物质文化遗产保护的讲座。请专家解读民族风情以及各种与日常生活密切相关的传统文化知识，如民歌演唱或民间工艺品制作等，更能引起学生的兴趣，直观而又有说服力，能加深学生对民族、民间非物质文化遗产的认识。

（4）成立非物质文化遗产保护社团。各校可以成立诸如湘剧团、民间剪纸团、古琴艺术团、民舞团等社团，有了这些社团，无论是举行演出还是承办非物质文化遗产保护和发展的教育活动都十分便利。

（5）非物质文化遗产保护和发展系列活动。将社会上的艺术团体请到学校进行演出，定期组织民间艺人走进课堂和授艺场所表演“绝活”，也可以组织学生举行民族传统文化活动。校外教育活动组织形式，主要是指学生参加校外的非物质文化遗产保护和发展的系列活动。

最后，加强非物质文化遗产教育的师资队伍建设。要进行非物质文化遗产学校教育，首先要加强对现行教师的在岗培训，提高教师非物质文化遗产的文化素养。这要求教师必须充实有关非物质文化遗产的历史文化知识，注意对不同民族民间文化艺术的态度、行为和语言，利用多种不同的方式传递非物质文化遗产的文化特征，主动将非物质文化遗产融入教学策略、课程、教学方法、教学材料、考试和组织模式中等。其次，将民间艺人聘为学校荣誉教师，实施非物质文化遗产学校教育。最后，合理运用社会支持系统中非物质文化遗产教育师资人力资源中心，以提高非物质文化遗产学校教育的教学质量。

二、大学传承非物质文化遗产的方式

中国高等院校的艺术教育在社会大转型时期，将在非物质文化遗产传承保护和研究、社区文化遗产发展以及专门人才培养等方面发挥重要作用。而要发挥这样的作用，在高等院校的教学与科研中就需要有积极而科学的传承方式。就高等院校目前的状况而言，主要应通过专业发展与课程体系、田野调查社会实践教学、校园文化活动与服务社会等形式展开。

1. 高校应在专业发展与课程体系建设方面加强对民间非物质文化的传承

在这一举措中，率先迈出步伐的是国内艺术类高等院校或者是综合院校的二级艺术学院。从全国范围看，高校艺术教育真正把非物质文化遗产的保护、传承当作一个学科建设，并开设相关课程的还为数甚少，除中央美术学院外，还有前文提到的玉溪师范学院等，江苏省内的高校有南京大学、江南大学、苏州大学、南京艺术学院、苏州工艺美术职业技术学院、扬州市职业大学等开设了民间美术课程。

目前许多高等院校已将民间非物质文化内容正式列入大学艺术教育范畴，填补了“学院派”教育中长期忽视民间非物质文化认知教育的空白，创立了新的教育品牌，标志着中国高等艺术教育在社会大的转型变革时期，将在非物质文化遗产传承保护和研究、社区文化发展以及专门人才培训等方面开始发挥重要的历史作用。当然，非物质文化遗产相关学科的建立还处于起步阶段，还需要不断地完善，要结合中国的实际情况，加强学科的社会服务功能建设，要不断地与国内外进行当代信息沟通，使学科成为专业文化信息的前沿之地和开放式的发展与协作平台。大学是文化遗产的学习传承之地，新学科建设应当与民族现代化发展相结合，培养具有适应社会发展能力的复合型人才和具有文化创造力的人才，解决好文化遗产在大学里的认知学习、传承创造问题。大学教育终极目的是为社会发展提供人才和信息服务，应积极与社会不同领域的学科进行沟通，根据社会发展的前景来调整学科知识结构。非物质文化遗产学科的建设理念是关注人类文化遗产和本民族优秀文化传统的可持续发展，关注大学教育在社会转型期在文化与遗产方面的重要作用，探索“产、官、学、民”合作的科研操作理念，实现社会科研和新型专业人才的培养。

非物质文化遗产学科在高等院校教育中的开设，涉及传统学院艺术教育观念的扩展与整合。高校不仅要借鉴西方的视觉教学体系，也要关注民族自身文化传统在艺术教育中的实现，大学教育应当实现知识体系教学的多元化，一个民族文化的创造力是建立在民族文化基因传承发展基础上的，其实现的主体应当是青年群体，把文化遗产引入大学教育是一个非常重要的举措。在全球化的今天，我们应关注人类文化的多样性，在经济一体化、文化多元化和本土化的理念下，应既保持经济也保持民族的文化资源的共同可持续发展，才有可能在精神上真正地强盛起来。①

①乔晓光．非物质文化遗产与大学教育［J］．集美大学学报，2007（2）．

2. 在高校的田野调查社会实践教学中实施对民间非物质文化遗产的传承

在国内，但凡有民俗学、民族学和人类学学科的高校，都注重田野调查，积累了丰富的田野调查经验。随着民间非物质文化遗产保护工程的实施，这些高校的田野调查的社会实践教学集中到了对民间非物质文化遗产的整理方面，开展了对民间非物质文化遗产的保护与传承。

3. 高校文化活动对民间非物质文化遗产的传承方式

为阐述非物质文化遗产保护传承工作的重要性与迫切性，为了使民间非物质文化遗产的传承成为全民行动，为了使青年学生深入了解我国民间非物质文化遗产的现状和保护传承的现实意义与历史意义，国内各高校都以不同形式在校园内开展了保护与传承民间非物质文化遗产的校园活动。2002 年 9 月，联合国教科文组织在土耳其召开无形文化遗产文化部长圆桌会议，通过了《伊斯坦布尔宣言》。2002 年 10 月，联合国教科文组织在世界五城市同时召开“世界遗产网络大会”，清华大学为分会场之一。2002 年 10 月 22 日至 23 日，在中央美术学院召开了中国“高等院校首届非物质文化遗产教育教学研讨会”，揭开了中国高等院校非物质文化遗产教育传承的序幕。研讨会的宗旨在于呼吁院校及教育领域都来关注本民族文化遗产的传承与发展。会议通过了《非物质文化遗产教育宣言》。这次全国会议是中国民间文化遗产保护传承工作进入高校的宣传大会，是付诸行动的誓师大会。参加会议的中国高校代表、研究机构专家及文化部、教育部领导，联合国教科文组织官员，包括文化遗产地政府代表及优秀民间艺术家代表，在中央美术学院共同搭建了一个相互沟通信息的文化平台。这是一个良好的开端，意义深远，也标志着中国民族文化整合在大学教育中开始起步。2002 年 12 月，中国艺术研究院召开“人类口头和非物质遗产抢救与保护国际学术研讨会”。2004 年 4 月 8 日至 9 日，联合国教科文组织驻京代表处和中央美术学院联合举办了“中国非物质文化遗产·民间剪纸国际学术研讨会”，同时在中国美术馆举办“消失的母亲河——中国民间剪纸艺人的生活与艺术”展览。

世界呼唤文化多样性，我们国家启动了中国民间文化遗产抢救工程。在此背景下，我们要重新认识本土文化价值，守护住我们这个时代最具民族特色的文化底线和民族情感底线，创造一个国家和民族可持续发展的未来。

大学作为一个智能、知识与信息的基地，作为人类文化（遗产）的传习地，首先应当是一个民族古老生命记忆和活态的文化基因库，代表着民族普遍的心理认同和基因传承，代表着民族智慧和民族精神的本土文化意义和价值。因此，大学应加强对本土文化基因的认知自觉，以更加开放、平等、民主，更具世界文化交融、竞争和创新活力的教育理念，推广教育在知识传播体系上的文化多样性。在大学现行的教育知识体系中，应当反映出本土非物质文化遗产的丰富性和文化价值。大学的非物质文化遗产传承教育应把自己的责任落实到学科创新发展和课程建设中。

大学应当积极创建国家及社会文化遗产事业急需的新学科，为国家提供文化遗产信息，尤其是作为文化生态可持续发展的科研信息，积极协助支持国家及政府制定适合国情和文化发展的文化政策和操作模式，肩负起非物质文化遗产专业人才培养的重任。应当打破单一文本式、学院式的学术模式，走进文化遗产地进行田野调查，深入民间收集、整理民族民间文化遗产，积极参与到社会实践中来，为国家文化遗产事业提供优质服务。大学应当积极推广、传播、宣传有着深厚根基的本土文化，增进人类文化交流，促进形成世界文化的多元化。

中国高校面对非物质文化遗产所涉及的复杂因素，应加快跨学科的协作实践，尤其在有形遗产、自然科学与社会科学之间的协作实践，这更具有现实的文化生态意义和发展价值。在非物质文化遗产传承中我们应当树立起人性的文化尺度，不能忽视作为非物质文化遗产传承主体的民众，特别是文化遗产丰富社区的农民群体、尊重民众文化传承的自发性、自主性和文化个性，提倡文化的自觉精神。非物质文化遗产的教育传承，不仅是一种被长期忽视的民族、民间文化资源进入主流教育的过程，也是一个对民族生存精神和生存智慧及那些源自祖先心音、流淌着祖先血脉的活态文化存在的认知过程，是一个更具人性发现和理性精神的民族文化整合过程。

我们坚信，教育在提高民族文化素质，塑造民族性格，开放民族胸怀，提升民族理想，提高民族自尊心、自信心，推动民族文化创新方面，具有不可替代的重要文化价值。目前更多的专家、学者呼吁，在加大经济发展力度的同时，对于文化生态的保护更需要我们对自身文化认识的深化和提升。社会发展到一定阶段和时期，经济发展越快、越强大的民族对自身文化认知的愿望就越迫切，非物质文化遗产的存在往往成为一个社区、一个地域生命的源泉与动力，成为形成情感凝聚力和认知自身文化创造力的平台。21 世纪全球经济一体化背景下的中国，也正经历着历史上重要的转型期，几千年来口传心授的民族民间活态文化传统正面临着急剧的流变和消失。中国高校和现行教育体制如何在民族民间文化资源的普查、挖掘、研究、整合，以及文化传承、发展、创新方面发挥教育功能，是摆在我们面前的一个艰巨而又不容回避的重大课题。

2002 年在北京召开的“中国高等院校首届非物质文化遗产教育教学研讨会”根据联合国教科文组织人类文化遗产相关主题背景和遗产文本，根据国家文化遗产发展趋势和启动实施的文化遗产工程以及中国教育和非物质文化遗产传承现状、存在的问题和发展的需要，正式通过并推出了《非物质文化遗产教育宣言》。《宣言》旗帜鲜明地提出了一些立场坚定的观点：

（1）国家应当以立法的形式，确立国家与公民面对本土非物质文化遗产的文化使命和应尽的教育传承与认知义务。

（2）少数民族地区政府应以宪法为依据，制定本民族的非物质文化遗产教育传承法，传承保护本民族代表性的文化资源和社区文化象征。政府与公民应自觉、自主地去保护、传承、发展本社区的非物质文化遗产资源。尤其在国家九年义务教育制度的推广中，应当加强本土非物质文化遗产的传承认知。

（3）推广教育在知识传播体系上的文化多元，加强本土文化基因认知的自觉，尽快解决现行教育知识体系中本土非物质文化遗产资源认知严重欠缺的现状。

（4）大学应当积极创建国家及社会文化遗产事业急需的新学科。

（5）西北地区的高校应迅速参与到国家非物质文化遗产保护传承的事业中来，充分发挥高校在信息智能及人才方面的优势。

（6）倡导面向中国非物质文化遗产的全方位教育传承的实现。

（7）倡导大协作的文化理念，树立起人性的文化尺度，不忽视非物质文化遗产传承主体的民众，尤其是农民群体，尊重民众文化传承的自发性、自主性和文化个性。

（8）教育在提高民族文化素质、塑造民族性格、开放民族胸怀、提升民族理想、推动民族文化创新方面，具有不可替代的重要文化作用。

我们深知教育是人类历史发展的重要文化方式，也是人类文化记忆传承的重要方式。非物质文化遗产作为一个民族古老的生命记忆和活态文化基因库，代表着民族普遍的心理认同和基因传承，代表着民族民间智慧和民族精神。作为当今世界非物质文化遗产最为丰富的国家，我国有必要以立法的形式确立国家与公民面对本土非物质文化遗产的文化使命和应尽的教育传承与认知义务，以应对非物质文化遗产急剧蜕变、消失的现实。

同时，大学作为人类文化遗产的传习地，应倡导更加开放、平等、民主的精神，更具世界文化交融性、竞争性和创新活力的教育理念；推广教育在知识传播体系上的文化多元；加强本土文化基因认知的自觉；注重民族文化的启蒙教育。大学现行教育知识体系中应当反映出本土非物质文化遗产的丰富性和文化价值。大学的非物质文化遗产传承教育应打破单一文本式、学院式的学术模式，积极参与到社会实践中来，落实到学科创新发展和课程与教材的改革中。

大学还应当积极创建国家及社会文化遗产事业急需的新学科，为国家提供文化遗产信息，尤其是促进文化生态可持续发展的科研信息；积极协助、支持政府制定适合国情和文化发展的文化政策和操作模式，肩负起非物质文化遗产专业人才的培养责任。此外大学还应当积极推进中国非物质文化向世界的传播、宣传，增进人类文化的交流。

所有这些都应看作历史赋予我们的义不容辞的责任和使命。因为非物质文化遗产的保护与传承是关系到民族群体和全社会的公共事业，它需要一个面对历史、现实与未来的理性与健康的文化心态和文化环境。

乔晓光认为，文化是要不断发展的。一个民族文化的创造力是建立在民族文化基因发展基础上的，其实现主要靠青年群体的共同参与，把文化遗产引入大学并进行大学的学科、科研及课程建设是十分必要的，也是文化传承非常重要的举措。2002 年 5 月，中央美术学院正式建立“非物质文化遗产研究中心”，在国内高校率先创建并完善以非物质文化遗产——中国民间文化艺术研究为主旨的新学科，将民间美术作为人类文化遗产正式系统列入大学艺术教育，填补了“学院派”教育中长期忽视民间文化艺术认知教育的空白，这标志着中国高等艺术教育在社会转型时期，将在非物质文化遗产传承保护、研究、社区文化发展以及专门人才培训等方面发挥重要的历史作用。

三、地域性高校教育与民族传统文化整合

进入21世纪后，我国的教育事业虽然对以往那种国家统一管理，教育经费由国家统一划拨的教学模式做了比较大的变革，但在教学内容与教学手段上，仍有改进空间。我国幅员辽阔，各地区所处的社会文化背景各不相同，各民族地区对教育的具体要求也各不一样。如前所述，无论是从教学内容看还是从教育体制看，区域性高校都与所处的民族民间社会文化环境脱节，造成了教育与民族传统文化脱节的现象。

江苏民间工艺种类繁多，分布广泛，包含漆艺、玉雕、雕版印刷、剪纸、印染、刺绣、编织、雕刻、陶艺、金属工艺等诸多门类，其特色鲜明，风格突出，具有很高的美学价值和精湛的手工技术，是我国非物质文化遗产的重要组成部分。由于地理、经济等原因，江苏原生文化形态保存较为完好，至今仍在许多地区继续发挥作用，对当地群众生活仍有较大的影响。面对丰富的非物质文化遗产，如何有效地传承、保护和发展，是一个需要科学、慎重地对待的问题，也是当前政府及社会各界十分关注的问题。

在社会转型变革的今天，即便是拥有大量民间美术资源的江苏，也面临种种危机，人们已经意识到世代相传的文化遗产正在迅速地消逝，这种状况的出现包含了诸多因素，找准并重视问题的解决，对实施保护至关重要。笔者对江苏传统手工技艺现状进行了调研，分析了非物质文化遗产流失的原因，并就此谈谈自己的看法。

1. 非物质文化遗产正在经历过度的商业开发

目前，我国社会各领域都在商业发展的过程中进行深刻的转型，提升传统文化的文化创意产品开发质量，可以使当地的旅游资源和文

化娱乐资源得到极大的丰富。在这一背景下，很多地区都将非物质文化遗产的开发和利用作为工作的重点，但是，对非物质文化遗产的过度开发，极易造成原有非物质文化遗产的损坏，使得传统文化的精髓难以得到有效的传承。[①]例如，具有民族特色的地方歌舞、存在方言和特色的地方习俗，难以赢得旅游者的欣赏，此外，传统非物质文化遗产当中的许多艺术形式，例如戏剧过于深奥，凭借短时间情感爆发实现艺术的价值，这一艺术形式已经很难在“快餐”文化快速发展的时代获得新时期艺术受众的喜爱。[②]因此，一些非物质文化遗产的开发非常容易使传统文化的精髓出现流失。通过创意发展形成的新的文化，将重新成为现代文化市场的主体，使得原有的文化精髓难以得到关注，失去了在未来重新受到关注和弘扬的机会。

2. 对非物质文化遗产的载体缺乏必要的重视

非物质文化遗产虽然属于一种社会领域的软件资源，但非物质文化遗产的传承和发展需要一定的物质载体，如果仅仅对非物质文化遗产领域的文化资源进行保护，忽视了对社会当中物质载体的关注，非物质文化遗产将难以得到有效传承。例如，扬州的玉雕和髹漆工艺十分精美，是我国重要的非物质文化遗产。扬州市政府也十分重视技艺的保护和传承工作。但是，玉石、大漆等基本原材料均不在本地生产，这就使得非物质文化遗产的保护与传承工作难以得到硬件资源的有效支持。

①孙思敏．非物质文化遗产保护传承的规划策略研究——以海口石山镇荣堂古村落保护规划为例 [D]. 武汉：华中科技大学，2010:12-24.

②牛晓珉．山西非物质文化遗产传承人生存现状及保护策略研究 [D]. 太原：山西大学，2011:17-24.

3. 非物质文化遗产保护缺乏有效的信息管理

信息管理已经在我国经济建设工作中得到了良好的应用，并发挥了很大的管理优势。但是在非物质文化遗产的保护传播领域并没有得到较好的普及与实现，使我国的非物质文化遗产保护工作在世界范围内水平不够理想。[①]一些非物质文化遗产由于已失去了自我发展的机会，必须由专业文化保护部门对其实施特殊保护，而文化部门受行政体制的影响较大，很多信息技术的应用必须保证运营环境具备很强的灵活性，并能在短时间内获得足够的经济支撑。但在现有的文化保护部门工作领域之内，经济效益主要依靠上级行政部门管理，这也使得新型信息管理技术难以在非物质文化遗产保护管理领域发挥较大的作用。

4. 非物质文化遗产保护工作缺乏教育宣传

教育宣传工作是保证非物质文化遗产的传播得到社会各界支持的基础，但是，一些非物质文化遗产在实施保护的过程中缺乏社会宣传，使得很多非物质文化遗产保护工作难以凭借社会各领域的力量更好地处置。在教育工作方面，保护部门并不具备同教育主管部门进行协调的机会，现有的教育工作体系难以有效地融入保护工作的策略。[②]

---

①罗巧玲．非物质文化遗产保护策略研究——以恩施傩戏保护为例 [D]. 恩施：湖北民族学院，2012:221-224.

②梁俊．非物质文化遗产流失的原因及保护策略研究 [J]. 遗产与保护研究，2017(6):51-52.

5. 传承人生存状况堪忧

传统手工技艺多为家族、个体或作坊式的生产结构，家庭成员就是主要的人力资源，大都沿袭世代相传、子承父业这种传承方式。长期以来，人们从事传统手工艺主要是为满足自身生活的需要，农村青年除了劳动生产，还要学习和继承老一辈的手工艺术，这是自然而然、古已有之的传统。随着交通、通信的发展，今天的农村青年更关心的是如何适应城市的生活方式，而以往的知识系统和生活经验无助于他们与城市的交流，因此新一代的农村青年会果断地舍弃困窘的农村生活，同时也舍弃了传统的手工技艺，义无反顾地投进城市的怀抱。由此带来的直接后果是年轻人的大量外流，从而造成了大范围的传统手工艺后继无人的局面，这种现象已超越了一般经济活动的范畴，成为社会发展进程中可能阻断文化传承的一股力量，并造成了相应后果，而这种状况仍在继续。

现实的生活困境是导致传承谱系断裂的重要原因。我们知道，偏远地区常常是非物质文化遗产十分丰富且保存较为完好的区域，丰饶的民族文化资源和落后的物质生活，经常是交织在一起的，成为一对互相制约的矛盾。在这种状况之下，生活质量的提高成了第一要务，当政府、文化人、艺术家大声疾呼保护文化遗产时，生活在这块土地上的人首先想到的是如何摆脱落后，如何早日过上城里人一样的生活。特别是年青一代，他们接受了一定的教育，看到了外面的世界，对原有的生活方式越来越持排斥、怀疑的态度。尽管一些人囿于生活习俗或现实还会从事工艺制作，但只是出于无奈的选择，如果手工艺不能带来实际的利益，不能很好地解决生计问题，习艺者自然就会离它而去。由农村青年组成的打工大军拥入城市，正是社会变革期各地区尤其是落后地区一个特有的现象。

当前农村社会生活的变化不仅来自物质利益的诱惑，对传统更具有消解力的是民间艺术的创造主体（农民）对自身文化的怀疑和否定。面对日新月异的外部世界，他们的自尊和自信受到严重的打击。如果让他们继续保持原来的生活状态，则无论是从物质还是精神的层面来说，都无法满足他们与日俱增的对新生活的渴望，而且也是不公平的。从某种意义上说，民族文化资源异常丰富，物质财富却相对贫乏。因此，农民的生活处境和他们所代表的民间文化的处境是基本相同的。

要解决文化传承的问题就必须先解决如何生存的实际问题，事实上，蕴藏于民间的传统文化是一笔巨大的物质财富，其潜在的价值正日渐显现，民间艺术的传承人将会从中受益。如何将潜在的资源优势转化为现实的经济利益，保持地方经济、文化的协调发展，保护和提高劳动者创造艺术的积极性，使他们在生产制作中得到实惠，提高自己的生活质量，是关系到传统手工技艺能否继续存活的基础，也是实施保护的过程中需要特别关注的问题。大规模的人口流动使得土生土长的农民变成城里的“农民工”，成为游离于农村与城市之间的庞大群体。他们脱离了原来的生活环境，脱离了本乡本土的身份转换，客观上造成了传统民间手工艺术创造主体的缺失，直接影响到民族文化的承袭和发展，世代相传的技艺很有可能在这一代人手中产生断层或消失。许多民间艺术形态的消失或濒临消失，正是无人传承所致，而承继者的转移和流失是产生这种现象最重要的原因。这个现象由来已久，不限于某一民间艺术样式，在非物质文化遗产保存较多的地区普遍存在着这种状况。我们谈非物质文化遗产的保护，不能不正视这个问题。

第十章　非物质文化在高校中的实践

一、非物质文化遗产大学传承实践综述

非物质文化遗产承载着中华民族记忆的文化基因，是国家重要的文化资产。在城市化、现代化和市场化进程中，传统艺术的传承难以为继，一些珍贵的传统文化形式因此正在迅速消逝，中国传统艺术进入了一个前所未有的危机时代。幸运的是，传统艺术生存和发展的危机已经引起了来自政府、文化界、教育界和民间艺人等多方力量的重视。近年来人们开始尝试以各种形式传承中国传统文化，探索在全球化和城市化背景下传统艺术的传承方式。在学术界，对于传统艺术的传播与继承出现了多种观点。有的学者认为大众传播媒介对传承传统文化艺术起到了相当重要的作用；①有的学者通过个案研究指出中国传统文化走进校园是传统文化传承的必由之路，也是对传统艺术的另一种传承和发展；②有学者则强调带徒传艺是保护民间艺术遗产的关键。③

由于我国非物质文化遗产保护和传承发展的程度、规模和教育目标各有不同，因此它们走入校园的时间和形式也各有差异。目前在我国校园进行传承教育的形式大致有如下几类：在高校开办传统艺术研

---

①肖燕怜．试论大众传播媒介对新疆现代文化的传承作用［J］．昌吉学院学报，2007（2）．
②轩蕾．原来姹紫嫣红开遍——戏曲艺术在高校的传承与发展［J］．艺术教育，2007（1）．
③乌丙安．带徒传艺：保护民间艺术遗产的关键［J］．美术观察，2007（11）．

习班；通过划转和合作与高等院校联合培养；作为正式科目走进高等教育课堂等。

第一，高校中的传统艺术社团对非物质文化遗产的传承。大学是文化精英、各种思潮荟萃之地，传统文化艺术在大学也找到了栖身之地。近年不少大学成立了中国传统文化社团，如北京大学成立了中国传统文化研究协会，贵州大学成立了传统文化促进会，兰州大学成立了文化行者公益社团，苏州大学成立了中国传统文化工作坊，云南大学成立了民族非遗研究社，中山大学建立了民族民间非物质文化遗产研究基地，吉首大学也成立了民族民间非物质文化研究基地，分别在琴艺、戏曲、剪纸、书画等传统艺术领域培育了不少爱好者甚至艺术继承人。更多的大学开展了“中国传统文化节”等校园文化活动。这些社团和活动培育了传统文化艺术爱好者和继承人，对于在青年学生中普及传统文化艺术、在大学中培养传统文化氛围起到了非常重要的作用。

第二，民间非物质文化走进高等教育课堂的形式各有不同，大致可分如下几类：（1）早年已经自成学科，正式进入教育体系，如一些大的剧种和国画。（2）民间艺术大师进入大学，将珍贵的传统艺术带入了大学课堂，如唐卡和长调。（3）在高等教育研究机构开办研习性课程班，如丽江东巴文化研究所开设的东巴文化学习班。（4）作为实现通识教育目标的全校公选课程，如湖南大学从1996年开始在全校开设“中国传统艺术”“中国传统文化概论”等课程。

在经济全球化的语境下，民间艺术特别是口传文化和非物质文化遗产濒临消亡，面临生存危机，抢救和保护人类口头和非物质文化遗产的工作迫在眉睫。我们常常思考，西方人对东方文化的欣赏是否是真正意义上的认同？无论如何，在同一文化语境包括音乐语境中成长起来的人，都会或多或少地对原生文化产生疲劳，从而导致艺术欣赏中的审美转移。民间传承是民族民间非物质文化传承的主体。民间文化环境是民族非物质文化的血肉文本，它积淀了民族的审美意识、文化传统和历史经验。它不但是产生民间文化的沃土，也是传承和发展民间文化的天然语境。母语文化在一个人的身上留下的印记，不是有意识的强制结果，更多的是生活环境潜移默化的产物。民族非物质文化的口头传承性质使得其传承难以离开生存环境。在文化当事人、文化语境和文化事项共存的时空里，文化的传承是非常容易的。但是，母语文化环境的改变必然导致民族文化传承链条的中断或功能的衰减。就现在非遗传承的文化环境来看，文化当事人角色（文化含量）的变化，是当前文化教育的结果；文化语境的变化，是外来文化对本土文化的冲击；而文化事项的变化，是多元文化共存的多元选择。这些变化必然带来具体文化环境的改变。

民族文化功能当下语境的改变，势必引起民族文化传承的衰减。我们不能指望在当代社会娱乐文化环境影响下成长起来的年轻人，对民族文化没有自卑心理，而对民族文化如痴如醉。一方面民族非物质文化功能的淡化和外来文化的冲击，使当前的民族文化的传承遇到这样那样的困难；另一方面民族内部后天学习的崇外心理在很大程度上会导致对民族文化的蔑视。当前民族地区的文化传承有不少是为了迎合旅游猎奇或者民族风情村的观光。要把民族文化发展成众人喜欢的文化样式，需要花费很多精力进行创新和提高，而民族文化的发展还有许多工作要做。①

一部分非物质文化遗产具有符合传统小农经济和封闭文化环境需要的特点，具有适应特定的民族生存方式和民俗的文化特质。它满足

①刘慧群．民间非物质文化的大学传承［M］．成都：西南交通大学出版社，2010.

于长期静态社会类型的需要，是中华文明民间礼俗文化与审美意识的结晶。在长期的历史发展过程中，承担着重要的文化聚合、民族认同的功能。但是，我们不无遗憾地看到，现代化的发展极大地改变了传统文化的功能和模式。我们整个中华民族的发展是整体性的历史进程，它不能也不可能落下任何一个民族。也就是说，当代中国的现代化建设迅速遍及大江南北，走向村村寨寨、家家户户。多元文化视野下的文化，是以民族（民俗）文化的独特生存进行标本式的保存。这种文化保存方式可以使文明世界获得多元文化资源，但是它也残酷地阻碍了欠发达民族进入现代化的历史进程。中国现代化建设之下的民族文化不可能采取这种模式，它只能以全社会各民族共同进步为原则。改革开放的进行，必然导致原文化生境的冲击和变迁。外来文化对本土文化的冲击，已是当前中国村落民族民间文化生存所遭受到的最大冲击。随着小农经济向商品经济的转化，随着现代化脚步的加快和全球经济一体化的发展，我们已经很难平稳地生活在传统的静态社会之中。现代社会中存在的功利性追求在一定程度上震荡和冲击了传统的、超功利（求善、求美）的文化结构，引起了传统民俗与生活的变化。

但我们更应该清醒地认识到，任何一个民族的文化都不是一潭死水，而是一个个具有自组织能力的准有机体。从文化自身的存在形式来说，它总是依靠人际间的互相交流与互相习得而不断壮大，同时又凭借个人的世代更替与教习而得以传承和延续。从文化所处外部环境来看，不管自然背景，还是社会背景，都不是刚性的实存，而仅是相对稳定的复杂体系，因此任何民族文化都必须不断地调适，才能求得自身的延续与发展。文化传承的实质在于不断地达成文化与周围环境的适应，以确保该文化的稳态延续与不断壮大。而支持与保护传统文化的实质正在于，帮助该文化稳定其外部环境，确保其调适取向一贯到底，同时激活该文化的相关适应机制，使之获得在新形势下的稳态延续与发展能力。

文化必然面对的外部环境，其时空规模极大，因此任何文化要保持固化，既不需要，也不可能，所有文化都需要对一切环境要素做出应对，并与之相适应，但这样的应对不是同步的，而是有先有后，有主有次。在这样的文化与环境应对过程中，会形成文化要素的非等速发展。也就是说，一个民族的文化在应对其外部环境时，有些文化要素反应积极些，而有些文化要素反应比较迟钝；有些文化要素变迁速度快，有些文化要素变迁速度慢。这就是民族学理论中所证明的民族文化演化的非等速演化规律。民族文化在这样的变迁历程中求得文化的稳态延续，这是文化适应的基本规则，也几乎是所有民族都在力求采取的方式。而那种所谓暴风骤雨式的、翻天覆地的瞬间的文化冲击所导致的文化变迁，在人类的历史上几乎没有发生过。这样的事实一旦发生，其所付代价不仅会大得无法承受，还会打乱文化自身的内在一致性，进而还会损害文化的整体性，最终会使文化的生命力消失。如果到了这一步，不仅文化的传承不可能，就连文化的自身存在也失去了意义。

任何民族的文化传承都不会按照这一办法去进行，而是采取另一种务实做法，对影响该文化稳态延续最大的外部冲击，做出针对性的反应，使该文化调适于外来的冲击，从而提高该文化的综合生存能力。文化的调适通常具有严格针对性和成果保留性。所谓“严格针对性”是指一种文化在调适中并不会对所有文化要素同步做出反应，而是仅对与外部冲击直接相关的几个有限要素加以改造，传统的绝大多数要素则基本不予改动。所谓“成果保留性”是指每一次调适所取得的成果，在外部冲击发生变化后，该成果的功能即使已经失去，但因适应而新起的要素并不会立即消失，而是以变形的方式残留在该文化体系内，长期作为该种文化的一个成分而存在下去。

总之，只有当一种文化在其稳态延续蒙受重大外部冲击，无法按照原样延续时，才会启动调适机制，对冲击做出反应，从而获得新的存活能力。一旦延续所受的阻碍缓和，调适就会自然中断。也就是说，文化的禀赋正在于能自发地维护自身的稳定延续，无论蒙受多大冲击，一种文化中一切与外部冲击不形成正面抵触的传统内容，都可以正常传承下去。为了适应而做出的改变，仅是极其有限的局部变动，对文化的整体而言，传统的基本延续始终占据着主导地位。

二、课堂教学中的实践探索

我国幅员辽阔的特性决定了其非物质文化类型的多样性。不同地区的非物质文化决定了该地区学校教育应该是体现其文化特色的教育，决定了该地区学校的培养目标，即培养非物质文化的传承人，培养属于本地区自己的人才。非物质文化遗产教育必须从其他方面的教育经验中汲取必需的养分，最终使外化的现代教育系统在民族文化的沃土中深深地扎下根，成为民族自己的教育。只有把民族文化资源（包括物质文化和非物质文化）转化为现实的教育课件，形成新的教育资源，才能从根本上打通民族非物质文化传承的输入与输出通道。每个民族都有自己的独特文化体系，民族地区学校教育的内容要与之紧密结合，才能激发学习者的学习兴趣，才能形成民族非物质文化传承的土壤。

因此，教育教学内容应从本民族实际情况出发，对课程设置进行改革，让民族非物质文化进入教材，进入课堂，进入学校生活的方方面面。围绕非物质文化组织各种活动，让学生广泛参与本民族非物质文化的传承活动。这样就能让学生有亲近感，让学生感到学校和现实生活并不是隔离的“两个世界”，从而激发学生对非物质文化的学习兴趣和学习动力。

从教育学和心理学的角度讲，各民族自己的教师最适合传播本民族的文化。他们在教学中能很好地掌握和运用本民族活生生的实例，能灵活地根据本民族实际调整教学内容和教学方法，能在心理上准确找到与学生契合的学习兴趣点，能更好地根据本民族学生的生理、心理特点进行教学，也能较好地与其父母交流教育教学心得，与社区配合，共同促进非物质文化的传承。但目前的突出问题是民族教师在数量上严重不足，这样的学校环境无论如何也培养不出少数民族非物质文化的传人。因此，政府应拓宽培养本土化民族教师的渠道，尽快弥补本民族教师的短缺状况。一方面可以借助民族院校扩大师资规模，在充分利用民族院校教育资源的情况下，在民族地区大幅度扩大招生规模，利用民族院校定向培养，定向上岗，使他们成为民族地区未来的本土教师，以大范围地补充民族地区教师；另一方面应利用和培训好现有的本土教师，使这些“生于斯，长于斯”的本土教师尽可能地不流失。这无疑是非物质文化有效传承的加速器。[①]

理论和实践表明，对非物质文化遗产的保护不仅要保护其有形外观，更要确保它们能得到永久传承，这样的保护才具有本质性的意义，才能使之呈现为“活的文化”。因此，基于非物质文化传承的学校教育改革，可以在保护的基础上促进其传承，使之在流动中继续发展。进而保证非物质文化在现代社会中得以传承和“再生”，保住非物质文化的“火种”，使之不至于熄灭和中断。

随着人类文化的趋同化，凝结民间智慧的文化艺术后继乏人，人亡

①刘慧群．民间非物质文化的大学传承［M］．成都：西南交通大学出版社，2010．

艺绝的现象屡见不鲜，致使大批文化瑰宝走向消亡或遭到严重破坏。具有先觉意识的有识之士所大力倡导的文化遗产保护，渐渐像大海深处的潮汐，从孕育到慢慢涌动，进而形成势能浩大的力量，转变成联合国的公约以及签约国的实践。白庚胜将文化保护的形式分为静态保护和动态保护，把文化保护的手段分为国际保护、国家保护、民间保护、教育保护、产业保护、学术保护，他认为文化保护的主体是“学者、官员、教员、普通国民、传媒工作者、法官、文艺工作者、实业家构成的联合体”。[①]然而，数年的实践表明，对于浩如烟海的中国各民族文化遗产来说，国际保护有如远水救不了近火，国家保护面临深层次的、文化信念体系的差异而难以协调。民间保护缺乏资金，当地文化传承人缺乏文化自觉。教育保护面临高考指挥棒和就业压力两道不易逾越的门槛。产业保护也许可以发现民间文化新的生存空间，但更多的是把民族文化纳入功利化的生存轨道。[②]面对学术保护理论的空疏和不切实际，学者们大声疾呼，却有如在空旷的沙漠上呐喊，应者寥寥无几。

在这样的情境下，我们不能放弃，而是要寻找更为有效的举措来实现对民族民间非物质文化遗产的保护。学校既然是人类文明传承与传播的场所，民族民间非物质文化遗产作为人类文明的有机组成部分，在学校的传承与传播也是天经地义的事情。民间文化博大精深，是书本知识的源泉，是高雅文化的源头，对民族民间非物质文化的整理、传承与传播，是每一个青年学生的职责与历史使命，更是学校教师的天职。学校的改革必须顺应这一时代要求，与之共同奏响时代的主旋律，承担起弘扬民

①白庚胜．民间文化保护诸问题［J］．民间文化论坛，2004（4）．

②覃德清．人保护文化？抑或文化拯救民族？—文化保护基本理论的人类学阐释［J］．广西民族研究，2008（2）．

族民间优秀传统文化的不可替代的历史使命。

我国教育改革的基本理念是由学科本位向学生本位转变、由科学本位向科学与人文整合转变、课程实施由忠实取向向发展取向转变、课程管理由集权向分权转变等。我国教育改革理念的创新表现在如下八个方面：一、学校是教育改革的中心和科学探究的中心；二、教室是实验室；三、课程是经验；四、教材是范例；五、教学是对话、交流与知识建构的活动；六、教师是课程资源的研究者；七、学生是知识的建构者；八、家长是教育伙伴。①这些创新与改革为民族民间非物质文化遗产进入课堂打下了坚实的基础，也为民族民间优秀的文化遗产在学校的传承开辟了广阔的空间。

三、以传承为目标的非物质文化遗产课程设置

一个国家的社会文化需要发展，但文化发展绝不是一种单一模式化的保护或发展，传承也是一种发展。发展的观念应该是多元的、多层次的，而且要面对现实，具有可行性。它不是单一的理想化和西方工业文明价值观念化，更不是文本化、学究式的。我们的学科正是为了适应文化保护与社会生产力发展需求而不断改革、补充，进行结构调整，进行对中国文化资源重组的研究，对中国文化基因可持续发展的研究，这才是新学科，也是大学教育不应推辞的文化使命。②

①宋乃庆、徐仲林、靳玉乐．中国基础教育新课程的理念与创新［M］．北京：中国人事出版社，2002.

②乔晓光．非物质文化遗产与大学教育［J］．集美大学学报，2007（2）．

民俗是民间文化的精髓，是人类生活中一种普遍而特殊的社会存在，是人类特殊的伴生物。任何一个民族的民俗都是特定自然环境与社会环境的产物。社会中每一个心智健全的人，都无法脱离一定的民俗圈，在他们身上，都烙有这样或那样的民俗印记。民俗与一般的文化意识形态不同，它是人类文化意识的原型。在人类文化意识形态“宝塔”构建中，民俗处在最底层，如同尚未提炼的矿石，是一种综合性的原生态的意识团。在人类社会结构里，它处在经济基础和上层建筑的中间环节，以两栖型的形式，跨于经济基础和上层建筑之间。也许正因为如此，民俗很少被有意识地纳入学校教育的视野中，而常常被认为是一种依靠民间传承（主要是口耳相传）形成的民间传统文化。因此，在学校教育中设置民俗文化课程已经迫在眉睫。

但是，传统往往也有“难传”的时候，外族入侵或其他历史原因就曾使某些传统失传，许多优秀传统今天只能见于典籍、方志等文献了。改革开放以后，人们不得不对我们民族的文化又一次深深反思，于是有识之士惊呼：我们的许多优秀传统已经到了濒危的境地！一个民族突然有了找不着根的忧虑，这是一件十分可怕的事情。忘记历史，就意味着背叛；忘记民俗，就失去了生存根基。

早在十六大期间党中央就发出了“扶持党和国家重要的新闻媒体和社会科学研究机构，扶持体现民族特色和国家水准的重大文化项目和艺术院团，扶持对重要文化遗产和优秀民间艺术的保护工作”的号召。这一号召极大地推动了我国民俗文化事业的发展。自此，学校教育中也更为关注民族文化教育。这不仅表现在“民族精神教育”主题的不断被强化，也表现在不少省份开始意识到地方文化以及区域民俗风情对于现代教育的特殊意义。部分省市或学校开始编写某一区域的文化或民俗风情教材；有些学校着手开发民俗文化校本课程，创编校本教材；在语文、政治、历史等课程教学内容中有意渗透一些民俗文化内容。

但如果把这些行动称为“民俗教育”的话，现状并不十分理想，主要表现在如下几个方面：

第一，课程地位不明确。现行的教育体制虽然已在关注素质教育，但终因须过升学考试关的压力、课时计划的限制，以及各个学校之间激烈竞争的现实，素质教育往往停留在应景甚至作秀的层次上。民俗教育无疑应该纳入素质教育的范围，但因为大多是“应景”，因此即使在设有民俗类课程的学校里，民俗课程也往往跟其他次要课程一样被随意取舍、占用，成为应付上级检查或展示学校素质教育成绩的一种形式。能真正认识到民俗教育课程的育人素质作用的很少。在目前的学校教育中（除了大学的民俗学学科点之外），民俗教育大多呈现出杂乱无序状态，几乎没有循序渐进、统筹安排的教学计划。教育部门虽然也意识到了学校教育在传承民俗文化上的特定作用，但因为忙于应试，尚无余暇抽调专门力量从事民俗课程建设的研究和设计。

第二，课程内容真伪混杂。因目前尚无一支专业的民俗教育师资队伍，从事民俗教育者自身的民俗理念尚待更新，素养尚待提高，民俗教育教学内容设置存在不少问题。如民俗内容往往鱼龙混杂，容易造成谬种流传、贻误子弟的消极影响。再如，把“民俗”简单归结为旧时代乡下人的土特产，或大讲民俗事项中的无知、愚昧、荒谬等陋俗成分，这很容易使学生形成对民俗的鄙视、误解和排斥心理。

第三，水平参差不齐。全国各地教育水平的不均衡也带来了民俗教育水平的参差不齐。民俗资源丰富的地区，学校民俗教育的水平却不一定同步。有些省市喊出了“建设文化大省”的口号，启动了不少文化“工程”，却遗忘了学校教育这个重要阵地。高等教育中民俗文化教育的缺席也很严重：目前我国高校中的民俗文化教育仅限于二十几所高校所设的民俗学学科点，而这些学科点也才刚刚开始尝试开设中国民俗通识课程。原本应从基础教育到高等教育循序渐进、系统开设的民俗教育课程，却在前期缺少基本知识积累的情况下，先在大学设起学科点。更有一些学校的民俗学学科点属于“乘风上马”，尚无深厚的学科基础。从接受教育的系统性和连贯性来看，我国的民俗教育水平极不平衡：不同地区的民俗教育不均衡，高等教育阶段的民俗教育与基础教育阶段的民俗教育也不均衡，甚至表现出反常“倒挂”。因此，为了保护我们的民族文化，也为了我国的民俗学科稳固地发展，我们的民俗教育必须从娃娃抓起，从基础抓起。①

总之，目前我国学校教育中民俗教育缺乏调研，缺乏地位，缺乏系统，缺乏学科意识。而为现实也为将来、为今人也为子孙，民俗教育不可或缺，在学校教育中开设民俗课程已是刻不容缓。

我国正处于创建和谐文明社会的重要阶段，注重人类精神文明发展，以继承和发展非物质文化遗产，全面建设具有地方特色校园文化体系为重点，以丰富多彩、积极向上的校园文化活动为载体，全面开展非物质文化进校园活动，激发广大师生学习优秀本土文化的热情和积极性，丰富和活跃校园文化生活，促进和保障大学生的健康成长。课程内容的组织与开发要紧密联系当地的传统文化，充分利用校内显性课程资源和隐性课程资源，迅速捕捉当地或社会非物质文化遗产前沿信息，全方位把握本地非物质文化遗产现存状况，以国家文化部批准、省政府文化厅公布的非物质文化遗产项目为基础，结合本土传统文化存活的实际，整合为校本课程内容。

开设非物质文化遗产课程需要有明确的教学目标、教学大纲、教

①柯玲．遗产保护，根在教育——学校教育中民俗课程的设置与构想［J］．民间文化论坛，2007（2）．

学计划和教材。针对这些问题，笔者做了整体的教学实施构想。

第一，以传承和保护非物质文化遗产为教学目标。江苏省高校开设非物质文化遗产课程的总目标是，高校师生树立传承和保护非物质文化遗产意识，激发广大师生对本区域传统文化的热爱之情，学习、体验、传授、创新非物质文化遗产知识和技能。学习、了解国家级、省级比较典型的、有代表性的非物质文化遗产。以实践活动为主，“动起来”“走出去”，亲身感受、体验非物质文化遗产精湛技艺，在校园内、校园外传承、创新非物质文化遗产。

第二，以经典非物质文化遗产项目为教学内容。江苏省入选国家级、省级非遗名录的非物质文化遗产项目门类众多，分别包括民间音乐、民间舞蹈、传统戏剧、曲艺、民间美术几类名录作品。非物质文化遗产课程内容可分国家级、省级两个阶段陆续学习。国家级非遗具备的典型性、经典性、历史价值、存活价值等性质比省级非遗较高。因此，大学一年级第二学期安排学习国家级非物质文化遗产内容，大学二年级第一学期可学习江苏省级非物质文化遗产内容。

第三，以多样化呈现教学形式。①教授式。教授式教学即由教授者讲解、演示知识内容，学生通过识记或练习将知识、技艺掌握。非物质文化遗产课程中的各类内容教学皆是以教授式为基准的。教师预先设计好非物质文化遗产课堂教授流程，课堂上教师将所要教授的非物质文化遗产内容，通过讲解、演示、表演等方式传授给学生，学生经记忆、思考、练习等环节掌握课堂知识。②研讨式。研讨式即由一话题或问题引起，师生或生生展开研究讨论，各抒己见，产生思维碰撞，激发新的思想。如在非物质文化遗产课程课堂中运用研讨式教学，教师首先将非物质文化遗产内容中的某个问题抛给学生，学生结组研究探讨，交流切磋，教师在旁侧引导，而后，各组发言叙述研讨结果，生生评价发言结果，教师做最后总结评价。③讲座式。讲座式主要通过教师、艺人、传承人及有关人员口头叙述传授非物质文化遗产知识，学生以聆听为主。非物质文化遗产课程亦可采用讲座式教学。讲座者主要通过口头解释讲解非物质文化遗产内容，阐释定义，罗列内容现象，大量举例，以求通俗易懂、诙谐幽默，达到便于学生理解与记忆的效果。与此同时，学生可发问，针对非物质文化遗产知识的疑点、难点提出问题，讲座者与学生均可作答。讲座式教学形式单一，易使听众产生疲劳，因此，笔者在此建议教授者配以现代多媒体教学技术开展讲座，如采用音频、视频等手段，让聆听者的视觉、听觉、触觉、动觉等感观融为一体，起到事半功倍的效果。④观摩式。观摩式教学可以让学习者观察教师、艺人或表演者示范，经过识记、思考、模仿等过程而习得知识。在非物质文化遗产课程教学中，教师如运用观摩式教学，须设计几个教学流程。首先，确定观摩对象，向学生简要介绍观摩对象的基本情况。而后，教师组织学生参与观摩活动，布置观摩过程中重点作业，例如表演者的动作要领、表演形式等环节，指导学生做记录。最后，教师与学生共同总结观摩结果，并探讨研究观摩收获。⑤表演式。表演式是进行实践的一种有效方式。这是由教师或学生团组在课堂上表演示范，学习者模仿、练习的一种教学形式。表演式教学形式普遍适用于非物质文化遗产课程内容。先由教师或学生小组表演本节课堂内容，概述表演内容的重点知识。后由教师或学生表演片段，逐一演示动作要领，讲解难点，学习者跟随模仿，反复练习，虚心请教，直至能够掌握本节重点内容，熟练演示。⑥传承式。传承式教学能够以传承的方式，广泛传播非物质文化遗产知识，扩大传承范围。教师须先确定传承非物质文化遗产课程的内容，而后组织学生亲临非物质文化遗产存活当地，与传承人会面，向传承人请教、学习。传承人通过讲解、表演、实践活动等不同方式，传承于其他学习者。学习者通过练习、探讨，掌握传承内容。

非物质文化遗产课程的教学形式并非仅有以上几种，无论采用何种教学形式教授、传承非物质文化遗产，教师都须充分“吃透”教学内容，选择适宜本节教学内容相符的教学形式，配以相关的教学设备，即可收到良好教学效果。

第四，以多元化形式编写、选用非物质文化遗产教材。教材是教学活动中的重要教学载体，是知识传授者与知识接受者必不可少的教学用具，是传播文化知识的纽带，是教师确定教学目标的重要要素之一。非物质文化遗产种类繁多，教学内容丰富多样，江苏高校欲开设非物质文化遗产课程，需精心组织教学材料，笔者在此提出几点建议，可供参考。①统编教材。统编教材即由教育部或政府部门规定，众多专家聚集共同研商教材内容，相关部门编订成册，供某些教育机构或教学场所统一使用的教学材料。非物质文化遗产课程使用的统编教材，须由国家文化教育部批准，研究非物质文化遗产的专家、学者与教学经验丰富的教师共同合作，研究教材内容的汇编情况。可以筛选国家级或省级具有代表性、典型性的几项优秀非物质文化遗产作品，或者以某项经典性的非物质文化遗产作品为主线，贯穿于整册课本，阐述其传统文化的缘起、发展、特性及技艺等重点知识，编著成册，最后由相关部门出版发行，供教育机构或教学场所统一使用。②校本教材。校本教材是以教师为主体，结合当地社会、经济发展的具体情况，基于本校的传统和优势，符合学生的兴趣和需要，开发或选用适合本校的课材。校本教材具备多样性的特点，既可独立自主编著，也可与校外有关机构或相关人士合作开发。高校可依据学校自身现状，编著、出版适合自身院校学生使用的非物质文化遗产教材，可筛选高校附近现存的经典的、学生感兴趣的非物质文化遗产作品为教学内容。③自编教材。自编教材是教师结合当地实际现有资源，结合自身教学经验及学生元认知状况，为激发学生学习兴趣，自行独立编著的、适合本校学生使用的教材。自编教材相对于统编教材有了很大的自主权，内容安排的灵活性比较强。自编教材的教师可提前做好当地非物质文化遗产及学生兴趣调查，以此为依据，有选择地将部分非物质文化遗产相关知识编入教材之中。在教学实践中，教师也可适度地改编教材，增添或删除教材内容，以适应现实中的教学。④“活选”教材。所谓“活选”教材，指的是教师根据当时地方区域的特点，教学对象的不同，空间场所的不同，气候或季节的不同等现实状况，灵活选用非物质文化遗产相关知识，其教材内容具备一定的随机性。其教学形式、教学场所可能也会随“活选”教材内容的特色发生变化。非物质文化遗产千姿百态，种类繁多，部分非物质文化遗产并非能用文字记载而表达得淋漓尽致。以其作为学校课程教材使用可谓取之不尽，学之不完。因此，教师须依据自身所处地区特点、院校教学现状、学生兴趣不同等因素而适宜组建教学材料。

第五，配备专业教师团队。非物质文化遗产课程的师资配备是课程教学实施中的难题之一。因非物质文化遗产具有复杂性、多样化、种类繁多的特点，教授此课程的教师须有渊博的知识、开阔的视野、深厚的文学理论根基，且教学经验丰富，方能担当此任。因此，校方必须与社会中老艺人、社会团体携手合作，校内与校外教师共同努力，同时，注重非物质文化遗产课程教师队伍的建设及培训，才能使非物质文化遗产课程教学顺利进行。就江苏高校目前从业教师现状分析，笔者提出以下几点建议，以便改善非物质文化遗产课程师资紧缺的局面。①挖掘校内教师资源，选拔优秀教师培训。②校内、校外教师携手合作，实行联合教学。③采用“请进来”的教学策略。诚邀非物质文化遗产传承人、民间老艺人、课程相关专家等人进校讲学、表演。

最后，以多种方式进行教学评价。教学评价是检验师生教学过程与教学效果的一个重要环节。它是教学活动设计的有机组成部分，是检验师生是否达成教学目标、提高教学效果的一种手段。非物质文化遗产课程需要有科学合理的评价制度，其中最主要的是非物质文化遗产课程评价标准。非物质文化遗产课程评价方式有以下几种：①学分制评价方式。②表演式评价方式。③演讲式评价方式。④展览式评价方式。

非物质文化遗产课程的性质标志着此课程的评价方式具备多样化。因此高校应采用多种多样的评价方法，考核学生研修课程的效果。然而，考核成绩并非最重要的，激发学生对祖国传统文化的热爱之情，提升学生综合能力，让祖国优秀的传统文化世代传播，才是评价该课程的目的，也是设置此课程的最终目的。

现已有不少地方，将本地有特色的非物质文化遗产尤其是各地民俗内容列入乡土教材和大学教育课程之中。在学习过程中，他们可以十分愉快地完成一些既有趣味又有潜移默化作用的传承活动。比如可以通过讲传统民间故事来丰富青少年对传统文化生活和民族间情感的认知；还可以通过命题作文引导青少年热心关注我国各民族流行的丰富多彩的民俗文化现象，比如年节习俗、庙会习俗、手工艺技能等。非物质文化本来就是群体性的，在群众中生存、发展、传承，因此，要坚持在民众中扎根的意识。在教学之外，还可以在乡土教育过程中让学生学唱本民族、本地区的民歌，学习和参与一些手工艺的制作。这样既可丰富学生的学习生活，又可以提供给他们表现艺术才能的机会，还可以激发学生热爱祖国和家乡的美好情怀。非物质文化遗产是广大人民群众创造和享用的，我们应当在教学中树立尊重民众文化创造力的理念，树立尊重文化多样性的理念，树立珍爱本民族本地区的民间文化以及维护本国、本民族文化主权的意识。

四、扬州市职业大学非物质文化遗产进校园的研究与实践

目前，高等院校尤其是高职院校突出办学特色是教育教学改革的关键。纵观国内外著名大学发展历程，不难发现，只有因地制宜、突出重点、符合社会发展潮流才能在长期的办学中形成自己的特色。国内“985”“211”“双一流”等重点大学早已凭借多年积累，具有了深厚的底蕴和优势，形成了自身的办学特色。但数量众多的地方高校尤其是地方高职院校在教育发展和办学特色方面则面临很多问题，如师资力量薄弱、教育资金投入有限、学科优势不明显，缺乏科研单位依托等。地方院校要想突破这些问题，形成自身发展特色，就不能盲目模仿重点大学，而要根据当地经济、社会、文化特点和学校自身情况，找准办学定位，打好基础，突出重点和特色，不断提升学校建设水平。

高等教育承担着人才培养、科学研究、社会服务和文化传承创新等重要职能。成长春教授在《区域性大学的科学发展理念》一文中也强调，区域性大学的发展需紧紧围绕文化传承创新的历史使命。这个使命关乎我们民族的文化是否能被存留、是否能被后代子孙所了解。[①] 所以，非物质文化遗产因地制宜融入课堂对于地方高校各种职能的发挥具有重要意义，这不仅能够促进非物质文化遗产传承复合型人才的培养，还能推进非物质文化遗产学这门学科的深入建设和发展，也能通过“产、学、研、创”四位一体的形式为社会提供直接的服务。将非物质文化遗产融入课堂在丰富地方高校的校园文化，凸显校园特色

①成长春．区域性大学的科学发展理念［J］．中国高等教育，2009（13）．

等方面也起着重要作用。

非物质文化遗产文化的传承与创新要求高等院校发挥其知识、人才集聚的优势，尤其是地方高校，更要利用其独特的地缘优势和资源优势，将对非物质文化遗产文化的研究、弘扬、传播同当地的经济文化建设相结合，推动当地经济文化和社会的发展。大学作为知识传承与创新的基地，也应当关注非物质文化遗产的保护、抢救、研究和传播等诸多社会问题，并在对非物质文化遗产的传承和创新中形成自己的办学特色。

把非物质文化遗产与大学教育相结合具有深远的历史意义。一方面，非物质文化遗产文化会在大学里被青年学子认识、学习、传承、创造和开发，有利于民族文化的认同和民族凝聚力的形成。另一方面，大学教育能与非物质文化遗产发展相结合，培养能够适应社会发展和非物质文化遗产发展的复合型、创造型人才，促使非物质文化遗产代代传承，发扬光大。再者，把非物质文化遗产引进大学教育体系，能够推动当地大学教育改革的发展，促进大学相关学科的建立和普及，培养出非物质文化遗产研究与规划管理精英人才，服务于当地社会经济文化的建设，突出院校的办学特色。地方高校要摆脱办学特色面临的困境，就必须研究开发先进地方文化，实现观念创新，发展方向和发展目标创新，体制创新，管理创新，院系创新，专业创新，课程创新，人才培养目标和培养规格创新，把自身办成具有地方文化特色、服务和推动地方经济文化发展的品牌大学。

1. 扬州市职业大学概况

扬州市职业大学坐落于古代文化与现代文明交相辉映的历史文化名城扬州，办学历史可溯源至 1906 年创办的晚清新式学堂，是扬州唯一的一所市属全日制综合性高等职业技术院校。学校始终秉持“立德树人、知行合一”的校训，全面实施“党建引领、质量立校、人才强校、科技兴校”四大战略，着力推进“立德树人、管理改革、基础保障、开放提升”四项工程，致力于培养高素质、高技能应用型人才。该校承袭着历史文化名城多彩而丰厚的人文底蕴，绵延着扬州人民奋斗不息、探索不止的精神。学校经过多年的建设和发展，现有全日制在校生 16000 多人，成人业余和开放教育在校生 11000 多人，设有 22 个教学单位和 5 个教学辅助单位。已拥有农林牧渔、资源环境与安全、能源动力与材料、土木建筑、装备制造、生物与化工、轻工纺织、食品药品与粮食、交通运输、电子信息、医药卫生、财经商贸、旅游、文化艺术、新闻传播、教育与体育、公共管理与服务 17 个大类，68 个专业，是一所为地方经济和社会发展培养应用型人才的高等职业院校。

2. 扬州市职业大学办学特色

学校坚持“质量立校”，教育教学成果丰硕。现有国家级骨干专业 5 个，中央财政支持建设的专业 4 个；省级品牌专业 1 个，省级高水平骨干专业 4 个，省级重点专业群 6 个，省级特色专业 8 个，省级人才培养模式创新实验基地 3 个；国家级实训基地 2 个，省级实训基地 5 个，省级产教深度融合实训平台 2 个，生产性实训基地 7 个；国家在线开放课程 1 门，国家精品课程 1 门，省级在线开放课程 12 门，省级精品课程 21 门；出版教材、编写讲义 353 部（种），其中国家规划教材 13 部，省级精品教材 12 部，省重点教材 13 本；荣获江苏省高等教育教学成果一等奖 3 项，二等奖 8 项；获得江苏省大学生实践创新训练计划项目 238 个；国家级和省级大学生各类知识竞赛、职业技能竞赛获奖 432 项。学校坚持“科技兴校”，科研服务能力强劲。建设有省级工程研发中心 4 个，省级双创示范基地 1 个，市级工程研发中心 8 个。五年来，开展面向中小企业的科技服务项目 400 余项，主持或参与市级及市级以上科研项目 350 多项。学校坚持“开放办校”，积极响应国家“一带一路”倡议号召，与东盟国家、葡语系国家、非盟国家、中亚国家、南亚国家的教育部门建立合作关系，设立留学生项目，开展技术技能培训和学历教育，为地方经济社会发展提供人才服务。

学校突出办学特色，注重积累与创新。学校设有“扬州市旅游产品工程研究中心”“扬州市漆器大师工作室”“扬州市玉器大师工作室”“扬州市民歌采编工作室”等一批非物质文化遗产传承实训基地。学校老师在非物质文化遗产传承研究工作方面已经取得了一大批研究成果，有多项省、市级科研课题结项。学校还设置了多门相关课程。“产品设计”为省级精品课程。旅游纪念品和实用漆器作品多次被教育部职业院校艺术设计类教学指导委员会评为金奖。

扬州市职业大学的办学成果已经表明，将非物质文化遗产用于课堂教学、科学研究和“三全育人”，成果倍出。事实证明，扬州市职业大学正在步入以非物质文化遗产突显办学特色的辉煌之路。

3. 扬州市职业大学非物质文化遗产办学可选方向与项目

在 21 世纪这样一个市场全球化、竞争激烈化的时代，扬州市职业大学作为一所地方高等院校，其培养目标不能与“双一流”等重点大学相媲美，不能盲目追求高精尖精英人才的培养。我们要选准自己的定位，树立科学合理的培养目标。为达此目的，一方面，我们要重新理解“精英”的含义。我们所讲的“精英”并不仅仅是指某一方面的大专家、大学者或某领域的开创者。应用型人才，特别是在某方面有全面、细致、专业的研究或者做出过杰出创新性贡献的人才，也应该被称为“精英”。中国工艺美术大师张来喜、高毅进，书法篆刻家朱天曙均是毕业于扬州市职业大学的社会精英。另一方面，扬州市职业大学的培养目标，一定要与当地的经济政治文化相结合，主要培养为当地服务的应用型人才。

非遗项目的具体内容包括：民间文学、民间音乐、民间舞蹈、传统戏剧、曲艺、民间美术、传统手工技艺、传统医药、民俗和其他。扬州市职业大学通过传承非物质文化遗产打造办学特色的选择方向要尽可能地与当地非物质文化遗产保护项目相结合，把项目内容与学科、课程相结合，打造扬州市职业大学非物质文化遗产办学特色，并使该特色更加靓丽。非物质文化遗产具体选择项目是多样的。因此，为了能挖掘地方非物质文化遗产，突出办学的非物质文化遗产特色，非物质文化遗产办学特色项目可以从多个角度来选择。如在民间文学遗产研究方面，开设“民族文化史”“中国历史与文化”等课程；在传统手工技艺方面，开设“玉器鉴赏”“漆艺加工与制作”等课程；在民间音乐和民间舞蹈方面，开设“地方民歌”等课程；此外还可以从传统戏剧、民族工艺美术、民俗等多方向来具体选择。

4. 非物质文化遗产与扬州市职业大学办学特色的互动关系

（1）扬州非物质文化遗产

在扬州大地上，非物质文化遗产星罗棋布，亘古久远，异彩纷呈。扬州市共有联合国教科文组织“人类非物质文化遗产代表作”3 项、国家级非物质文化遗产 19 项、江苏省非物质文化遗产 46 项、扬州市非物质文化遗产 206 项、县（市、区）级非物质文化遗产 237 项，共有国家级传承人 17 名、省级传承人 82 名、市级传承人 278 名。扬州市人民政府先后批准公布了三批市级非物质文化遗产名录：2008 年 1 月 17 日第一批扬州市非物质文化遗产名录、2010 年 6 月 10 日第二批扬州市非物质文化遗产名录、2014 年 8 月 25 日第三批扬州市非物质文化遗产名录。此外，《扬州市非物质文化遗产保护条例》已由扬州市第八届人民代表大会常务委员会第十四次会议于 2018 年 10 月 11 日通过，经江苏省第十三届人民代表大会常务委员会第六次会议于 2018 年 11 月 23 日批准，已于 2019 年 1 月 1 日起施行。

扬州非物质文化遗产比较典型的项目有：高邮民歌、扬剧、扬州评话、扬州清曲、扬州玉雕、扬州剪纸、雕版印刷技艺、扬州漆器髹饰技艺，等等。

（2）扬州非物质文化遗产对扬州市职业大学特色办学项目选择的促进作用

一是方向指导性。非物质文化遗产保护客观上要求各高校，尤其是地方高校研究、传播和弘扬当地传统文化。首先，扬州非物质文化遗产要求扬州市职业大学着重研究其性质、特征，为非物质文化遗产保护提供科学理论支持。其次，扬州非物质文化遗产保护要求，扬州市职业大学将学生培养目标设定为培养将通识文化与地方文化相结合，促进地方经济发展，传播和弘扬当地文化的应用型高级专门人才。再次，扬州市职业大学的发展方向，就是在弘扬人类社会先进文化的同时，选定地方先进文化中的某些成分，构建院校地方性的发展特色。扬州非物质文化遗产能强化扬州市职业大学的地方特色，从而实现发展方向创新、发展目标创新和学生培养目标创新。

二是彰显独特性。地方文化具有特殊性，是其他地方所没有的。扬州非物质文化遗产的独特之处，是其他省市地方文化所不具备的。扬州可以称为“中国非物质文化遗产之乡”。扬州非物质文化遗产的独特性能滋养出扬州市职业大学办学的独特性。

三是强化地方性。以当地的非物质文化遗产作为切入点，是扬州市职业大学求生存、谋发展的根本点之一。依据这种独特的文化，作为学校发展的突破口，开设新课程，设置新专业，培养新人才，创办新产业，抢占新市场，就能使学校的学科、课程、专业、人才、产业等都具有鲜明的地方性。这不仅可以使学校在激烈的就业、招生竞争中立于不败之地,求得生存和发展,还可以把当地的文化特色弘扬开来,强化办学特色的地方性。

（3）扬州市职业大学非物质文化遗产项目的功能

扬州市职业大学非物质文化遗产项目具有重要的文化功能。其一,对非物质文化遗产的保护。非物质文化遗产项目的确定,民族民间非物质文化基地的建立,可以为非物质文化遗产提供资源管理机构和文化保护管理队伍。基地开展的民族文化遗产的调查、识别、保护、利用的研究工作,为非物质文化遗产的保护提供重要参考。其二,对非物质文化遗产的传承。文化靠教育来传承,尤其是学校教育。学科教育总是根据时代的要求、社会的需求来对文化进行选择和改造。而扬州市职业大学选择非物质文化遗产项目是学校有计划、有组织的活动,它一方面受到非物质文化遗产的影响,另一方面又是发展文化、传承文化的重要手段。其三,对非物质文化遗产的创新。非物质文化遗产的保护和传承并不是一成不变的维持。大学校园中对非物质文化遗产的保护,可以充分吸收外来文化和现代文明,与现代科技相结合,促进非物质文化遗产朝新的方向发展。

扬州市职业大学非物质文化遗产项目的教育功能主要体现在:第一,认知功能。非物质文化遗产项目的确定,可以使非物质文化遗产与高校学生的学习与现实生活紧密相连,对青年学子进行非物质文化遗产教育,帮助他们把握民族文化的特色与精华,了解民族中优秀传统文化对民族发展的重要性,使青年人更加珍视非物质文化遗产在现实生活中的作用,自觉地保持、运用、发展非物质文化遗产。第二,陶冶功能。非物质文化遗产中有许多精美的艺术创造,孕育了无与伦比的艺术技巧,能深深打动人的心灵,触动人的情感,陶冶情操。另外,非物质文化遗产中存储了大量的文化艺术创作原型和素材,是文化艺术创造取之不尽的源泉。第三，审美价值。非物质文化遗产中包含着丰富的表演艺术、口头文学、生活习俗、服饰礼仪、传统工艺，它们或是纯粹的艺术，或是包含着艺术和美的成分。无论是口头文化、体形文化、口头与体形的综合文化，还是造型文化，都是历史上不同时代、不同民族人民劳动和智慧的结晶，展示着一个民族或群体的生活风貌、艺术创造力和审美情趣。它们历经岁月沧桑，流传至今，充分说明其审美水平和创造能力得到了不同时代人们的认可，具有极高的艺术价值和欣赏价值。第四，研究价值。非物质文化遗产具有跨学科、跨领域的文化特征和知识属性。它作为历史的产物，是对历史上不同时期生产力发展状况、科学技术发展程度、人类创造能力和认识水平的原生态保留和反映，是后人获取科技信息的源泉。许多民间习俗保留着原始文化的粗犷和纯真，对研究人类历史具有重要的科学价值。另外，许多非物质文化遗产本身含有丰富多样的科学因素和成分（如中国的传统医药、传统酿酒技艺），具有科学研究的价值，为后人创新奠定了基础。

扬州市职业大学非物质文化遗产项目的经济功能包括以下几个方面：第一，生产技艺类经济开发价值。以扬州漆器的经济开发为例，它不仅很好地保持和弘扬了文化，而且还带来了可观的经济效益。运用特色鲜明、文化内涵丰富的扬州漆器髹饰技艺制成精巧美观的旅游纪念品，销量极大，利润可观。这种做法既可使传统工艺、传统文化资源转化为经济收入，又推动了传统文化的传承和发扬，促进了非物质文化遗产的保护和发展。第二，参与类旅游体验价值。扬州丰富的非物质文化遗产，处于活性传承状态，参与性和体验性很强，使非物质文化遗产成为扬州文化旅游的优势所在，扬州市职业大学开设非物质文化遗产项目相关课程有利于带动扬州参与式体验旅游的发展。第三，扬州市职业大学与当地旅游部门合作，促进当地旅游和经济的发展，如参加扬州文化创意产品设计大赛、参加“五亭龙”杯中国毛绒玩具礼品设计大赛。

扬州市职业大学非物质文化遗产项目具有强大的社会功能。首先，凝聚功能。非物质文化遗产蕴含着中华民族特有的精神价值，体现着中华民族的生命力和创造力。保护非物质文化遗产，保持民族文化的传承，是凝聚民族情感、增进民族团结、振奋民族精神、维护国家统一的重要文化基础，对弘扬中华文化、维护世界文化多样性和创造性，促进人类共同发展具有重要意义。其次，激励功能。保持、强化、弘扬本民族的文化价值观、宗教信仰、民族意识，将增强民族的自豪感和归属感。另外，前人伟大的智慧与创造也是后人创造历史的榜样。因此，非物质文化遗产的保护与传承具有激励国人上进的功能。最后，生态功能。地方文化生态的保护可以加快地区经济的发展，也是地方文化建设和精神文明建设的需要。目前，许多地区文化生态和文化资源受破坏、滥用、流失严重，高校开设非物质文化遗产保护相关课程可以保护文化生态。

5. 扬州市职业大学非物质文化遗产选项的实施路径与措施

（1）扬州市职业大学非物质文化遗产选项的目标及原则。扬州市职业大学作为地方高校，不能盲目追求高精尖精英人才的培养。我们要选准自己的定位，树立科学合理的培养目标，就要与当地的经济政治文化相结合，主要培养为当地服务的应用型人才。因此，其选项目标之一就是为了培养扬州非物质文化遗产传承与创新人才，更好地为地方服务。

做好非物质文化遗产选项工作，应遵循以下四条基本原则：一是本真性原则。本真性是要保护原生的、本来的、真实的历史原物，保护它所遗存的全部历史文化信息。坚持本真性原则，有助于提高对文化遗产价值的认识，坚持正确的保护理念和实践，有效地防止“伪民俗”和“伪遗产”的出现，有效保护扬州非物质文化遗产的原真状态。二是整体性原则。整体性就是受保护文化遗产所拥有的全部内容和形式，也包括传承人和生态环境，这就是说，要从整体上对非物质文化遗产加以关注并进行多方面的综合保护。这样才能继承完整的中华文化传统。三是可解读性原则。可解读性是指我们能够从历史遗留下来的文化遗产中辨识、解读出它的历史年轮、演变规律，尤其是内在的精神意蕴。为了使保护不流于形式，从非物质文化遗产中汲取精华，使其成为中华民族文化发展的不竭的源泉，我们必须坚持可解读性原则。四是可持续性原则。保护非物质文化遗产是长期的事业、系统的文化工程，而不是一朝一夕能够完成的短期任务。因此可持续发展是必由之路。

（2）扬州市职业大学非物质文化遗产选项的方法。非物质文化遗产保护方法很多，地方院校要从工程保护、活动保护、节会保护、展示保护、传习保护、传承人保护、项目保护、基地保护、法律保护、制度保护等方面去探索。

项目保护，确立本地区非物质文化遗产保护名录。积极申报非物质文化遗产保护、传承的相关项目。

传承保护，非物质文化遗产依赖特定的人群和特定环境而存在，保护非物质文化遗产不仅要保护其文化形态，更要注重以人为载体的知识和技能的传承。扬州市职业大学特别注意搞好普及教育工作，建立新的传承地和培养年轻的传承人。

节会保护，地方高校要利用大学生的活力与激情，积极参与节日节会活动，承办具有独特魅力的民间传统节日节会，展示丰富多彩的民俗风情，表演传统歌舞，使非物质文化遗产在活态中得以传承和展示。

基地保护，积极培育非物质文化遗产保护基地，将非物质文化遗产资源通过原生态的形式再现，让人们感受原汁原味的民俗风情，使民族民间的绝活、绝艺在基地保护中复活。

（3）扬州市职业大学非物质文化遗产选项的路径。扬州非物质文化遗产是扬州市职业大学非物质文化遗产选项的基础，也是打造新学科、新专业，构建新课程，培养特色人才的社会文化基础。

非物质文化遗产选项的学科路径。从文学学科看，扬州非物质文化遗产中文学、艺术史料极其丰富，是民间文学的资源宝库。非物质文化遗产项目有扬州八怪传奇故事、鉴真传说等；从工科学科看，扬州轻工产品加工工艺具有悠久的历史，非物质文化遗产项目有雕版印刷技艺、扬州漆器髹饰技艺等。从体育类学科看，非物质文化遗产中的艺术是一座蕴藏着奇珍异宝的矿山，它为艺术创造提供了丰富的素材和原型，非物质文化遗产项目有高邮临泽高跷、江都丁伙舞龙等；从美术类学科看，非物质文化遗产项目有扬州刺绣、江都漆画等；从音乐类学科看，非物质文化遗产项目有广陵古琴艺术、高邮民歌等。

非物质文化遗产选项的课程路径。教育对非物质文化遗产的传承主要是直接通过开设相关课程来实现的。学校可在文科学科中增设“地方民族民间文化史”。在理工科开设民族民间技术工艺等课程，并将实践教育和课堂教育相结合。艺术体育类学科则要将民族民间舞蹈、体育、歌曲带入课堂，积极创新。

非物质文化遗产选项的专业路径。让学科的发展从当地非物质文化遗产中吸收先进的文化元素，针对不同学科、不同专业，设置不同的相关课程。在此基础上形成非物质文化遗产相关的专业，如人文教育专业是在适应基础教育课程改革综合化的需要和现代社会对人文精神的需求基础上设立的。它肩负着推进我国基础教育课程改革和弘扬人文精神的双重使命。在学科建设和课程设置上，可以考虑开设非物质文化遗产类课程群，拟定非物质文化遗产类研究课题，学习、传承和发展当地的非物质文化遗产财富。等待条件成熟，可考虑设立非物质文化遗产类新专业。

（4）扬州市职业大学非物质文化遗产选项的关键环节。扬州市职业大学非物质文化遗产选项的关键环节主要体现在以下几个方面。

一是配套设施。这是非物质文化遗产选项的物质保障。它包括图书馆、民俗研究基地等。特别是高校图书馆对于非物质文化遗产保护有着独特的作用，集收集、整理、立档、保存于一体。目前扬州市职业大学自建了有关非物质文化遗产方面的扬州工艺美术专题特色数据库，数据库包括专题导航、视听文献、行业动态、数据分析等内容。

二是非物质文化遗产教材。这是非物质文化遗产选项的重要传播途径和参考图书。非物质文化遗产是前人根据自己经验和认识而留下的宝库，通过编写非物质文化遗产教材，师生可以直接熟悉非物质文化遗产内容，指导和推动非物质文化遗产选项的教学与传承。目前扬州市职业大学采用的漆艺教材为翁纪军、蔡文编著的国家级精品课程主讲教材《漆艺》，采用的玉雕教材为赵丕成编著的国家示范性高等职业院校艺术类示范专业主讲教材《玉器》。

三是师资，这是完成非物质文化遗产选项的关键。拥有对某项或者某些非物质文化遗产全面而深刻理解的老师、专家，是指导和保证非物质文化遗产选项顺利而卓有成效完成的主体力量。目前扬州市职业大学采取校内培养与校外聘请相结合的方法解决非物质文化遗产师资的问题。已经聘请了漆艺、玉雕、雕版印刷、剪纸等方面的国家级工艺美术大师担任了非物质文化遗产的教学任务。

四是激励机制，是非物质文化遗产选项实施的另一重要动力。建立完善的激励机制，不仅可以提高人们对于非物质文化遗产研究的积极性，还可以引导人们在非物质文化遗产选项上的科学方向。

（5）扬州市职业大学非物质文化遗产选项的主要措施。

一是普遍开发，形成全校共识。要使非物质文化遗产选项的意识深入人心，首先要从统一思想着手，要通过理论学习不断提高师生的非物质文化遗产素质，牢固树立非物质文化遗产保护观和发展观，形成对非物质文化遗产保护的统一共识。其次，要增强全校师生非物质文化遗产保护发展的自觉性和坚定性，特别是在保护和发展工作面临困难和问题时，从理论高度进行认真细致的研究和梳理。良好的硬件和软件设施的组建、师资的培养、构建激励机制、强化协调督导、完善配套设施、编写非物质文化遗产教材等为形成全校共识提供了有力保障。只要把各项措施有条不紊地进行下去，达成共识是自然而然的事。

二是重点培养，打造自我特色。在教学内容上采取单列与渗透相结合的方法。扬州市职业大学的非物质文化遗产选项可以带动相关学科和专业的发展。如形成以民族民间艺术为主导的，以民间歌舞、民间工艺、民间美术、民俗旅游、民间文学等学科为主干的学科群。其次，把非物质文化遗产选项与理工农医类学科的内容相渗透，可以形成独具地方特色的理工类学科、专业与经济产业，如扬州地区独有的玉雕、漆艺产业等。在教学形式上采用课内与课外相结合的方法。课内为音乐、舞蹈、美术、艺术设计、旅游和人文教育等专业学生开设了“玉器鉴赏”“漆艺”等课程。课外利用节假日时间组织学生到校外实践基地进行田野调查，获取丰富的第一手资料，并形成一系列科研成果。这种课内课外双层结合的形式，使师生把理论与实践联系起来。在教学方法上采取传承与创新相结合的方法。非物质文化遗产保护的目的，不是将它们束之高阁，而是要一代接一代地传承下去，要弘扬和振兴。因此在方法上要将传承与创新相结合。对有些濒临消失的民间文化，要进行挖掘、复制和创新。对众多的民间文化，我们要用多种手段去挖掘，如可以组织力量编写丛书和文学作品；可以系统地拍摄人类学纪录片；可以组织大型的民间文艺会演，有些节目还可走向全国、走向世界。

扬州市职业大学的办学特色——非物质文化遗产课程开设已初具

效果，学校的地方特色与地方民族文化共同发展进步，取得了辉煌的成绩。学校获得与扬州市政府共建“扬州旅游产品工程研发中心”的立项。包含非物质文化遗产教学内容的课程“产品设计”获得了江苏省教育厅省级精品课程立项。多项非物质文化遗产创新设计作品获得教育部职业院校艺术设计类专业教学指导委员会主办的设计大赛金奖。在今后的发展中，扬州市职业大学将继续彰显自己的特色，努力服务地方，把中华民族的非物质文化遗产财富发扬光大。

三是组建良好的硬件和软件设施。加强师资培养。对师资的培养可以从以下四方面来做：第一，组合学校原有教学科研工作人员，凝聚有志于从事民族民间文化遗产研究的人才，培育并加强科研人员的学科意识。基本形成一支在学历、职称、研究素养、年龄等方面结构更趋合理的科研队伍。第二，整合社会资源。聘请在非物质文化研究上有突出贡献的专家、学者、土生土长的民间艺人担当研究员或来校传授民间技艺，使师生深层次地接触到扬州原生态非物质文化遗产成就。第三，引进人才。第四，提升研究人员的学历和科研能力。

四是构建激励机制。构建激励机制具体包括以下三个方面：其一，对于积极从事非物质文化遗产研究的老师及积极参与研究的学生给予一定的物质奖励及精神鼓励。其二，对于主动组织非物质文化遗产保护和宣传教育活动的个人和组织等给予物质精神的双重报酬，并授予相应的荣誉称号。做得非常出色的个人或组织可以向省、市推荐。其三，鼓励老师、学生或者个人、组织等通过对非物质文化遗产的保护研究，开发非物质文化遗产的生产技艺类价值、演艺票房价值和旅游体验价值等。

五是出版专著，编写非物质文化遗产教材。一是出版民族民间非物质文化研究学术专著；二是要组织编写非物质文化遗产专用教材，注重将非物质文化遗产内容渗透到原有教材之中；三是出版介绍国外最新研究成果等。

六是完善配套设施。进一步完善非物质文化遗产选项研究的配套设施。首先，稳定和优化研究环境，营造和谐开放的氛围。其次，建立健全“民族民间非物质文化研究基地”网站，并做好后期维护、整理、更新工作。最后，在科研设备和图书资料方面，购置先进的科研设备和相关图书资料，组建扬州市职业大学非物质文化研究基地图书阅览室。

七是强化协调督导。作为地方院校的扬州市职业大学可以从以下几方面对非物质文化遗产选项进行协调督导：第一，在学生学分管理制度上体现协调督导。凡属扬州市职业大学学籍的学生不分学科和专业必须选修非物质文化遗产保护等相关课程，并获取相应学分才予以毕业；第二，设立“非物质文化活动周”，为展现非物质文化遗产文化宝库及非物质文化遗产艺术奇葩提供平台；第三，强化教师意识。从上而下地对学校领导、老师灌输非物质文化遗产选项的意识，让他们在研究、教学、指导学生论文等方面展示和强化这一意识。

结束语

非物质文化遗产在地方高校中的传承与发展不仅是时代的要求，也是促进高校办学特色发展的必然。非物质文化遗产的保护、传承及其与高等教育的结合是一项复杂且系统的工程，需要广大师生共同努力，进行长期实践探索，积极地参与到非物质文化遗产保护工作中，真正做到关注非物质文化遗产，保护非物质文化遗产，发展非物质文化遗产，在高校范围内形成“热爱民族传统文化，关注非物质文化遗产保护”的良好氛围，宣传我国传统文化精髓，巩固非物质文化遗产保护成果。研究非物质文化遗产的传承与高校办学特色的关系、原则、方法、措施等具有深远的理论意义和实践意义，有助于地方高校教育的特色建设，并为非物质文化遗产保护提供切实可行的对策措施。不仅如此，还可让国家青年一代及早地感受中华民族的文化、历史、智慧，使华夏儿女更具民族自豪感和民族凝聚力，从而使中华民族优秀传统文化代代传承，发扬光大。